JN065802

昼御座（ひのおまし）

東廂

1　清涼殿　宮内庁京都事務所提供

清涼殿は宇多天皇のころ，天皇が日常起居する殿舎となる．母屋には厚畳二帖の上に茵が敷かれた昼御座が設けられる．叙位・除目は昼御座の前で行われることが原則となり，重要な天皇の年中行事もここが中心となる．奥に休息のための御帳台が置かれている．なお，清涼殿のある京都御所は江戸後期に平安宮の殿舎を考証・復元したものである．

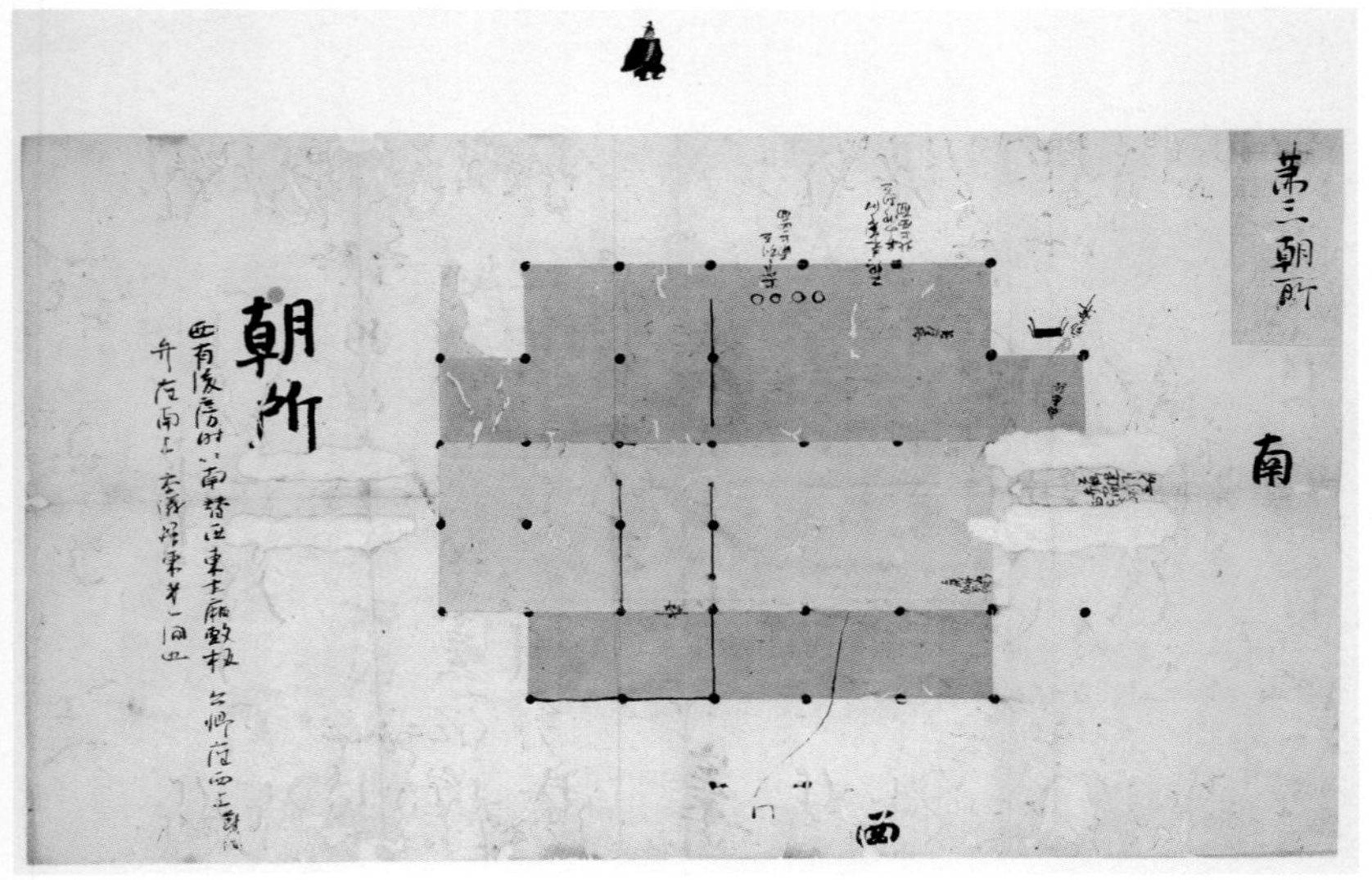

2　朝所（あいたんどころ）『朝儀諸次第』冷泉家時雨亭文庫所蔵

平安宮の太政官曹司の東北隅にあった屋舎．列見（れけん）・定考（こうじょう）などの太政官での儀式の酒宴が行われた．後三条天皇の記録所がここに設置されたことは注目される．この図は鎌倉前期に藤原定家によって記されたと伝えられるもの．

4　法勝寺復元模型　京都市歴史資料館所蔵

現在の岡崎地区に建てられた白河天皇の御願寺．当初，金堂・講堂・五大堂・阿弥陀堂・法華堂などの大伽藍，六年遅れて薬師堂などとともに八角九重塔が完成した．白河・鳥羽院政期，付近に六勝寺と総称される尊勝寺・最勝寺・円勝寺・成勝寺・延勝寺の御願寺ができるが，法勝寺は随一の規模と塔のシンボル性を誇った．

3　東三条殿復元模型　国立歴史民俗博物館所蔵

平安京二条南西洞院東の南北二町を占める寝殿造．藤原良房以来の藤原氏の邸宅であるが，道長の時代には里内裏などに改装されて利用されることが多かった．頼通のころ以降，藤原氏の本邸扱いをされ，元服などの重要な儀式を行う場となる．院政期には藤氏長者に伝領されるようになった．

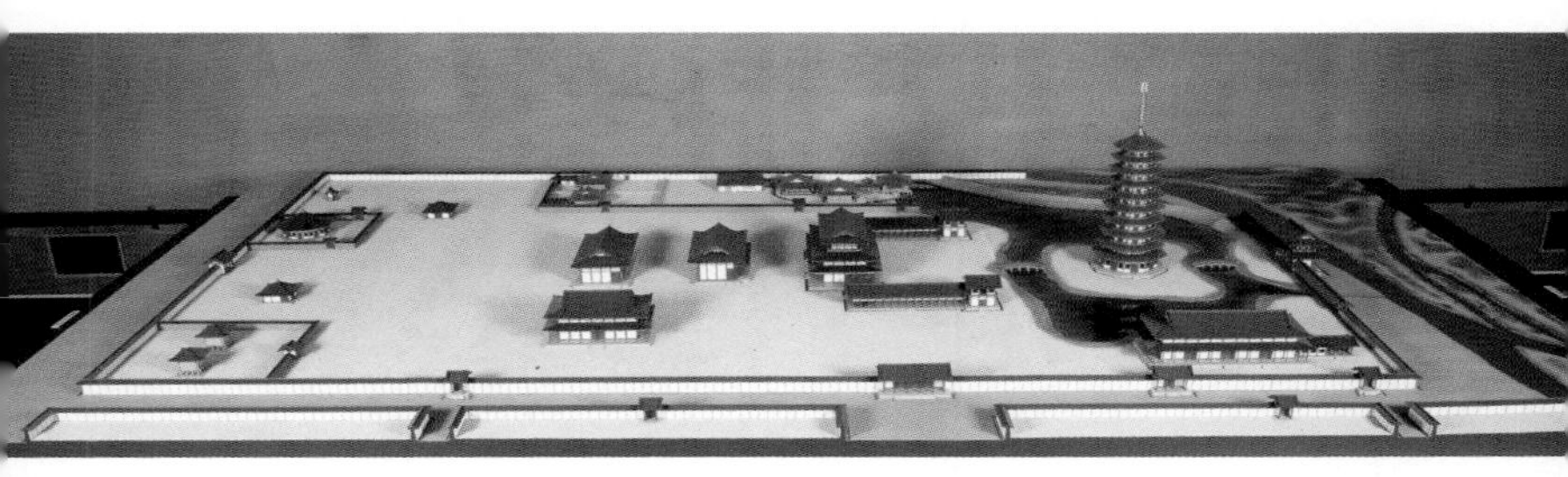

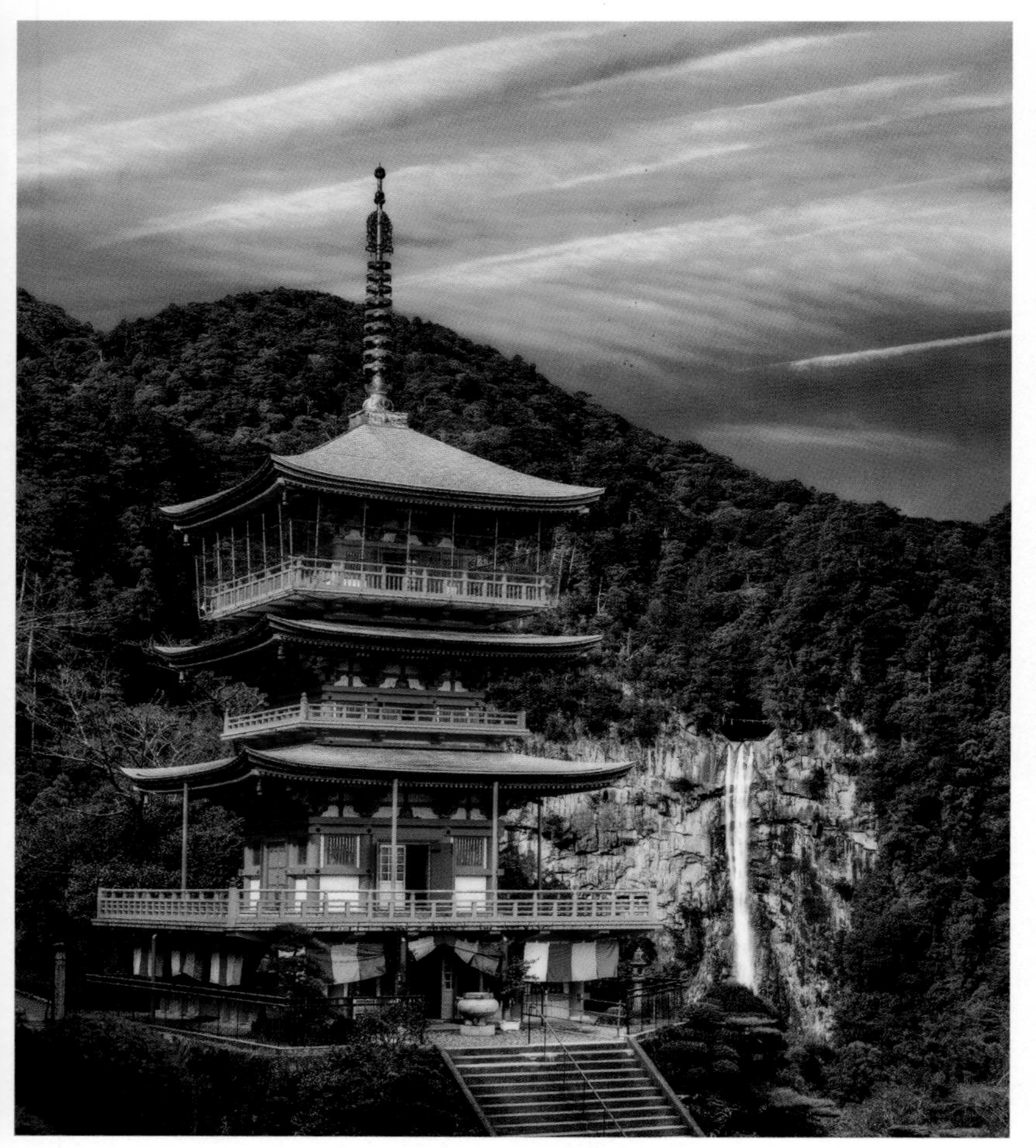

5　青岸渡寺三重塔と那智滝　公益社団法人和歌山県観光連盟提供

京都から熊野三山（本宮・新宮・那智）への参詣は，宇多法皇から始まり，花山法皇に継承される．とくに白河上皇から後鳥羽上皇までの熊野御幸は毎年に近い頻度となった．さらに待賢門院以後の女院や多くの貴族によっても行われた．承久の乱以降，上皇や女院の参詣は途絶えるが，地方の武士や庶民の間で行われるようになった．修験道と深く結びついていたため，メインルートは田辺から山中に入る苛酷な中辺路であった．室町後期には青岸渡寺を第一札所とする西国三十三所観音霊場をめぐる巡礼が盛んとなり，遊興性の高い伊勢詣とも結びつくようになる．そのため，伊勢路を利用する巡礼者が多くなった．

摂関政治から院政へ

京都の中世史 1

美川圭
佐古愛己
辻浩和

吉川弘文館

刊行のことば

『京都の中世史』という新たな通史を刊行することとなった。

このタイトルには、二つの意味が込められている。一つは、いうまでもなく、中世において京都という都市がたどった歴史である。

対象とする時代は、摂関政治の全盛期から始まり、院政と荘園領主権門の勃興、公武政権の併存、南北朝動乱と室町幕府、そして天下人の時代に至る、およそ六百年間の歴史である。その間、京都は政治・経済・文化の中心として繁栄したが、一方で源平争乱、南北朝の動乱、そして応仁の乱と再三の戦乱を経験し、放火、略奪の惨禍を蒙ってきた。

為政者の変化と連動した都市構造の変容、文化の受容と発展、そして戦禍を乗り越え脱皮してゆく京都の姿を描いてゆく。また、中世考古学の成果を導入することが本シリーズの大きな特徴となる。これによって、斬新な中世都市京都の姿を明らかにするとともに、現代への影響にも言及することにしたい。

もう一つの意味は、中世日本の首都としての京都の歴史である。京都は中世を通して、つねに全国に対し政治・経済・文化の諸分野で大きな影響を与え、同時に地方の動きも京都に波及していた。京都と各地域の歴史とは、密接に連動するのである。

中世における京都の役割、地方との関係を検証することで、ややもすれば東国偏重、あるいは地域完結的な見方に陥りがちであった、従来の中世史研究を乗り越えたい。そして、日本全体を俯瞰する視点を確立することで、新たな日本中世史像の構築を目指している。

以上のように、このシリーズは、最新の成果に基づいて京都の歴史を描くとともに、京都を中心として、日本中世史を捉え直すことを企図するものである。

二〇二一年五月

元木泰雄

目　次

二　藤原道長の時代……21

四　白河院政の成立 ……………… 89

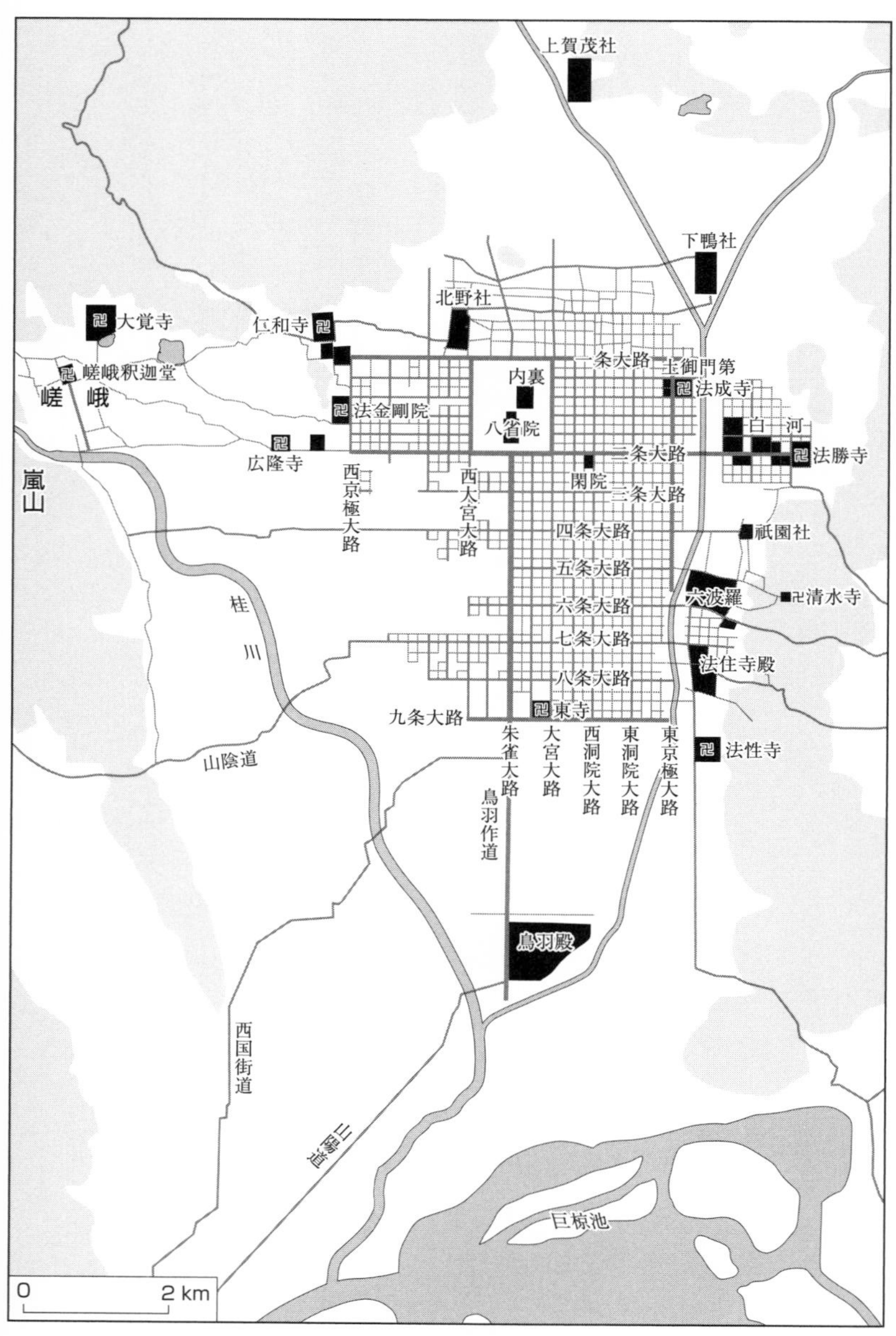

1　院政期の京都　山田邦和作成

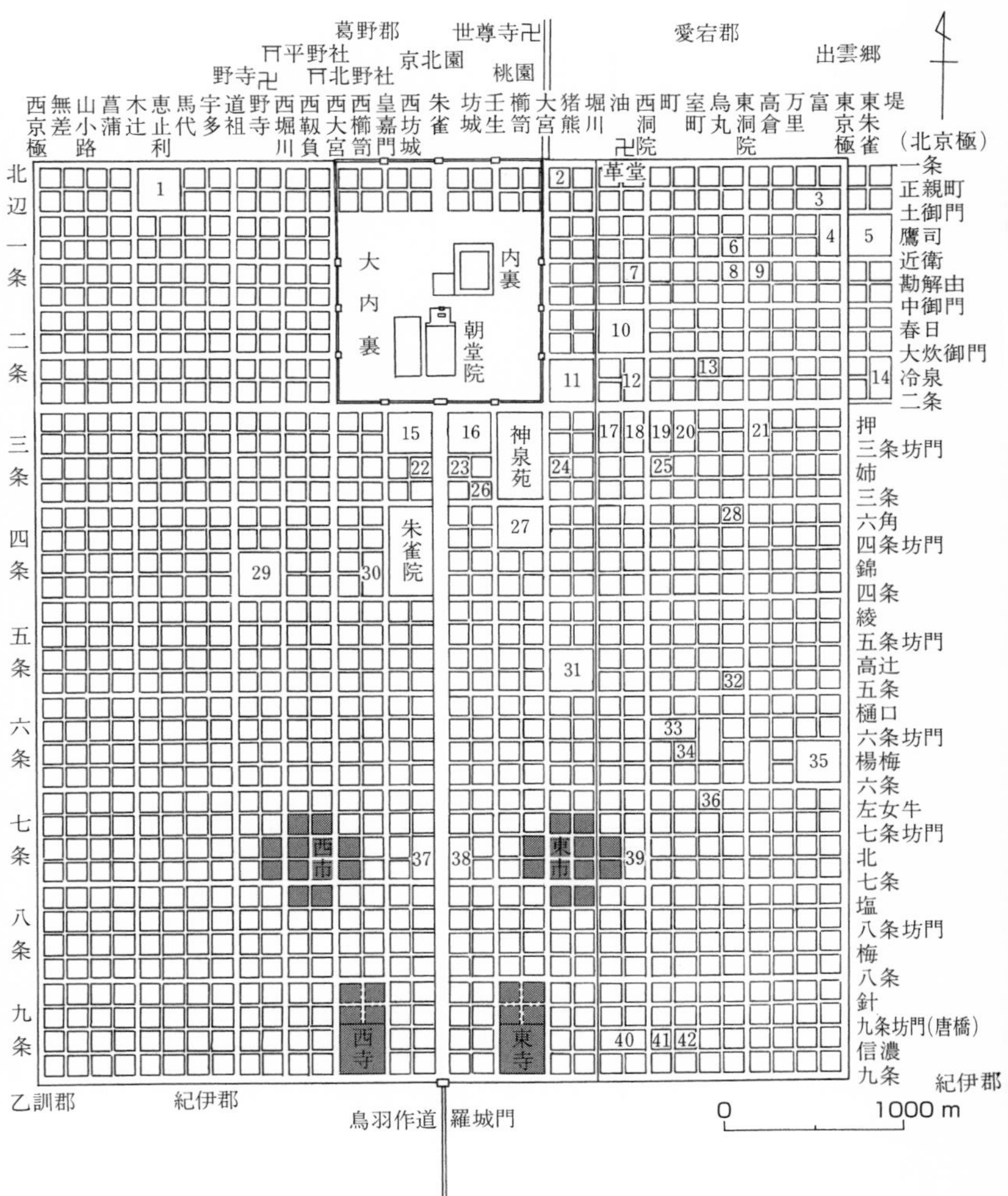

2　平安京と法成寺　西山良平「王朝都市と農村の交流」(加藤友康編『日本の時代史6　摂関政治と王朝文化』吉川弘文館，2002年）より

1 宇多院，2 一条院，3 染殿，4 土御門殿，5 法成寺，6 枇杷殿，7 左獄，8 小一条院，9 花山院，10 高陽院，11 冷泉院，12 二条院，13 小野宮第，14 法興院，15 穀倉院，16 大学寮，17 堀河院，18 閑院，19 東三条院，20 鴨院，21 二条殿，22 右京職，23 左京職，24 御子左殿，25 高松殿，26 勧学院，27 後院，28 六角堂，29 淳和院，30 西宮，31 後院，32 因幡堂，33 千種殿，34 池亭，35 河原院，36 六条院，37 西鴻臚館，38 東鴻臚館，39 亭子院，40 綜芸種智院，41 施薬院，42 九条殿

摂関政治・院政そして都市京都——プロローグ

摂関政治とはなにか

朝廷で何が一番重要であったかといえば、人事権である。それなら現代の政府でも企業でも同じではないか、と考えたくなるところだが、その重要性が格段に異なっている。朝廷は、人の序列、つまり上下関係を、身分というかたちで明示するシステムをもっていた。これが位階と官職、あわせて官位というもので、そもそも古代の律令制によって確立した制度である。

その上下関係を明示する官位の上に立って、それらの官位を授与するのが、天皇である。そして、その天皇を決める権限、つまり「皇位選定権」というべきものがあった。これを誰がもっているのか、あるいはどのような人間グループがもっているのか、ということが政治のありかたを考える場合、とても重要だったのである。

摂関期、あるいは摂関政治の時代、この皇位選定権をもっていたのが天皇のミウチ中枢であった。すなわち天皇と父である院、天皇の実母である国母、そして外戚である。その摂関政治の全盛期を築いたのが、十世紀終わりから十一世紀初めに外戚として権勢を誇った藤原道長ということになる。

意外に知られていないのが、道長は、その日記が『御堂関白記』といわれているにもかかわらず、正式に関白に就任したことはない。太政官の実質的なトップである左大臣、かつ天皇に奏上される文書を内見できる内覧という地位にこだわった。摂政になったのも、外孫の後一条天皇が即位した長和五年（一〇一六）から一年余りだけで、すぐに嫡子の頼通にその地位を譲ってしまっている。

　そのかわり、道長の姉超子と冷泉天皇との間に生まれた皇子が三条天皇。もう一人の姉詮子と円融天皇との間に生まれた皇子が一条天皇である。娘の彰子と一条天皇との間に生まれた皇子は後一条天皇となった。

　こうして、二代の天皇の外叔父、さらに天皇の外祖父となったのである。多くの姉妹や娘にめぐまれ、彼女たちが次々と天皇のもとに入内して、皇子を生めば即位する。まさに、道長は臣下でありながら、長く外戚という立場で「皇位選定権」をにぎって、その政治権力を振るうことができたのである。道長にとって、関白になるよりは、天皇の外祖父の地位をめざすほうがはるかに重要だった。

皇位選定権と院政

　道長のあとをついだ頼通は、三代の天皇の外戚として、五十年の長きにわたって摂政・関白をつとめた。しかし、父と異なり娘にめぐまれず、後冷泉天皇の後宮に送りこんだ一人娘の寛子が皇子を生まなかったため外祖父にはなれなかった。そのため、しだいにその権勢にかげりが生じたのである。

　次の後三条天皇は、後朱雀天皇と禎子内親王との間に生まれた皇子で、後冷泉の異母弟である。兄の死によって、治暦四年（一〇六八）宇多天皇以来一七〇年ぶりに、藤原氏を外戚としない天皇となった。これほど長期間にわたって外戚を藤原氏が独占してきたため、藤原氏と無関係な天皇が生まれることはきわめて困難であった。その点で、天皇の母が藤原氏ではないことは画期的なことである。後三条天皇は皇子の白河天皇を即位させると、その東宮に異母弟の実仁をつけ、さらにその弟輔仁と、皇子を順番に即位させようとした。しかし、後三条は上皇になってまもなく亡くなったため、その試みははたせなかったのである。

応徳二年（一〇八五）東宮実仁が急逝、翌年異母弟輔仁即位の動きを阻止すべく、白河天皇はわずか八歳の皇子を東宮とし即日即位させた。これが堀河天皇である。さらに、嘉承二年（一一〇七）その堀河天皇が早世すると、白河法皇は五歳の孫、鳥羽天皇を即位させた。こうして、子、孫と直系の幼帝即位を成功させた白河院は、自らの意志によって皇位を決定することができた。皇位選定権を掌握したのである。これによって、天皇の父や父方の祖父という直系尊属が政治の実権をにぎる院政という政治形態が確立する。

天皇家と摂関家の分立へ

後三条親政期から白河親政・院政初期は藤原師実、その後は嫡子師通と、摂関は道長・頼通の子孫がその地位にあった。しかし、正確に言うと、もはや天皇の外戚の立場にはなかった。さらに、師通が承徳三年（一〇九九）に急逝すると、その子忠実は容易に関白の地位につけなくなっていた。やっと六年後の長治二年（一一〇五）に関白になったものの、仕える堀河天皇がわずか二年後に亡くなったのである。このとき、当時の忠実の立場を象徴する事件が発生する。

新帝鳥羽の母は、藤原氏でも道長の子孫ではない閑院流という家系の出身であった。その兄にあたる藤原公実が、天皇の母方の伯父、つまり外戚を理由にして摂政を望んだのである。実はこれは一理あり、藤原良房以来ほとんどの摂政には外戚がなってきたのである。このために白河法皇自身も、道長の子孫か、外戚かでかなり迷ったらしい。

このときミウチではない源俊明が、周りの制止をふりきって法皇の御前に参上し、早い決着をせまったのである。別に忠実にすることを求めたわけではないが、俊明の勢いにおされて、堀河天皇の関白をそのまま摂政にするという常識的な決定に落ち着いた。

これ以降、摂政は外戚とは関係なく、代々摂関を継承する家系から任命されることになる。これが摂関家というものである。摂関期には、天皇のミウチが権力の中枢を掌握する政治形態がとられていた。そのなかで外戚が皇位選定権をにぎろうとして摂関政治を行った。ところが院政期になると、朝廷は王家や摂関家などの「家」の集合体へと変化する。摂関家は天皇のミウチから離脱し、王家をとりまく「家」のひとつとなるのである。

院近臣のはたらき

この事件では、摂政人選という重要な人事に、院近臣が関与することに道を開くことになるが、そのようなことは摂関期にはありえないことであった。摂関期には天皇のミウチが人事をとりしきっていた。院政期になると、ミウチの地位がしだいに低下する。以前のように外戚も力を発揮しにくくなるのである。

院近臣には大きくいって、受領（国司の最上級者、地方長官）を歴任して経済的に富裕となり、院に経済奉仕をするタイプと、弁官（太政官の事務官）・蔵人（天皇の秘書官）などをへて、その事務能力によって院に仕えるタイプの二種類がいた。前者を受領層、後者を実務官人系とよぶ。彼らはもともと中下級の貴族であったが、院への奉仕によってその官位をしだいに上昇させていく。院政のもとでの人材登用である。

受領層出身の近臣によって、白河地区の法勝寺をはじめとする六勝寺といわれる御願寺群、鳥羽殿の殿舎などの巨大建築が造営され、院の権威を示すものとなった。また、実務官人系近臣は、院の家政機関である院庁、国家機関である太政官、あるいは天皇側近の蔵人などの役職を兼任し、院が背後から従来からの国家機関をコントロールすることを可能にした。

この巻では、まず一章から四章で、摂関政治から院政期への政治の流れに入っていただきたい。さらに、それをふまえて五章で中世の京都について考えたい。

平安京から京都へ

この時期は平安京が、その古代都城制の枠を超えて発展し、都市としての京都へと変貌する大きな画期であった。その胎動は本巻が対象とする十世紀後期から起こっていた。そのころ、平安宮（大内裏）内の火災などにより、たびたび天皇の住む内裏が焼亡して、天皇が宮外の仮御所である里内裏に住むことが多くなった。また都市域が北部や東部の京外に拡大する兆候が見られるようになる。その一つの例が、藤原道長によって東京極大路と鴨川のあいだに造営された法成寺および新「朱雀大路」であったともいえる。

このような動きが院政期以降本格化し、白河天皇は鴨川の東に新たな都市域「白河」を計画する。

また、平安京南郊に「鳥羽殿」を造営する。鳥羽殿はその後、鳥羽院政期にかけて発展し権門天皇家の本拠としての都市域を形成するようになる。また平等院を中心に発展した宇治市街地とともに、摂関家の権門都市と呼ぶにふさわしい中世的な都市域も生んだ。京都は平安京の変質とともに、その周辺に衛星都市的な権門都市を付加することによって、その性格を大きく変化させるのである。

六章では、貴族社会のしくみを、儀式と政務、叙位と除目を中心とする人事のしくみ、受領と貴族社会の順で詳しく説明する。さらに七章では、京都の都市的発展と民衆の芸能との関係をクローズアップする。京都を身分や地位を越えた側面から論じていき、時代的にも二巻、三巻の鎌倉時代までスパンを広げた。都市京都の出発点が本巻にあることを理解していただければありがたい。

一　藤原道長の登場

1　上皇と摂関政治

上皇の変質

奈良時代以来、天皇と同等とされてきた太上天皇（以下上皇と略す）の政治権力は、弘仁元年（八一〇）平城上皇と嵯峨天皇の対立によって起きた薬子の変によって抑制された。その後の上皇は地位としては天皇の下位に位置づけられ、もっぱら儒教的な家父長権力として、天皇への影響力を行使してきたのである。平安初期の平城、淳和、嵯峨上皇が亡くなると、しばらく仁明・文徳・清和と上皇不在の時代が続き、その間隙をついて天皇の外戚が大きな力を発揮するようになった。

清和が貞観十八年（八七六）に皇子の陽成に譲位したため、嵯峨が亡くなって以来三十四年間不在であった上皇が復活した。しかし、清和上皇は、嵯峨のように天皇への家父長的権力を振るうこともなく、幼帝の後見をもっぱらにしたのは良房の養子である摂政基経であった。こうして、史上初めて上皇と人臣摂政が並び立ったにもかかわらず、清和上皇は仏道修行への執心から、幼帝の後見をつと

図1 平安前期の天皇と藤原氏（番号は即位順）

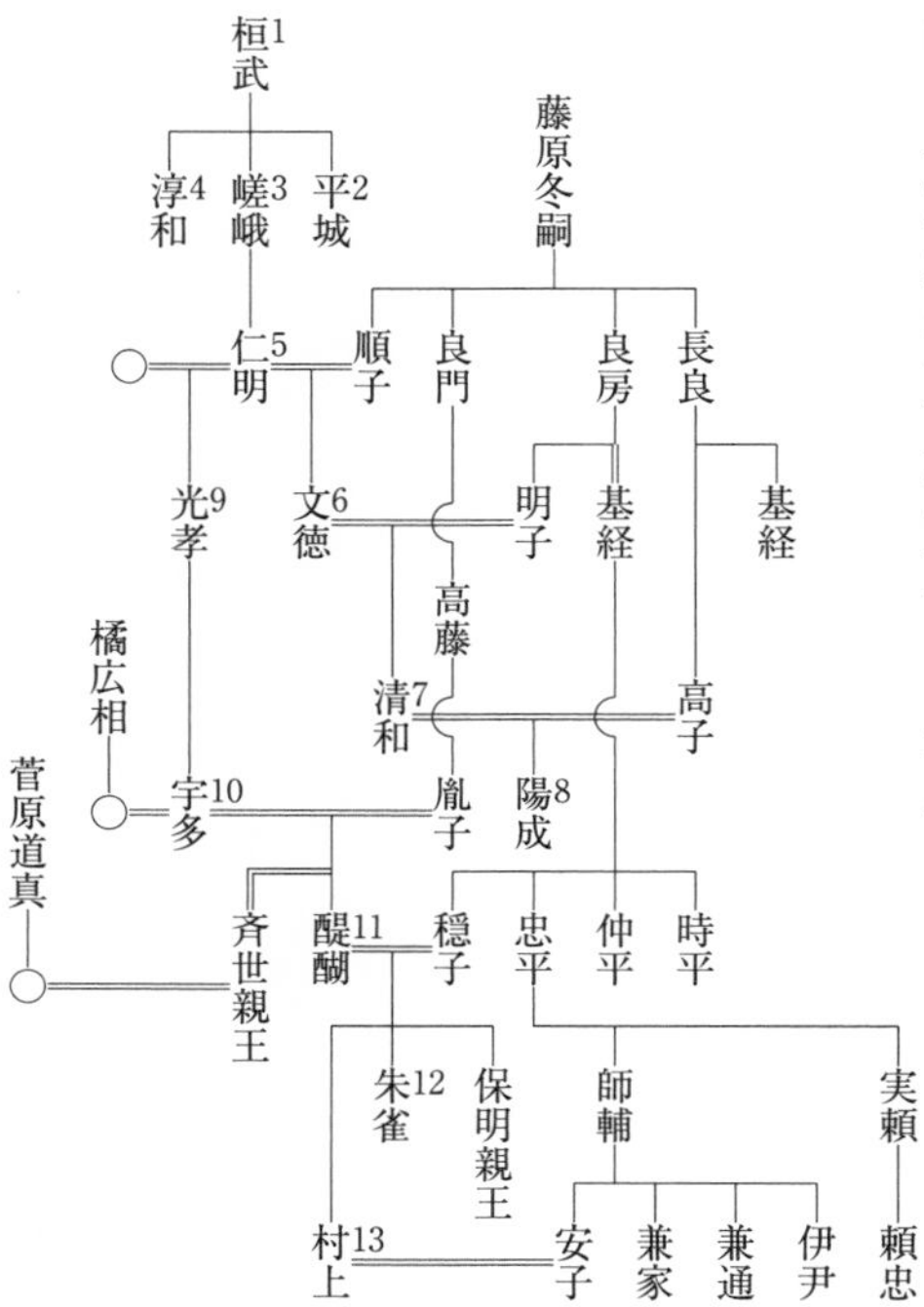

藤原冬嗣
長良　良房　良門　順子
基経　基経　明子　高藤　文徳6　仁明5
高子　清和7　胤子　光孝9
時平　仲平　忠平　陽成8　穏子　醍醐11　宇多10　橘広相
実頼　師輔　保明親王　朱雀12　斉世親王　菅原道真
頼忠　伊尹　兼通　兼家　安子　村上13
桓武1　平城2　嵯峨3　淳和4

める意志がなかったとされている（今正秀 一九九七）。

さらに、清和上皇が、良房による天皇の補佐を前例として、藤原北家（ふじわらほっけ）による人臣摂政を求め、基経も清和との個人的な関係に権力基盤を置こうとしたとし、これが、以後しばらくの間の上皇・天皇と藤原氏との関係の基調になったという考え方もある（中野渡俊治 二〇一七）。

こうして天皇と藤原北家との関係が、人臣摂政という形で安定すると思われたところ、予想外の事件が起こった。とかく粗暴なふるまいの多かった陽成天皇が、元慶八年（八八四）二月、内裏殿上（てんじょう）で近臣を殺害してしまったのである。結局、陽成の大叔父（祖父文徳の弟）の時康（ときやす）が、中継ぎとして即位することになった。過去数代にわたって天皇との姻戚関係を築いてきた藤原北家にとって、これは大きな痛手であった。

対立する宇多と基経

五十五歳で即位した光孝天皇は、子女すべてに源氏姓をあたえて臣下に下し、皇位継承の望みを絶たせた。そして、自らが中継ぎであることを表明したのである。さらに外戚ではないにもかかわらず、自分の擁立に尽力してくれた太政大臣基経を重用する。すなわち、基経が太政官で国政を主導し、内裏で天皇を補弼し、奏上・勅宣事項は必ず基経に諮問されることになった。これはのちの関白の職掌とほぼ同一のものである。

しかし、皇太子、すなわち次の天皇はなかなか決まらなかった。仁和三年（八八七）重病におちいった光孝は、今後の国政を基経と皇子源定省に託した。光孝の遺志によって、定省はふたたび親王

図２　宇多天皇　仁和寺所蔵

に復帰し、宇多天皇として即位する。光孝の中継ぎ表明は、宇多の即位で事実上撤回されることになったのである。

即位した宇多は「万機の巨細、百官の惣己、皆太政大臣に関り白せ、しかる後に奏し下すこと、一に旧時のごとくせよ」という詔勅を発した。この場合、太政大臣とは基経のことであり、旧時というのは父光孝天皇のときということで、光孝と基経との関係に倣えというわけであり、これが「関白」の初見である。

基経が上表という形式的な辞表を提出すると、今度は「阿衡の任をもって卿の任となすべし」という勅が発せられた。この中国の官名に疑問をもった基経は、再びこれを辞退して職務を放棄し、他の公卿たちも基経に追随した。これが世に言う「阿衡の紛議」である。

この勅答を起草した橘広相は、宇多天皇が深く信頼する学者で、その女が天皇とのあいだに二人の皇子をもうけていた。すなわち、次代の外戚の可能性があり、陽成の事件で外戚の地位を失っていた基経の政敵であった。政争は、橘広相と藤原佐世ら学者間の「阿衡」という語をめぐる論争の形をとり、結局は宇多が屈服して勅を改めて、橘広相の罪状を定めた。天皇へ上奏される文書の内覧と天皇の諮問に預かるのが関白の職掌であり、「阿衡」などというあいまいな語句を介在すべきではないという基経の主張が認められた。基経は関白の職に就き、さらに女温子の入内を認めさせることにも成功する。

このように宇多の治世は、基経への屈服という形で開始されたが、基経が寛平三年（八九一）に死ぬと、後任の関白は置かれずに、寛平の治と呼ばれる親政が開始される。そして六年後の寛平九年、十三歳で元服した皇子の醍醐天皇に譲位し、三十一歳の若さで宇多は上皇となる。宇多上皇は二年後の昌泰二年（八九九）に仁和寺で出家して、初の法皇となった。

宇多上皇の執政と摂関政治

新帝醍醐の外祖父は藤原高藤であったが、中納言に過ぎず、関白の地位に就くことは難しかった。宇多は新帝醍醐に『寛平御遺誡』を授けて天皇としての心構えを示した。また関白が置かれない代わりに、奏上宣下の場において大納言藤原時平と権大納言菅原道真に醍醐を補佐するようにと命じた。こうした動きを太政官政務からの排除であると反発した他の納言たちは、外記政に出席しなかった。宇多の側近であった道真は、翌年宇多の意向をうけて、二人の職掌は奏宣に限定するものであると公卿たちを説得し、事態はことなきをえた。

また醍醐即位の際に、宇多の妹為子と時平の妹穏子が入内する予定であったが、宇多の母班子が穏子入内を拒否したため、宇多・道真と時平との関係に亀裂が生じていた。ちなみに穏子入内が実現したのは、為子と班子が死去した後と推定されている。宇多の意を受けた道真は、女を醍醐の弟の斉世に配し、その擁立を謀ったらしい。これを察知した醍醐と時平は、延喜元年（九〇一）右大臣となっていた道真を大宰権帥に左遷する。こうして左大臣時平が政権を掌握し、穏子が産んだ保明が延喜四年に皇太子となる（目崎徳衛　一九九五、吉川真司　二〇〇二）。

この体制のもと、まず勅撰歴史書六国史の最後となる『日本三代実録』が完成する。また延喜五年『延喜式』の編纂も開始され、ほぼ同じころ、最初の勅撰集『古今和歌集』が紀貫之を中心に撰進された。ところが、時平は延喜九年三十九歳の若さで亡くなり、いまだ参議従四位上であった同母弟の忠平が従三位権中納言となり、延喜十四年に右大臣となってようやく太政官首班となった（ちなみに左大臣は時平死後空席）。そうした間隙をついて、宇多法皇が政治的に復権し、忠平は法皇に近仕して協調体制を構築する。こうして、上皇（法皇）、天皇、藤原北家が協調する体制ができあがり、これが以後の摂関政治の基調となった。

2　円融上皇の政治と文化

円融寺造営

円融天皇は在位中に、仁和寺の境内東北方（今の龍安寺）に御願寺として円融寺を造営した。御願寺造営計画はかなり早く、兼通の全盛期の天延二年（九七四）ごろからあったらしいが、一度頓挫した。これは兼家との結びつきをもとに、比叡山に「大乗院」を建立する計画であった。宇多法皇の曽孫寛朝の私房から再出発したこのたびの計画は、周辺の宇多源氏との関わりをもった造営であったという。

円融寺の造営は順調に進み、永観元年（九八三）、御斎会に准ずる盛大な供養が行われた。このとき、天皇はこの供養に出席する予定であったが、「物忌」という理由で欠席している。完成前年の天元五年（九八二）にも、円融寺への行幸計画があったが、天元三年の内裏焼亡などを理由に、中止されてしまっていた。以後、円融天皇が円融寺に赴いた形跡はないのである。

ところが、永観二年花山天皇への譲位後は、満を持して、円融寺への御幸が頻繁となる。譲位二ヵ月後の十月、村上先帝の山陵参拝帰途、おそらくはじめての円融寺御幸が実現した。そして、翌寛和元年（九八五）正月と三月にもあいついで、上皇は円融寺に赴いた。

仏教信仰と遊興

とくに、三月には花見のために摂関家の別邸白河院をはじめ、東山の花見に行き、西山の桜御覧に御幸したのである。早朝から、大井川や寺々を遊覧し、寛朝の広沢山荘で朝食。その後、仁和寺と円融寺に赴き、その地で酒宴と和歌を読んで、晩に内裏にもどった（『小右記』）。在位時代には考えられない身軽さといってよいだろう。そして、仏教信仰と遊興が表裏一体となっていることも注目される。

このような上皇の自由な遊興は、当然のことながら、各地への御幸という形でも、発揮された。寛和二年（九八六）十月には石山寺と大井川、永延元年（九八七）十月に愛宕水尾山寺、南都諸寺、永延二年十月延暦寺、永祚元年（九八九）十一月は石清水といった具合である。

これらの御幸は円融上皇の個人的な好みにもよっているが、さらに清和・宇多上皇の先例を追おうとした意図も大きい。代々の上皇に共通する宮廷文化の指導者としての意識があらわれている。このような立場は、院政期の上皇、法皇にも継承される側面である。

たとえば延喜七年（九〇七）に宇多上皇が熊野御幸を行っているが、それは元慶三年（八七九）の清

図3　石　山　寺

和上皇の大和国諸寺御幸の計画を先例にしている。円融上皇の石山御幸の場合も、それらの清和・宇多両上皇の先例にならって、その儀礼が決められた。大井川御幸にも有名な延喜七年の宇多上皇の先例があり、水尾山寺もまた清和上皇が御幸の上「終焉之地」と定めたところであった（目崎徳衛 一九九五）。

円融上皇の院庁

院庁は、円融上皇によってはじめてもうけられた組織ではないし、そもそも本来の性格からして家政機関であるから、その政治性と安易に結びつくものではない。ただ、円融上皇の院庁職員のうち、別当の数が従来の上皇の場合に比して、格段に多かったし、同時代の冷泉上皇の場合との差はあきらかであった。そこに、円融上皇の特徴をみることは可能であろう。

まず、宇多源氏の源雅信に代表される皇親が円融上皇に密着して、藤原氏の主流をしのいでいる。上皇は外戚の藤原氏に擁護されていたわけではなく、むしろ皇親に囲まれていた。とくに天元元年（九七八）以来、太政官のトップである左大臣の地位にあった源雅信が、永観二年（九八四）の譲位後ただちに院別当となったらしいことは、注目される。雅信は温雅謹直な人柄であるとともに、公事に熟達し精励していた。そのために、政界において、一目おかれる位置にあったと考えられる。

雅信の弟の重信は、院別当ではなかったようだが、御願寺円融寺の俗別当であり、上皇との関係はきわめて親密であった。また、その弟の寛朝は、その私房を在位中の円融に提供し、その場に円融寺が建立された。しかも、譲位後、出家後と時をへるごとに、いっそう緊密の度を増したという。

生前、兼家と激しく対立した、兄の兼通の四男朝光も院別当となっている。異母兄顕光よりも父に愛されて昇進が早く、兼通と媓子の遺領も相続していた人物である。円融の在位中は、短期間五位蔵人や蔵人頭をつとめただけで、それほど親密ではなかったが、天元五年に遵子立后をめぐって天皇と兼家の対立が深まった時期から、関係が深まったらしい。また、『小右記』の著者であり、小野宮流の藤原実資は、上皇の信任厚く、上皇の晩年には子の一条天皇の後見を内命されるにいたったという。

円融上皇の政治関与

一方、院庁との関係でいえば、兼家らとはどのような関係にあったのだろうか。兼家およびその子の中では、唯一院別当となっているのは、兼家の子の道兼である。ただし、道兼が別当となったのは、永祚元年（九八九）十二月のことで、円融上皇が亡くなる一年少し前ということになる。その理由は『小右記』によると、父兼家の健康の衰えをみた道兼が、あわてて院の権威にすがろうとしたらしい。

このような分析から、目崎徳衛は①円融上皇が上皇に信任された者と院の権威に慕ろうとした者の双方合わせて、画期的に多くの別当に奉仕されていたこと、②その中核となったのは宇多源氏などの皇親であったこと、そこで③藤原氏主流の中でも全盛にさしかかった兼家系が全く疎隔されていたと述べている（目崎徳衛 一九九五）。

在位中の兼家との対立を院司の人脈にも反映させ、引退して上皇となり出家して法皇となったあとも、円融上皇は天皇家の家父長として、外戚の実力者兼家との間に対立を醸し出す条件を備えていた。それでは、朝廷における上皇の政治関与は、実際はどの程度のものだったのか、その性格はいかに、ということが焦点となる。

花山・一条天皇の在位中を通して、若干の上皇の政治的関与はあった。しかし、天皇の父である時期だといって、一条朝に入ってそれが大幅に増加した事実はみられない。つまり、天皇の父ゆえの政権掌握の積極的な意志は確認されないのである。その政治的な関与は、院司の昇進などの直接院に関係するものにほとんど限られており、それもしばしば朝廷では抑止された。

そうしたことから、上皇の家政機関である院庁を基盤にした政治的な行為が、兼家と正面から対決する性格のものではなく、またそうした可能性もなかった。その点においては、嵯峨・宇多上皇と比較しても、かなり限定したものだったといえる。それは、兼家という外戚と、正面から対決する政治的な条件を欠いていたからであろう。言い換えれば、両者に多少の軋轢はあろうとも、天皇の外祖父である兼家と、天皇の父院である円融上皇は、十世紀前半の宇多法皇と忠平のあいだで定着した摂関政治共通の政治的基盤を優先したということになる。

3　藤原兼家の執政

一条天皇の即位

寛和二年（九八六）花山天皇が十九歳の若さで突然出家した。天皇は大納言藤原為光の女を寵愛していたが、その女が妊娠し死去したので悲嘆に暮れていた。右大臣藤原兼家の子である道兼は蔵人として天皇に近侍していたが、これにつけこんで天皇に出家を勧め、天皇を内裏から誘い出して元慶寺で出家剃髪させてしまったのである。一方道兼の兄弟である道隆と道綱は、清涼殿の神璽と宝剣を、密かに皇太子懐仁親王の部屋に移してしまった。これによって、譲位が行われたことになり、一条天皇がわずか七歳で即位することになる。

花山天皇の母懐子は天延三年（九七五）に、懐子の父伊尹（兼家兄）も外孫の即位を見ぬまま天禄三年（九七二）に亡くなっていた。父の冷泉上皇は存命であったが、幼少のころより異常な行動が多く、永観二年（九八四）の花山即位後も、父院でありながらほとんど朝廷での発言権がなかった。関白は藤原頼忠であったが、天皇の外戚ではなかった。むしろ故伊尹の子権中納言義懐が外戚として、今後大臣や摂関に昇進すると、発言力を増してくる可能性があった。また、側近に乳母子の左中弁藤原惟成という存在もいた。

以上のような政治状況があったために、兼家はまるでクーデターのように、ことを急いだのであろう。一条天皇の母は兼家の女詮子であったから、兼家は新天皇の外祖父にして、摂政となった。良房以来、摂政は基経、忠平、実頼、伊尹と四人いるが、基経、忠平、伊尹は天皇の外戚であったが外祖父にはなれず、実頼は外戚ですらなかった。兼家は良房以来の外祖父の摂政なのである。しかも、東宮には冷泉上皇の皇子である居貞親王（三条天皇）がなったが、母は兼家の女超子であったから、将来居貞が即位すれば一条と同様に天皇の外祖父となる。

加速する兼家子息たちの昇進

土田直鎮が明らかにしたように、摂政就任後の兼家は強引ともいえるほど、子供たちの昇進を急いだ（土田直鎮　一九六五）。前半生、官位の不遇に悩んだ兼家にとって、わが子たちの群を抜いた昇進は、子孫の繁栄に直接つながる重要な政治的行為であった。寛和二年（九八六）従三位非参議であった三十四歳の道隆は、この年の内には正二位権大納言となった。正五位下の蔵人であった二十六歳の道兼は、一条天皇践祚とともに蔵人頭となり、やはりこの年従四位下参議から従三位権中納言、さらに正三位まで駆け上がった。

二十一歳の道長も践祚とともに昇殿を許され、七月に従五位上蔵人、四日後には正五位下、十月左近衛少将、十一月従四位下、翌永延元年（寛和三）正月従四位上と昇進し、七月に従三位となって公卿の列に加わった。父兼家が公卿となったのは安和元年（九六八）四十歳、兄道隆は永観二年（九八四）三十二歳、道兼がこの年の二十六歳ということからすれば、この時点で父の強引なやりかたで、もっとも恩恵を受けたのが道長ということになる。

永祚二年（九九〇）正月、まず一条天皇が十一歳で元服した。その加冠役をつとめるため、外祖父の兼家が前年末に太政大臣となった。さらに同月道隆の女定子が十五歳で入内し女御となる。兼家は天皇元服にともなって五月に関白に転じた。ところがこの時、兼家はすでに病重く、直後に出家して関白を長子である内大臣道隆に譲った。しかも、天皇は元服したとはいえ、政務をみるには若すぎたため、再び道隆は摂政となった。そして、七月に兼家は六十二歳で亡くなったのである。

隆盛となる道隆流

すると、父に倣って道隆も子供たちの昇進を最重要視した。とくに伊周（これちか）の昇進スピードは道長以上であった。永祚二年に十七歳で従四位上蔵人頭兼右近衛中将であった伊周は、十月に正四位下、翌正暦二年（九九一）正月に参議となり、十八歳で早くも公卿となった。そして、七月に従三位、九月に権中納言、翌正暦三年八月権大納言、十二月に正三位となる。さらに、正暦五年八月には内大臣に就任し、ついに叔父の道長を超えることになった。ときに、道長は二十九歳、伊周は二十一歳である。

表　昇進比較（土田直鎮　一九六五による）

	従五位下	参議	中納言	大納言	大臣	摂関
藤原実頼	一六歳	三二	三五	四〇	四五	六八
〃兼家	二一	—	四一	四四	五〇	五八
〃道長	一五	—	二三	二六	三〇	五一
〃伊周	一二	一八	一八	一九	二一	—
〃実資	一三	三三	三九	四五	六五	—
源　経頼	一三	四五	—	—	—	—

朝廷の除目（じもく）・叙位は、公卿列席のもと天皇の御前で行うのが原則である。ところが、天皇が幼いときは、内裏の摂政直廬（じきろ）（宿所）で行うという例外措置がとられた。兼家の強引な人事は摂政という立場と関わりがあり、道隆がそれを倣ったともいえる。そう考えると、天皇が元服して一度関白になったが、再び正暦四年まで摂政をつとめ

たのも、そのためもあったのかもしれない。

ともかく伊周の急速な昇進によって、道長との対立の芽が生じた。しかも、正暦五年には天皇も十五歳となり、入内して四年の妹定子に皇子誕生ということになれば、伊周も晴れて将来外戚ということになる。このままだと時間を経るほどに、伊周が道長よりも優位に立つ可能性が高くなる。中関白（なかのかんぱく）家（け）といわれる道隆系がしだいに隆盛を増しつつあった。

二　藤原道長の時代

1　執政就任

疫病流行

正暦五年（九九四）は正月以来、九州から疫病（赤斑瘡）、現代でいう麻疹（はしか）がはやりだし、病は七道あまねく満ちた。ワクチンのない時代では、感染率、死亡率ともに最悪の病であった。二月に長徳と改元される正暦六年になると、疫病は衰えるどころかますます流行り、この年にピークをむかえた。流行は庶民に止まらず、最盛期は四月から五月にかけてであったという。四位七人五位五十四人、さらに中納言以上十四人のうち八人までが死ぬことになった。

そうしたなかで、まず関白道隆が長徳元年（九九五）二月ごろ病に倒れた。ただ、これは疫病によるものではなく、糖尿病と考えられている。道隆は正暦四年に就任した関白を子の伊周に譲ろうとするが、一条天皇が許さず、三月に伊周に父の代理として内覧の宣旨だけが下される。代理とはいえ、執政となったのである。道隆は四月に没し、関白の詔が道隆の弟道兼に下った。ところが、道兼は大流行の疫病によって、翌月にあっさりと命を落とす。

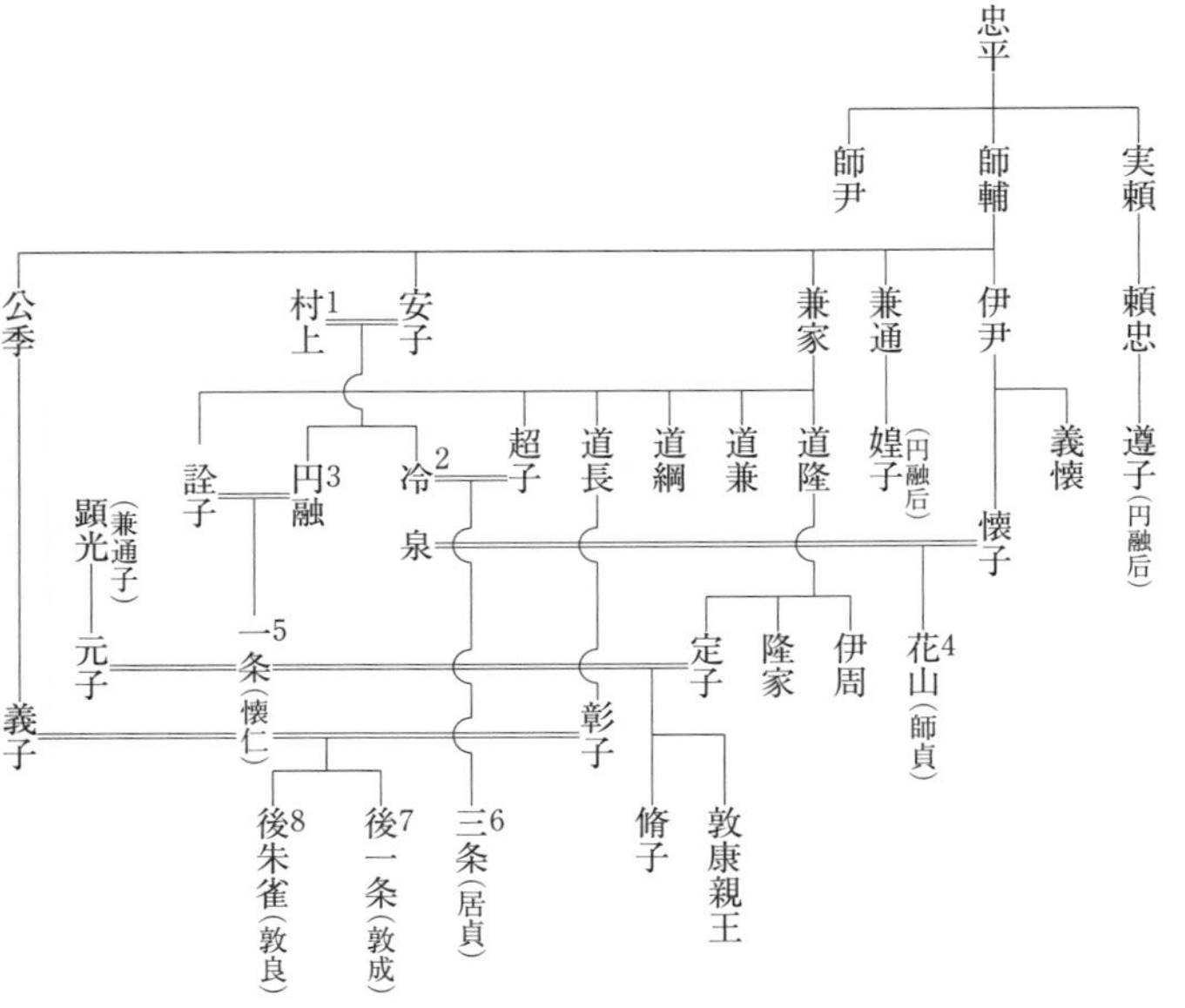

図4　摂関後期の天皇と藤原氏（番号は即位順）

こうして、内大臣の伊周と権大納言の道長（みちなが）のどちらが、関白あるいは執政の座に着くかが焦点となった。伊周の叔父にあたる道長は一条天皇の外戚であるが、官位はこの時点で内大臣の伊周が上であった。関白になるには、大臣であることが条件という認識があったので、その意味では伊周が優位だったと言えよう。

ところが、『大鏡（おおかがみ）』の記述が伝えるには、国母（こくぼ）である東三条院詮子（ひがしさんじょういんせんし）がわざわざ内裏清涼殿の夜御殿（よるのおとど）まで押しかけて、涙ながらに天皇を説得したという。詮子の強い意志でその弟道長が執政の座に着くことが決まった。これは摂関期の国母の政治的な発言権の大きさの事例として、よく知られている。ただし、外戚道隆、道兼のあいつぐ死と、父院である円融（えんゆう）上皇（法皇）も正暦二年

図5　竜頭鷁首を見る藤原道長　『紫式部日記絵詞』藤田美術館所蔵

面もある。

(九九一)に亡くなっていたから、とくに国母の発言が突出した

内覧と一上

一度は道長が関白となる方向で話が進んでいたようだが、まだ権大納言であることから、長徳元年(九九五)五月まずは准関白である内覧の地位につくことになった。すでに伊周の内覧は止められていたから、正式に執政は道長ということになる。六月に道長は右大臣に昇進し、伊周よりも上位となった。左大臣源重信(みなもとのしげのぶ)が道兼と同日に疫病で亡くなって左大臣が空席であったから、太政官の一上(いちのかみ)となって太政官の政務を主宰する立場となり、藤原氏の氏長者(うじのちょうじゃ)ともなった。

しかし、伊周の妹定子(ていし)が中宮として天皇の寵愛を受けており、そこに皇子誕生ともなれば、いずれ伊周は天皇の外戚となる可能性も出てくる。一方で道長の女彰子(しょうし)はまだ八歳の幼さで、入内するには時間を要する。また道長は病弱でもあり、若い伊周がどっしりと構えていれば、再び執政に復帰することも十分考えられた。

伊周・隆家失脚

『小右記』によると、七月には、道長と伊周が陣座で口論におよび、さらに数日後には道長と伊周の弟隆家の従者が、七条大路で衝突した。八月には隆家の従者が道長の随身を殺害している。翌長徳二年（九九六）正月、故藤原為光邸で花山法皇と伊周・隆家兄弟が遭遇して闘乱におよび、隆家の従者によって法皇の童子二人が殺害され、その首が持ち去られる事件が起こった。

この事件の結果、正月除目での伊周の座席は、天皇御前にはなかった。除目から排除されたのである。二月には精兵が隠れているという情報によって、伊周の家司宅が検非違使の捜索を受けた。さらに、陣座に控えていた道長以下の公卿たちに、蔵人頭から明法博士による伊周と隆家の罪名勘申が命じられた。

三月下旬、国母である東三条院詮子がにわかに重病となったが、その寝殿板敷の下から呪詛の証拠が発見された。四月には、臣下が私的に行うことが禁じられていた大元帥法を伊周らが修していたという訴えがあった。これは道長を調伏するためであったという。同月天皇御前の除目の場で、伊周の大宰権帥、隆家の出雲権守への左遷が決まった。その理由は、花山法皇を射たこと、女院を呪詛したこと、私的に大元帥法を修したことの三つであった。これは事実上の配流であり、正式に二人が罪人とされたのである。

中宮定子と中関白家

中関白家の伊周・隆家の失脚により、道長の権力基盤が盤石となったかというと、必ずしもそうとは言えない。一つの要因は、定子に対する天皇の寵愛

図6　中宮定子を訪問する東宮妃原子　『枕草子絵巻』個人蔵

が続いていたことである。兄弟が引き起こした長徳二年（九九六）の花山法皇襲撃事件の影響で、定子は二月に内裏を退出し、翌月に天皇の命令で二条北宮に移った。しかし、この年の十二月に天皇の第一子である脩子内親王を生んでいることから、倉本一宏は定子が伊周・隆家失脚後も内裏に出入りしていたと推定する（倉本一宏　二〇〇三）。

その経緯を少し詳しく述べておくと、配流が決定された以降も、伊周と隆家は二条北宮の定子のもとに匿われていたらしい。そのために、五月に検非違使による大規模捜索が行われた。定子は牛車に乗せられ、寝殿夜大殿の戸が破られ、組入天井や板敷がはがされた。その結果、隆家が捕らえられたが、ついに伊周はみつからなかった。愛宕山麓まで逃げていた伊周は、再び出家姿で二条北宮に戻る。そこで母を連れて配所に下りたいと天皇に奏上したが、許されなかった。

病を理由に伊周と隆家は、播磨と但馬に留められたが、十月になって伊周が病気の母に会うために、密かに入京しているという密告があった。検非違使が調べると、案の定、定子のもとにいることがわかり、十二月に大宰府に流された。こうした紆余曲折の最中に、定子の懐妊が判明したことになる。もしも皇子誕生となれば、定子の兄弟である伊周や隆家の復権へと、情勢がいっきに変わる可能性もあった。

入内ラッシュと敦康誕生

七月、道長が左大臣になると、そのあとの右大臣には道長の従兄弟（伯父兼通の子）である大納言顕光が昇進した。また、道長の叔父である大納言公季の女義子が入内し、八月に女御となった。右大臣顕光の女元子も入内し、十二月に女御となった。すでに正暦五年（九九四）に東宮居貞親王（のちの三条天皇）が、藤原済時の女とのあいだに敦明をもうけているので、一条天皇に一刻も早い皇嗣が求められた。このような有力公卿からの入内があいついだのはそのためであろうが、疫病の影響によって皇族断絶を避けるためもある。

脩子内親王が生まれた十二月ごろから、国母である東三条院詮子の病が悪化したため、翌長徳三年（九九七）三月に大赦が行われることになった。詮子の回復を期待してのことであったが、それによって伊周と隆家が召喚され、すでに出家していた定子の内裏への出入りも公然となった。顕光の女元子も懐妊するがけっきょく流産に終わる。長徳四年二月、道長の兄の故道兼の女尊子も入内する。

長保元年（九九九）二月、道長の女彰子が十二歳で裳着の儀を行って、入内の準備が整うころ、定子が再び懐妊する。そして、定子の出産がせまる十一月、ついに彰子が入内する。彰子が女御となったその日に、定子は待望の一条天皇第一皇子、敦康親王を生むのである。

十二月になると、彰子の立后（りっこう）計画が本格化する。当時、皇太后であった詮子は、正暦二年（九九一）出家すると東三条院という史上最初の女院（にょいん）号を受けていた。これは一条天皇が母后を特別に処遇するためであったという（橋本義彦 一九八六）。一条天皇の妻后である中宮定子も長徳二年（九九六）出家していたが、詮子のように女院となることはなかったとはいえ、天皇の寵愛は続き、第一皇子を生んでいる。こうなると、一条天皇の政治的主導権は強まるから、道長にとっては彰子の立后を急がねばならない。

彰子立后と定子の死

定子に引き続いて長徳三年に出家した円融妻后であった皇后遵子（じゅんし）も出家して女院となることはなく、皇后のままであった。そこで、詮子が女院となったことで空席の皇太后に遵子をつけ、定子を皇后、女御彰子を中宮にしようという計画である。道長は独断ではなく、国母東三条院詮子と密に連絡をとりながら、この計画を周到に進めた。道長の意をうけた蔵人頭藤原行成（ふじわらのゆきなり）は、詮子、遵子、定子の三人がいずれも出家しているため、氏神を祭る神事を行えないという論理を主張し、女御彰子を妻后にすることに奔走する。

こうして、長保二年（一〇〇〇）二月、ついに定子は皇后となり彰子が中宮となる。一人の天皇に二人の妻后という異例の事態であったが、これが以後の慣例となっていく。とはいえ、二十五歳の定子に対して、彰子はまだ十三歳で、皇子の誕生はまだ先のことと予想された。彰子立后のころ、定子は再び懐妊したらしく、この年の十二月に皇女を出産したが、その直後に産褥（さんじょく）で亡くなった。定子の死によって、道長の最大の懸念であった伊周・隆家らの復権は、遠のいたのである。皮肉なことに、

図7　敦成親王の五十日祝　『紫式部日記絵巻』五島美術館所蔵

定子に対する一条天皇の寵愛が、その命を縮めることにつながった。

外孫敦成誕生

長保三年（一〇〇一）閏十二月、道長の内覧就任を推した東三条院詮子が四十歳で亡くなった。一条天皇の国母であった詮子は、道長の強い後ろ盾であったから、彼女を失ったことは道長にとって痛手であった。そして、定子の死後、天皇の寵愛は右大臣顕光の女元子に移ったが、元子が皇子を生むことはなかった。顕光は「七十大臣所作極以不覚也」（『御堂関白記』）というように道長に朝儀の疎さを酷評される人物であった。このように見られていたとはいっても、道長の従兄弟で、血筋家柄に問題があるわけではない。この間、道長は故定子が生んだ敦康親王の後見役をつとめながら、彰子による外孫皇子誕生を辛抱強く待ち続けるのである。

彰子が待望の皇子敦成（あつひら）を出産したのは、この七年後の寛弘五年（一〇〇八）のことである。道長はこの外孫皇子の立太子にむけて全力をそそぐ。さらに幸運なことに、翌寛弘六年十一月、彰子が再び皇子を生むのである。こうなると、故定子が生んだ第一皇子敦康親王は、道長にとって邪魔な存在となる。

2 「政」から「定」へ

道長は寛和二年（九八六）六月に践祚（せんそ）した一条天皇のもとで昇殿したが、天皇の母詮子は姉であったから、すでにその時点で外戚であった。しかも、その詮子の後押しがあって、長徳元年（九九五）三十歳の若さで内覧、さらに右大臣として一上（いちのかみ）、つまり太政官の首席となった。

外戚の地位の限界

かつての研究では、このような道長の地位によって、政治を完全に主導できると考えられていた。しかし、現在の主流の考え方では、天皇や国母（天皇の母）や父院などのミウチの政治的発言力もかなり重視されるようになっている。外戚が政治を独裁するという摂関政治のイメージは一掃されたのである。しかも、国母の権限を包括する立場に立てる外祖父に比して、一条天皇の時代の道長は外叔父、つまり国母詮子の弟であり、詮子の強い引級（いんぎゅう）もあって、ある程度の政治的優位を維持しているという側面があった。

実際に中関白家の伊周・隆家の失脚にもかかわらず、同家出身の定子に対する天皇の寵愛が止まることはなかった。無能な顕光であったが、その女元子への天皇の寵愛も、道長の立場からすれば気がかりであった。外戚の立場から、天皇の行動を制約することは、多くの困難がともなった。定子は敦康親王を生んだ後、一年ほどで亡くなり、元子にも皇子は生まれなかった。それらは道長にとって幸運であったが、逆に言うときわめて偶然的な要素でもある。このように外戚という立場は、それだけではかなり不安定なものであった。そのため、権力基盤としての制度的な裏付けが重要視された。

蔵人所別当と内覧左大臣

六章で詳細に述べるように、天皇家の家政機関であり、平安中・後期には宮廷運営機関の中枢として発展した、蔵人所(くろうどどころ)がまず重要である。蔵人所の実質的な長官である蔵人頭は、薬子(くすこ)の変(へん)に際し、弘仁元年(八一〇)嵯峨(さが)天皇が側近巨勢野足(こせののたり)と藤原冬嗣(ふじわらのふゆつぐ)を任じたことにはじまる。以後、蔵人所職員は天皇に近仕し、奏上、伝宣(でんせん)、護衛および、天皇の食事や服飾調度(ちょうど)にも関わり、宮廷経済を掌る内蔵寮(くらりょう)とも関係を深めた。とくに宇多(うだ)天皇のもとで組織が拡充されるが、その譲位(じょうい)にあたって寛平九年(八九七)筆頭公卿の大納言藤原時平(ふじわらのときひら)が蔵人頭の上に新設された別当(べっとう)に任命された。さらに昌泰二年(八九九)左大臣に上った時平は、天皇家の家政機関と太政官組織の双方を管掌することになった。以後、蔵人所別当は左大臣が兼任することが多くなり、道長も左大臣就任とともに蔵人所別当を兼ねた。

道長と政務との関係は、従来の摂関とはやや異なり、独特である。長和五年(一〇一六)外孫の後(ご)一条(いちじょう)天皇即位によって摂政となるまで、道長は関白に就任できる資格がありながら、二十年間准関白の内覧左大臣の地位にとどまった。道長はその間、ずっと蔵人所別当も兼任し、太政官系統の政務

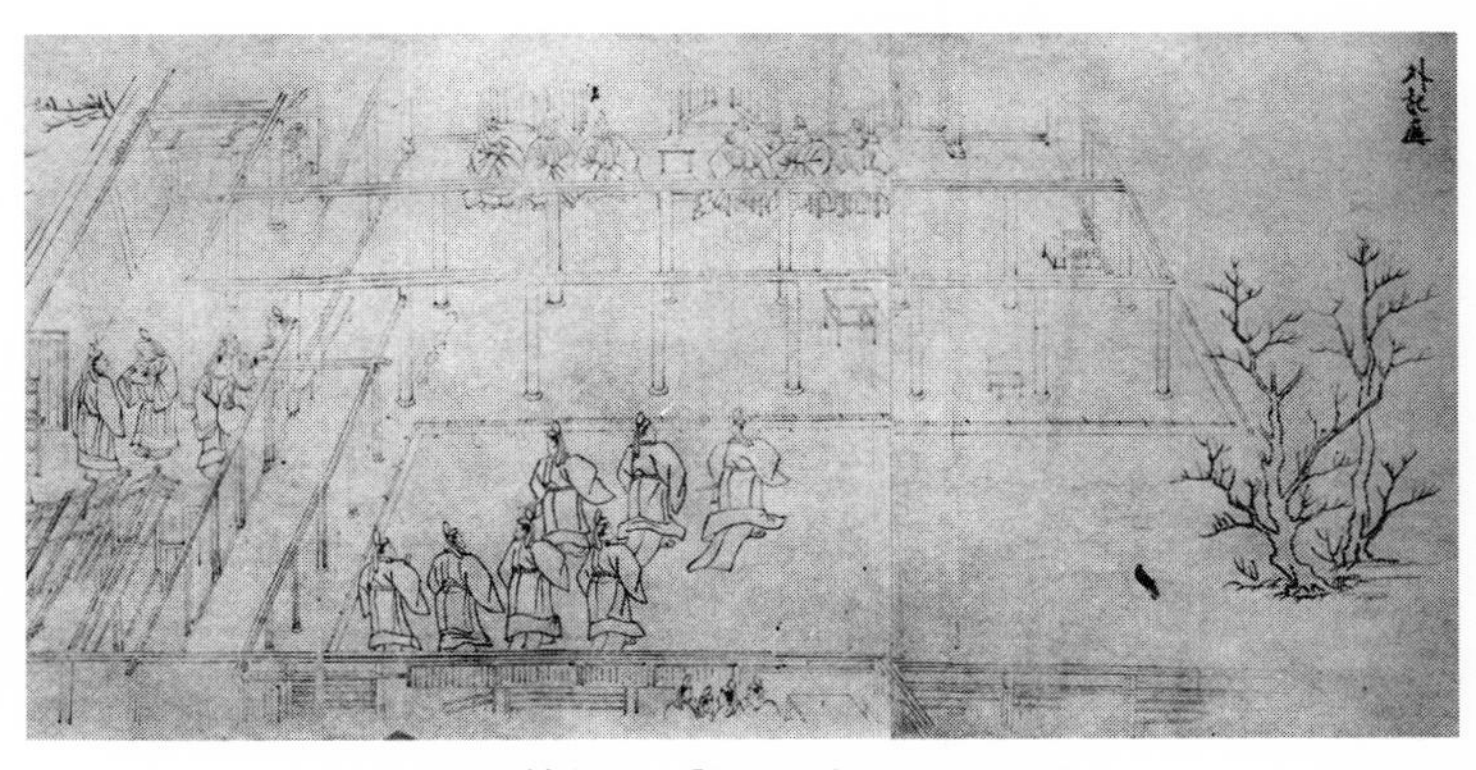

図８　外記政　『年中行事絵巻』個人蔵

（官方）と蔵人所系統の政務（蔵人方）双方を支配するかたちをとった。ただし、政務といっても、道長執政期はそのありかたが、大きく変化しつつある時期であった。

官奏と「政」の衰退

平安前期の日常的な太政官政務とは、公卿が諸司諸国の上申案件を決裁する公卿聴政というかたちをとっていた。通常は諸司諸国に代わって、太政官の事務官である弁官が取り次いだ。しかも、内裏建春門の東にある外記庁で行われる外記政が弘仁十三年（八二二）に成立して以来、それまでの太政官曹司庁での官政は儀礼化した（橋本義則 一九九五）。

外記政では前半に庁申文があり、後半に外記請印儀があるが、庁申文もかなり早い段階から政務としては形骸化し、外記政は主として外記請印を行う政務となり、「庁申文なき外記政」が少なくとも十世紀中期には常態となっていた。そして、その代わりに外記政終了後に隣接する南所での申文や内裏の左近衛陣座での陣申文が十世紀以降多くなった。しかし、そのような外記政、南所申文、陣申文といった公卿聴政あるいは「政」という政務システムが十一世紀には急速に衰微した（美川圭 一九九六）。

また、公卿聴政あるいは中文での上卿が、重要事項ゆえに天皇の上裁を仰ぐ場合、平安時代では、大臣一人が天皇に対面して奏上する官奏という形式をとった（吉川真司 一九九八）。しかし、この官奏も公卿聴政と一連の政務方式であったため、その衰退の影響をうけた。こうして、道長執政期の十一世紀前期には公卿聴政―官奏という「政」系統の政務が衰退していった。

奏事と「定」

一方で、摂関期から院政期にかけて、公卿聴政あるいは中文のような「政」から、陣定などの「定」へという政務のかたちが変化したとされてきた（橋本義彦 一九八六）。しかし、最近の研究では、それらをもう少し厳密に考えるようになってきている。まず、公卿聴政―官奏という上宣と上奏の政務が、公卿による上宣が消えていき、官奏の簡略化した奏事へと集約されていく。しかも、奏事も天皇のみならず、摂関や上皇などに対してもなされ、上奏事項の決裁がなされるようになる。いわば、下から上への決裁型政務が、奏事に集約されるようになっていくのである。それにともなって、決裁自体が天皇のみならず、摂関や上皇を含めた天皇のミウチによって行われる傾向が強まる。

他方、一度奏上された事項について、公卿の意見が求められるのが公卿会議の主流をなす陣定であった。これは原則として内裏左近衛陣座で開かれる。ただし、陣定の史料上の初見は『日本三代実録』仁和二年（八八六）六月二十五日条とされ、さらに元慶四年（八八〇）五月二十日条も陣定開催の内容である可能性があり、その成立はこれよりも大きくは遡らないとされた（川尻秋生 二〇一四）。しかし最近、むしろ『西宮記』の延喜十六年（九一六）の「初めて陣定有り」という記事を再評価し、天皇の身辺に関わる臨時的な事柄から十世紀前期に成立したと考える有力な説も出現している（吉江崇 二〇二〇）。

実は、この陣定と同じように陣座で開かれたが、公卿会議ではない「定」があった。大津透によると、これは陣座において上卿が決めて、参議に定文を書かせ、天皇に奏すれば完了する定であった。その内容は、御禊前駆定、奉幣使定、賑給使定、季御読経（僧名）定、仁王会定、荷前使定などの人事に関するもので、最近その詳細を論じた黒羽亮太はこれを「公役定」と名付けた。これらの研究によって、従来混同しがちであった公役定は、公卿会議の陣定とは明確に区別されねばならない（大津透 一九九五、黒羽亮太 二〇一九）。

図9　陣座　宮内庁京都事務所提供

3　人事権の掌握

除目と叙位

詳細は六章で述べる叙位と除目が、朝廷の人事の根幹を決定する儀式である。官職を決める除目には、毎年正月中下旬に三日間行われる外官除目（春除目・県召除目）と、年末近くに一～二日間行われる京官除目（秋除目・司召除目）があった。位階を決める叙位のうち恒例のものは、正月五日を式日としていた。いずれも、幼帝のときは、内裏の摂政直廬（宿所）、天皇が成人するとその御前に、公卿全員が集まって行われることになっていた。

ただし、公卿が招集されるといっても、その儀は天皇と執筆大臣（原則として筆頭の大臣＝一上）によって決定された（摂政儀では執筆は大弁がつとめた）。関白がいる場合は、天皇と執筆大臣の間に座して、決定に関与したのである。そして、公卿たちは文書や決定された人名が読み上げられるのを聞いて確認し、その場に参加することで人事に同意したとみなされた。これは公卿聴政の方式を踏襲したものであると考えられる。つまり、原則としては、そこで議論することはないのである。

道長と受領挙

なかでも国家財政と関わる受領の人事は重要であった。六章で述べるように、受領の任命方式は受領挙と受領巡任という二種類があった。前者は恒例除目で、公卿がそれぞれ推薦書である挙状を奏上し、その中から選ばれる方法であった。これは原則として議論がされないので、公卿の意見は反映されないことが多く、挙状提出までに天皇と執筆大臣のあいだで任官者が確定されていることが通例であった。

ところが、道長執政期に公卿が発言したと思われる例が確認されている。『御堂関白記』寛弘三年（一〇〇六）正月二十八日条によると、伊勢守の辞表を提出した藤原為度が、後任に平維衡を任じないように上申した。一方、「受領挙」にさいして、右大臣藤原顕光が自分の家人である維衡を推挙し、一条天皇もそれに賛成する意向を示す。これは天皇が顕光の女元子を女御としており、維衡が彼女のために堀河院を造営していたためである。

これに道長は反対で、他の公卿たちも道長に同調した。維衡は伊勢国を本拠としており、長徳四年（九九八）には平致頼と同国で闘乱を起こしているためと思われる。しかし、天皇はこれらの意見には応じず、道長は不本意ながら大間書に伊勢国任官者を書き込むことができなかった。結局、この直後に維衡は伊勢守に任じられることになるのだが、三月には解任されてしまった（磐下徹 二〇一七）。

このように天皇と道長のあいだで、意見の一致が得られない場合、道長は公卿たちへの影響力を背景に、自らの意見を通そうとしたのである。しかも、この場合のように、天皇も道長に反対することもあったから、道長にとって左大臣（一上）という地位は、かなり重要だったのである。

一方、後者の受領巡任は、臨時除目（小除目）で希望者から提出された申文のなかから、公卿らが左近衛陣座で複数の候補者を選んで奏上する方法で、公卿の意見が尊重されることが多かった。この受領巡任では、候補者は蔵人、民部丞、式部丞、検非違使、外記、史といった役職をつとめた者が、叙爵して従五位下となり受領となるものである。これは受領未経験者の場合で「新叙」と言われる。

道長と受領功過定

また受領経験者で任期終了時の文書監査に合格した者を「旧吏」という。この文書監査は受領功過定という公卿の会議で行われた。これも、内裏の左近衛陣で行われるので、陣定に含まれるものである。一般的な陣定では必ずしも結論は求められず、陣定文には意見の一致をみないままでも、それぞれの公卿の意見が羅列され、天皇や摂関への奏上ないしは

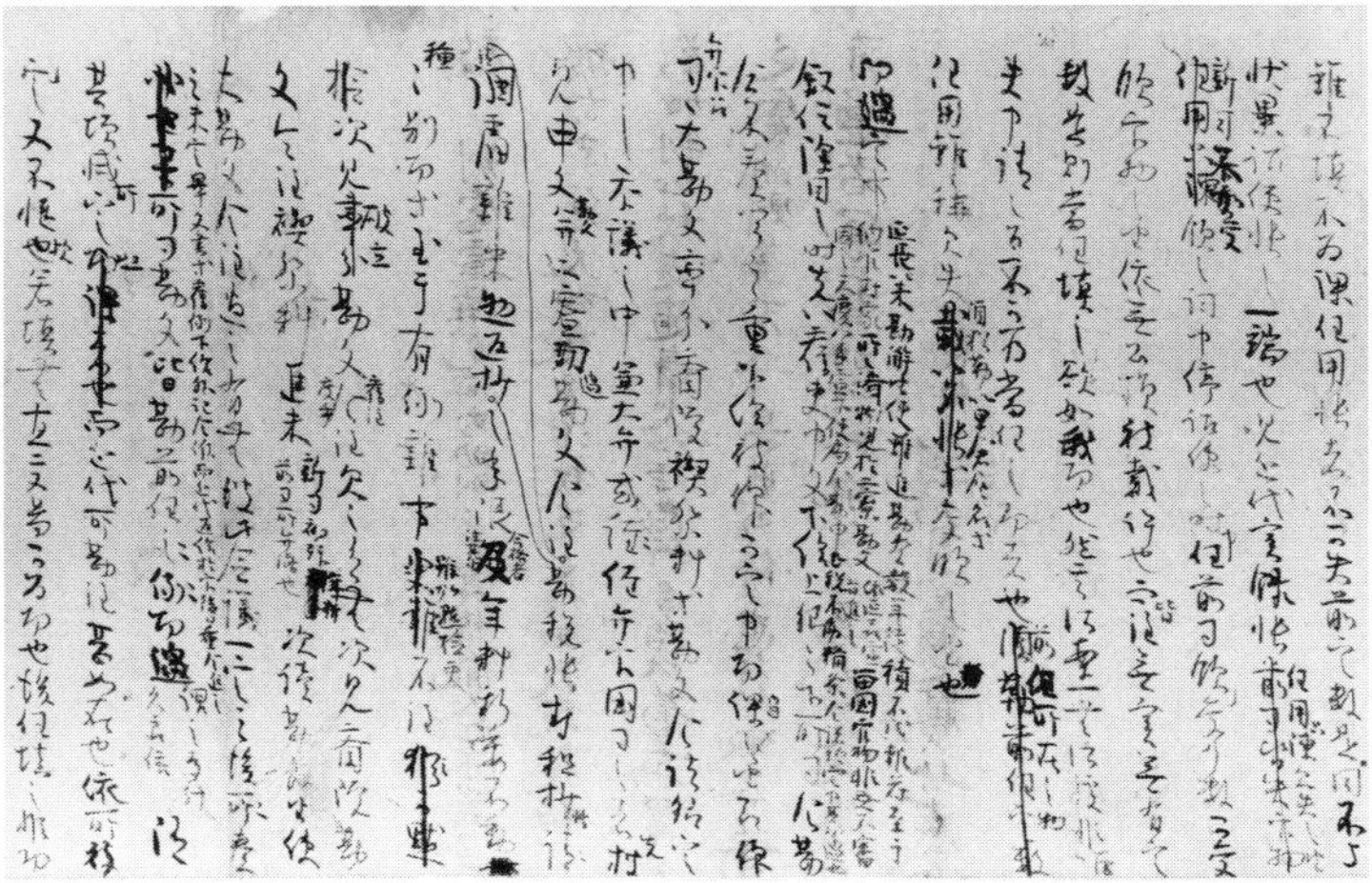

図 10　功過定事　『北山抄』巻 10，京都国立博物館所蔵

内覧された。天皇・摂関の決断によってはじめて結論に至る形態をとっていた。ところが、受領功過定では「無過」か「過」か、つまり合格か不合格かの結論が出るまで議論が行われたのである。

受領はこの功過定で「無過」として合格すれば、一般的に位一階を進められる。一国を治めると従五位上、三ヵ国で正五位下、四ヵ国で従四位下（正五位上は越階(おつかい)）、五ヵ国で従四位上、七ヵ国で参議と昇っていった（『北山抄』）。六位の受領もあったが、その場合には二ヵ国治めると叙爵された。経済的権益をえるに有利な受領再任は難しかったから、功過定での合格は重要だったのである。

長保五年（一〇〇三）四月の功過定では、以前の功過定で不合格と判定されていた阿波守(あわのかみ)について、合格にするというのが大方の公卿たちの意見の流れになったが、参議藤原有国(ふじわらのありくに)だけが不合格を主張して譲らなかった。そのため、この日の結論は出ず、改

図 11　国司の生活　『松崎天神縁起絵巻』模本，東京国立博物館所蔵

めて六月の功過定での審議で合格となったのである（『権記』）。

もう一つ、長和三年（一〇一四）正月の功過定を見てみよう。このときは、中納言藤原行成が、某国の主税寮大勘文に封租抄が載せられていないことを批判し、上卿の大納言藤原公任もそれに従った。翌日の公任欠席の功過定では、問題なしということになったが、この日の上卿であった大納言藤原実資が、公任欠席を理由に最終結論を延期した。さらにその翌日の功過定では行成が主張を翻さなかった。結論は先延ばしとなり、十月になって、道長が行成の主張に理がないと述べ、他の公卿もそれに同調し、やっと合格に至るのである（『小右記』）。

このように功過定では、意見が一致しないと、何回も同じ議題が審議され、しかもこのように連日開かれることもあった。この当時、行成、公任、実資といった故実先例に通じた公卿が輩出したため、議論はしばしば紛糾した。このことは、在任中の文書監査が受領本人の再任にかかわる重大事ということ以上に、中央に送られる貢納物確保という国家財政上の問題に直結するためだと考えられる。そのために執政の道長も、それを疎かにすることはできなかった。道長が自身の意向を貫く場合には、左大臣の立場で功過定に出席し、批判者を説得し、あるいはそれ以外の公卿の同調を求めるといった地道な行動が必要であった（大津透 二〇〇一）。

4 陣定の掌握

道長と諸国条事定

この時期に頻繁に開かれていた陣定に、諸国条事定というものがあり、受領の地方統治に関するさまざまな問題が議題となっている。もちろんそのすべてが陣定の議題となるわけではなく、慣例的なものは南所申文や陣申文などの政の方式で処理されたようである。内容上、先例のないものなどが、官奏によって天皇・摂関の決裁を求められ、さらに問題があれば陣定にもちこまれたと考えられる。

曽我良成の研究によると、諸国条事定は永承年間（一〇四六―五三）ごろに「国解慣行」という儀礼的かつ慣例的な申請の萌芽が見られ、それが定着、制度化するのが治暦（一〇六五―六九）あるいは承保（一〇七四―七七）であるという（曽我良成 二〇一二）。つまり、それ以前の道長執政期は、実質的な政務として諸国条事定が機能していたことになる。さらに、その上卿をつとめるのも、政治力・実務能力に優れた大納言クラス以上の公卿に限っていた。しかも、曽我による条事定の上卿抽出の表によると、長保六年（一〇〇四）三月七日、寛弘九年（一〇一二）四月十四日、同三年六月十七日、同五年五月十六日という一条、三条朝における条事定上卿は、いずれも道長がつとめている。それらは官職姓名が判明できるものとされており、網羅的とはいえないのだが、道長による条事定上卿の独占的な状況が見てとれる。

寛弘二年四月の条事定に関しては、藤原行成執筆の議事録である陣定の定文がのこっている（『平松家文書』）。それによると、大宰大弐藤原高遠申請の五ヵ条、上野介橘忠範申請の三ヵ条、加賀守藤原兼親申請の二ヵ条、因幡守橘行平申請の二ヵ条の、あわせて十二ヵ条が審議されている。この日の出席公卿は、左大臣道長、右大臣顕光、内大臣公季、権大納言右大将実資、権中納言右衛門督斉信、中納言弾正尹時光、権中納言隆家、参議勘解由長官有国、同左兵衛督懐平、同右大弁行成の十名であった。上卿は最上位の道長である。上野の二ヵ条が隣国との治安問題だが、他はすべて財政上の事項であり、内容は朝廷への調庸などの貢納分免除、減額、あるいは品目の変更、銭との換算率というものである。

ほとんどで公卿の意見は一致したが、大宰府申請の第二条のみが、顕光ら八人と道長、斉信とのあいだで意見が分かれた。それは、大宰府の前任者の調庸未進分を現任者の貢納物で補てんする出納諸司のやりかたを止めてほしいというものであった。道長と斉信以外は出納諸司のやりかたにも一理あるが、大宰府申請のやりかたに先例もあるので、大宰府の申請通り認めてもよいという意見である。

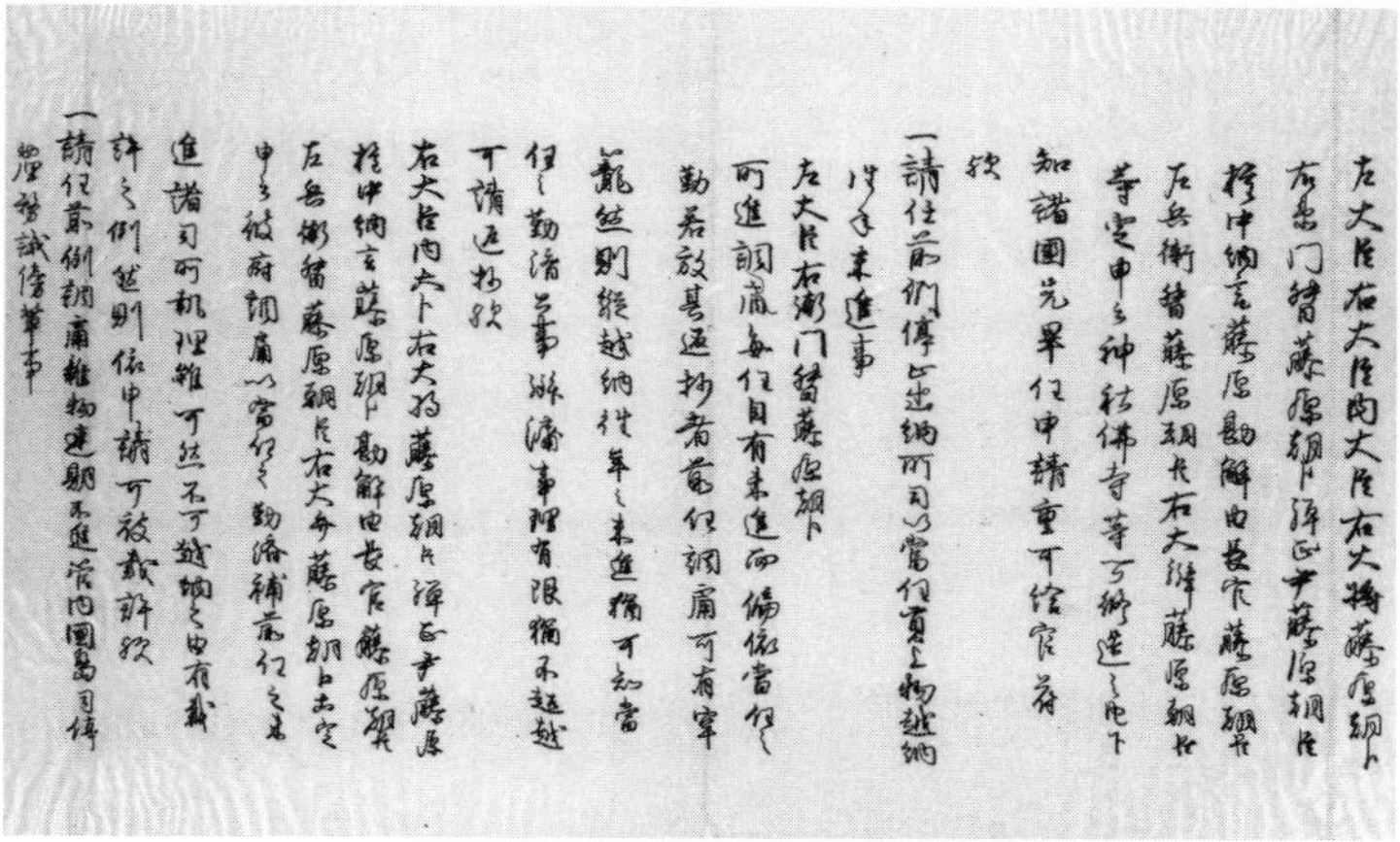

図12　陣定の定文　「平松家文書」京都大学総合博物館所蔵

これに対し、道長ら二人は、現任者の分だけの返抄(へんしょう)（領収書）を出したら、前任者の未進分は二度ととれなくなってしまう。前任者の分の補てんをしても、現任者の収納状況はわかるのだから、現任者にも返抄がもらえるまで現任分貢上の努力をしてもらいたいというもので、大宰府の申請を却けるということである。

このように、道長は多くの公卿の賛同をうけて、自らの意見を正当化しようと努力するわけであるが、この事例のようにそれがうまくいかないこともある。この大宰府の申請が最終的にどのような結論となったのかがわからないのが残念だが、道長は陣定に出席してその上卿をつとめることに、かなりの意義を認めていたと考えられる。内覧であるから決定権者の一翼を担っているのだと、超然とした態度はとっていないのである。功過定に加え条事定も、受領統制の要として、道長には最重要課題であった。条事定に道長が出席して上卿をつとめる頻度が高かった背景には、このような事情があったと考えられる。

道長と罪名定

後述するように、院政期になると所領相論、つまり不動産訴訟案件が多く陣定で審議された。しかし、摂関期には刑事事件についての議題が多く陣定にもちこまれていた（大津透 二〇〇一）。このような議題の陣定は、罪名定と呼ばれている。現在の刑法にあたる律には、死（死刑）、流（流刑）、徒（懲役刑）、杖（杖で打つ）、笞（鞭で打つ）の五罪があり、二十等級にもわたっていた。そして、この罪の等級によって、判決を下せる官司が異なっていた。

地方では、所管の郡司は、笞罪であれば判決を下して刑の執行も可能であったが、杖以上では国司に送検しなければならず、国司は徒と杖については判決と刑の執行ができた。中央官司では、笞と杖については判決、刑の執行ともにできるが、徒以上は刑部省に送らねばならない。刑部省は徒については判決と刑の執行ができる。だが、国司も刑部省も、死と流については、さらに太政官に送らなくてはならない。

太政官は死や流に該当する重大犯罪について、刑部省に覆審（再審査）を命じて、その結果を論奏のかたちで天皇に奏上する。天皇がそれを裁可すると、死刑と流罪が確定する。また、官人がかかわる事件については特別であって、どのようなレベルの犯罪であっても、死罪と流罪と同じ、太政官が関与する手続きが必要とされていた。

平安時代になると、令外官である検非違使がおかれ、刑事事件も担当するようになった。検非違使は本来、強盗、窃盗、私鋳銭などの事件を扱っていたが、しだいにその管轄を広げ、非官人層全般の刑事裁判を担当することになっていった。一方、太政官は五位以上の官人層、大寺社関係者などを担当した。こうして、摂関期には太政官と検非違使の二本立てで、刑事裁判が行われるようになっていた。また従来、量刑を決めていた刑部省に代わり、明法博士などが明法勘文（みょうぼうかんもん）という調査書を作成して、それに基づいて罪名を決めるようになっていたのである。

図13　検非違使　『伴大納言絵詞』出光美術館所蔵

太政官での裁判の場合で、流罪以上の罪科を科す場合、十世紀以降、陣定が行われるのが通例となった。律令制で、刑部省への覆審と論奏がなされる手続きがとられたことを継承するものであるとされる。流罪からの召喚の場合にも、陣定が必要となった。前に述べた花山法皇襲撃事件で流罪となった藤原伊周・隆家兄弟の召喚問題も、長徳三年（九九七）四月五日に陣定で審議されている。

手続きとしては、おおよそ宣旨による明法博士への罪名勘申命令、陣定への罪名勘文提出、天皇への奏上、陣定での罪名勘文審議、天皇への奏上、罪名決定というかたちになった。このように流罪以上の重要犯罪は、陣定で罪名を審議することが原則となったのである。（前田禎彦　一九九七）。ここにも陣定を重視していた道長の意図が現れている。

5 外祖父・摂政

一条譲位と敦成立太子

中宮彰子が、寛弘五年（一〇〇八）から翌年にかけて、あいついで、外孫皇子を生んだことは、道長にとって幸運なことであった。道長は、すでに一条天皇、東宮居貞（三条天皇）双方の外戚（外叔父）であったが、次世代の天皇の外祖父となれば、その権力は格段に強まる。

ただし、気がかりは故定子所生の第一皇子敦康が外孫の敦成よりも九歳年長であり、一条天皇が敦康の即位を望んでいたことであろう。もちろん、敦康の即位が敦成を排除することにはならない。東宮居貞への譲位とともに敦康の立太子、さらに敦康から敦成への譲位、という道程が穏当であると考えられた。さらにやっかいなことに、東宮居貞の子にはすでに敦成よりも十四歳上の敦明（あつあきら）がいたことである。

天皇の外戚であることに加えて、内覧左大臣、一上として政務への影響力、公卿層への支配権を着々と積み上げてきた道長であったが、皇位継承について天皇の発言力は侮れない。敦康即位を望む一条天皇とともに、次期天皇である居貞が王子敦明の即位を主張することは間違いないのである。こうなると、道長にとって敦康と敦明を何とかしなければ、外孫即位ははるか将来のことになる。父兼（かね）

家(いえ)でさえ、外孫の一条天皇即位後、わずか四年しか生きられなかった。道長も病弱であった。天皇の外祖父となるには、それほどハードルが高いものであり、よほどの幸運が必要なのである。

倉本一宏によると、天武朝から平安末期まで、第一皇子で皇太子となったのは、三十一人中十九人であった。あとの皇太子になれなかった十二人の皇子のほとんどは、生母の出自が良くなかったためなれなかったのである。皇后あるいは中宮が生んだ第一皇子となると、十六人中十四人が皇太子になっている。例外はこの敦康と白河(しらかわ)天皇の皇子敦文(あつふみ)の二人だけなのである。敦文は四歳で夭折しているから、政治的な理由から皇太子になれなかったのは敦康だけとなる（倉本一宏 二〇〇三）。

敦康はすでに母定子を失っており、寛弘七年正月、定子の兄伊周も三十七歳で亡くなった。こうして有力な庇護者がこの世を去ったため、一層不利な状況になっていたのである。とは言いながら、このころから一条天皇はさかんに藤原行成に、立太子問題について相談をもちかけている。だが行成は、寛弘八年になると、敦康に外戚の重臣がいないことなどを理由に、天皇に彰子所生の敦成立太子を勧めていた。

この五月ごろ、天皇は重病におちいった。道長は東宮居貞への譲位のことを決め、行成を通じて、敦成立太子も一気に天皇に認めさせてしまう。六月、譲位の儀が行われ、一条はその直後に亡くなる。こうして皇位を継承した三条天皇は、道長に関白就任を要請する。一条朝に着々と権力基盤を強化してきた道長は、すでに政界の第一人者であり、三条にとっても外戚であるから、当然の処遇であろう。しかし、道長はこれをうけなかった。道長は関白ではなく、准関白である内覧、そして太政官を主導する一上としての左大臣の地位を選択したのである。まさに名より実を取ったと言えよう。

一条の母詮子、三条の母超子（ちょうし）はともに道長の姉で、二人の天皇からすれば、ともに道長は外叔父にあたる外戚であり、その意味では変わらない。しかし、詮子が長保三年（一〇〇一）に亡くなるまで一貫して道長を支えたのに対し、超子は天元五年（九八二）に亡くなっており、道長との関係は詮子ほど濃いものではない。敦康ではなく外孫の敦成を東宮にすることに成功した道長とすれば、できるだけ早く三条天皇から敦成への譲位をさせることが今後の大きな目的となる。

三条天皇との対立

三条天皇が即位する前年の寛弘七年（一〇一〇）、道長はそのもとに娘の妍子（けんし）を入れている。三条天皇には、故大納言藤原済時（ふじわらのなりとき）の娘娍子（じょうし）との間に、すでに敦明親王を筆頭として六人の皇子女がいた。済時が亡くなったのは十六年も前のことであったから、それらには有力な外戚がいなかった。一方、道長としては妍子に皇子が生まれれば、彰子が生んだ一条皇子の敦成と敦良に加えて、外孫の幅が広がる。しかし、三条天皇は即位のときすでに三十六歳で、一条天皇のもとで道長が第一皇子の敦康を排除して、外孫の敦成を東宮にした過程をつぶさに知っていた。

こうして、即位の翌年寛弘九年には、早くも三条と道長の亀裂が露呈することになる。寛弘九年二月に妍子が中宮になると、その二ヵ月後に娍子が皇后となる。天皇の正妻である中宮・皇后の父はほとんどが大臣であり、大納言の娘の立后は異例である。おそらく、この場合天皇の強い意志があって、娍子立后が実現したのであろう。表向きはそれに反対しなかった道長だが、中宮妍子の内裏参入の日を、皇后娍子立后の日にぶつけた。そのため、公卿のほとんどが中宮のところに参上し、立后の儀式に参入したのは、藤原実資ら四人にすぎなかった。殿上人は誰も来なかったのである。これは道長の明白な嫌がらせであり、それによって自らの権力をみせつけた（土田直鎮 一九六五、大津透 二〇〇一）。

長和二年（一〇一三）になると、妍子の懐妊が判明する。しかし、七月に生まれたのは、女子であった。道長は男子誕生のなかったことにがっかりし、露骨に冷淡な態度をとったという。この皇女が、摂関政治に終止符を打つことになる後三条天皇の母、禎子内親王（陽明門院）であった。

長和三年二月、内裏の北側にある登花殿から出火し、内裏の殿舎がほとんど焼失した。三月には大宿直所から出火して、内蔵寮の不動倉などが焼失し、多くの宝物が失われた。三条天皇はこのころから眼病に悩まされ始め、年末にはほとんど目が見えない状態となった。実際に、叙位・除目や官奏に支障が生じるようになり、道長が天皇に譲位をせまるようになった。

このような三条天皇と道長の対立のなかで、道長にとっては一条天皇のとき以上に、陣定をはじめとする公卿会議の掌握が重要になった（元木泰雄 一九九六）。五月の造内裏定の際、御前定に先だって公卿たちが道長の宿廬に集まっており、事前に道長のもとで合意形成をさせて、天皇に圧力をかけたものと考えられる。また前年の十二月、敦明親王と藤原定頼の家人との闘乱が起きた際、天皇は宣旨を下して定頼家人の追捕を命じている。しかし、道長は内覧を経ていないことを理由に宣旨を撤回させ、翌日に召名宣旨を下させたのである（『小右記』）。道長はこうして、一上の地位を通して議定を掌握するとともに、内覧の地位をも利用して、天皇の命令を覆したのである。

三条天皇譲位と敦明立太子

長和四年（一〇一五）八月には天皇が道長に官奏を代わって見るように命じたが、道長はそれを辞退する。これによって、政務は停滞し、かえって天皇は追い込まれていく。十月には、道長に対して、摂政に准じて除目・官奏のことを行わせる宣旨が下された。さらに天皇にとって不運なことに、九月にやっと再建された内裏も、十月に再び焼失してしまう。

図14　一条から後一条天皇と道長の子息（番号は即位順）

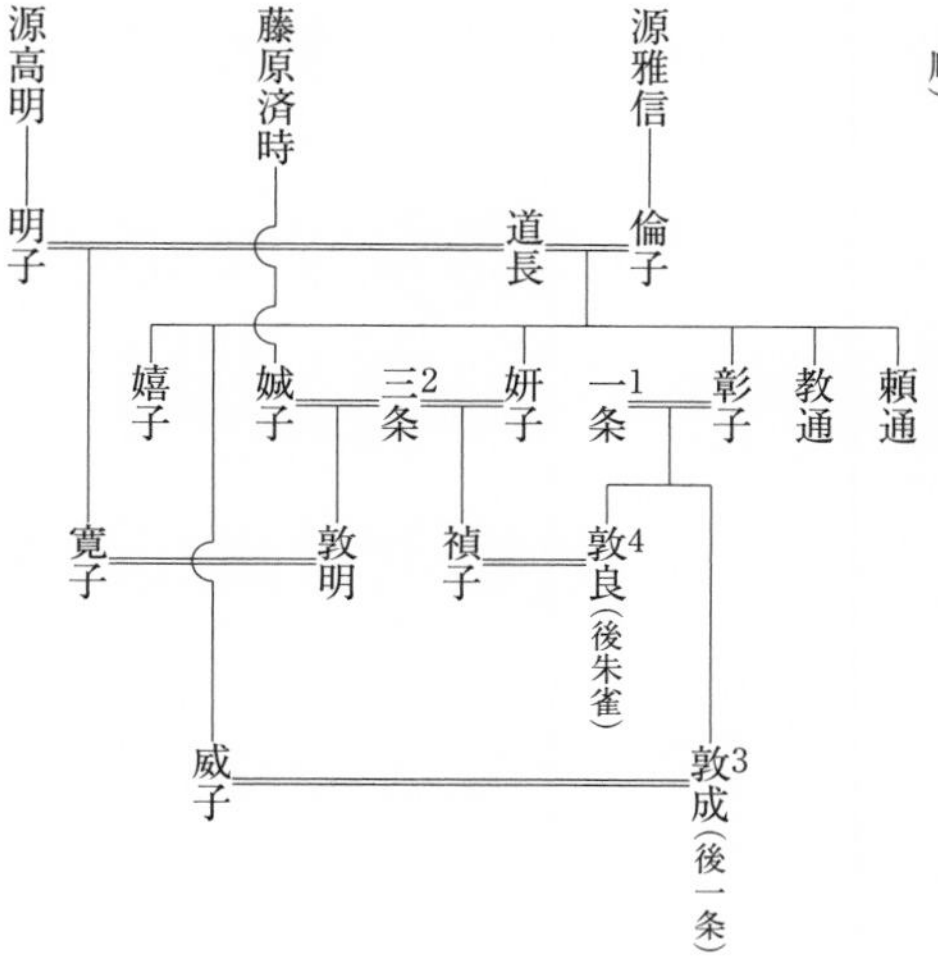

佐々木恵介『天皇と摂政・関白』講談社、二〇一一年より

三条天皇は、道長が敦成（後一条天皇）の東宮として敦明（三条皇子）を排して一条皇子敦良の立太子を企てていることは十分認識していた。天皇と道長との激しい駆け引きが続き、ついに道長も譲位の条件として、敦明の立太子を認めることになった。長和五年正月、三条天皇は一条皇子敦成親王に譲位する。道長はついに天皇の外祖父となり、関白を経ることなく摂政に就任する。こうして、約二十年にわたる内覧兼左大臣（一上）の時代は終わる。

摂政就任と辞任

後一条天皇が即位すると、摂政となった道長は陣定などには出席しなくなる。これは摂政や関白の慣例に従った行動である。左大臣の地位は三度の上表ののち、十二月に正式に辞任を許された。しかし、この約一年近くは左大臣の職務を行わなかった。太政官の職務を執行する一上の地位は、普通は次席の右大臣である藤原顕光が就くはずであった。しかし、顕光は老いて無能であり、次席の内大臣公季にも何らかの問題があった。大納言以上の公卿のうち、その日に参入した者に一上を担当させることになったのである（『小右記』）。

この時点で、外戚ではない顕光や公季に、道長を脅かす権力があるとは思えない。それでも道長は警戒を怠らなかったし、無能な彼らに一上を独占させることは、かえって弊害をもたらすと考えたのかもしれない。それは長い時間をかけて権力の絶頂を築いた道長が、その力を嫡子頼通（よりみち）に円滑に継承させる方法だったともいえるだろう。こうして、長和六年（一〇一七）三月、道長は摂政と氏長者の地位を頼通に譲ったが、なお約十年にわたって権力の座にとどまることになる。

6　大殿道長の信仰と出家

敦明の廃太子

道長にとって政治的に問題だったのが、三条譲位の条件として東宮の地位についていた敦明親王のことであった。外孫の後一条天皇の地位を脅かす可能性がある敦明は、道長にとって東宮、つまり次の天皇にふさわしい人物ではなかった。だが、敦明には不運なことに、唯一の庇護者ともいえる三条上皇が、譲位後約一年半もたたない寛仁元年（一〇一七）五月に亡くなってしまった。こうなると、道長はじわりじわりと敦明に東宮辞退の圧力を強めていくことになる。

敦明は八月、一年八ヵ月務めてきた皇太子の地位を、ついに辞めることになる。このとき、道長の子能信が、敦明の皇太子辞退と道長との対面の意向を耳にして、それを父に伝えた。道長は頼通と他の子息たち教通、頼宗、能信を連れて、敦明に面会しその意志を確認した。

『小右記』によるとこのとき敦明は、父三条上皇が亡くなった後は後援者がおらず、左大臣の東宮傅顕光と権大納言の東宮大夫斉信の仲が悪くて、自分を支えてくれないというのである。だから辞退して心静かに休息したいが、一人か二人仕える者をお願いしたいと述べている。

興味深いのは、東宮庁始が行われた八月になって、皇太子となった敦良に皇太子の地位を象徴する壺切御剣が渡されたが、それが今まで敦明には渡されていなかったというのである（『御堂関白記』）。この異例の事態をとっても、道長によって敦明がいかに疎んじられていたかがわかる。

こうして、道長は、後一条という外孫の天皇、敦良という外孫の皇太子を擁することになった。これは道長の父兼家が、寛和二年（九八六）外孫の一条天皇を即位させ、やはり外孫の居貞親王（三条天皇）を皇太子とした以来のことである。このことは、道長が一条天皇の外戚であることを基盤に権力を築いたのと同様に、道長嫡子である頼通が今後二代にわたって外戚の地位を担保することになった。

権力の絶頂期を迎えた道長は、いわば余裕をもって、東宮を辞退してくれた敦明の処遇を決める。頼通との協議のうえ、年官・年爵・封戸は元の通りとし、別に敦明の要望をいれて受領給と随身を賜うということになった。さらに、敦明に小一条院という太上天皇に準ずる院号が許された。そして、十一月には、道長四女の寛子との婚儀が行われた。こうして小一条院敦明は、道長の婿として遇されることになったのである。

道長はその後、十二月に太政大臣となる。しかし、これは翌年正月に天皇の元服儀があり、その加冠役は太政大臣がつとめる慣例ができていたためである。この時期になると、太政大臣はほとんど政治的な意味のない名誉職で、道長はそこにとどまる意志はなく、天皇元服が終わると、二月には辞任している。こうして道長はすべての公職を離れ、大殿となった。

一家三后

道長の権力にとって、その周辺の女性のはたした役割は相当に大きい。そもそも、道長の五歳年長の姉東三条院詮子は一条天皇の国母であり「母后、朝事を専らにす」(『小右記』)といわれるほどの影響力をもち、道長が長徳元年(九九五)に内覧氏長者として執政の地位につくのに大きな役割をはたした。道長長女の上東門院彰子は一条天皇の中宮として、敦成親王(後一条天皇)と敦良親王(後朱雀天皇)を生み、長く国母であるとともに父道長を天皇の外祖父という地位につけた。

また、道長の正妻倫子は、頼通、教通だけではなく、彰子以下三条天皇の中宮妍子、後一条天皇中宮威子、さらに敦良のもとに入って後朱雀天皇女御となる嬉子を生んだ。これらの女性たちが、道長のみならずその後継者の頼通の権力を支えることになったのである(服藤早苗 二〇一九)。

そうしたなかで、威子の入内と立后は象徴的な意味をもった。寛仁二年(一〇一八)正月に十一歳になった後一条天皇は、太政大臣の祖父道長の加冠によって元服したわけだが、そこに叔母にあたる二十歳の威子が三月に入内する。そして十月、威子は中宮となった。そのために、中宮だった妍子が皇太后になり、太皇太后彰子もあわせて三姉妹が后となる「一家三后」（『小右記』）ということになったのである。

この立后の日の宴席で、道長によって詠まれたのが「この世をば　わが世とぞ思ふ　望月の　かけたることも　なしと思へば」というあまりに有名な歌である。この歌は単なる戯れ歌と言われているが、それゆえにかえってこのときの道長の立場をよく表している。内覧氏長者となった長徳元年から二十三年、一歩ずつ権力の階段を上がってきて、ここに至ったという思いだったのであろう。この年の十二月、一条天皇の第一皇子で定子が生んだ敦康親王が亡くなった。かつてもっとも三条天皇の後の皇位に近かった皇子の死であった。まさにどこにも隙のない権勢の絶頂に道長はあったわけである。

ところが年が改まり、寛仁三年正月になると、にわかに道長の体調が悪くなる。若いときからの持病である胸の病が再発するとともに、目が見えにくくなるのである。その後、一時持ち直したが、三月になると再び悪化して、重病となったため、院源を戒師としてついに出家した。まさに死が近いということであったようだ。

土御門第と法成寺の造営方式

出家後、病の癒えた道長は主邸土御門第の東隣に、無量寿院（法成寺）を造営し始めた。寛仁三年（一〇一九）七月、九体の丈六金色阿弥陀仏像とそれを安置する阿弥陀堂の造営が開始されたが、その十一間堂は一間ごとに受領が担当した。

この造営方式について摂政頼通は「甘心せず」（『小右記』）と不平を漏らしていたという。

実はすでに再建された土御門第でも、同じような造営方式がとられた。すなわち、土御門第は長和五年（一〇一六）七月に焼失し、翌月に造作が開始された。そして寛仁二年、つまり道長出家の前年、六月に完成し、さっそく移徙が行われている。土御門第の寝殿は南庇から北庇まで一間ごとに受領が宛てられて造営が行われ、「いまだ聞かざることなり」（『小右記』）と記されているように、異例のことであった。ちなみに、このとき道長に仕えていた源頼光が家中雑具をことごとく献上したことも「希有の希有のことなり」（『小右記』）と言われた。この造営方式は出家後はじめてとられたのではなかった。

土御門第の造営について、藤原実資はこのような私邸への受領たちの奉仕を「当時太閤の徳、帝王の如し」（『小右記』）と述べるが、これを単なる賛美と言ってよいのだろうか。そこにはまさに天皇のように振る舞う道長への皮肉が含まれていると読むべきであろう。それではなぜ、実資はこのときの道長を「帝王の如し」と評したのであろうか。そこには土御門第造営方式が内裏再建の際の国宛と似ていたからであろう。

無量寿院（法成寺）の造営においては、基壇造営・池堀・築垣などはしかるべき上達部以下、受領・諸大夫に対して人夫を催すように命じられ、とくに池堀はすべての上達部・諸大夫がつとめ、寺中の土地を平坦にする人夫の供出は僧綱たちに割り当てられた。また、仏壇の造営では、道長・頼通をはじめ上達部から六位以上の官人、僧綱、雑人、雑女までが、手ずから土や木を運んだという。

このようにして、諸役の負担を受領のみならず、公卿や諸大夫まで強いることで、主従制的な原理に基づき貴族全体を自らの家臣のごとく編成した。こうして、道長は天皇の臣下としての立場から脱却し、天皇とは異なる「道長の王権」というべき新たな王権の創出に邁進して、貴族諸家とはレベルを異にする「権門化の嚆矢」となったというのが、出家後の道長についての上島享の評価である（上島享 二〇一〇）。すなわち、これが出家後の道長と院政期の白河上皇を直結する議論の根幹をなす。

図15　法成寺へ参詣する道長　『石山寺縁起絵巻』石山寺所蔵

しかし、これについては佐藤泰弘の厳しい批判がある。すなわち、役の賦課と奉仕という関係を通じて、その瞬間において、道長と貴族との間に支配関係が成立すると言っても、それは制度化、構造化されたものではない。権門の系列化とは、荘園の知行体系のなかに諸権門が配置され、権門間の関係が固定することに求められる。佐藤はすでに、上達部役などに注目して、貴族社会における権力関係を社会編成の多元化として論じている。すなわち、兼家や道長だけでなく、『小右記』の著者である実資も、公卿たちを上達部役として奉仕させる事例がかなり見られるのである。十世紀後半以降の摂関期は、貴族社会内部で社会編成が多元化しているのである（佐藤泰弘 二〇一三）。その批判に従えば、この時期の道長の権力は、やはり天皇の臣下としてのものであり、その外祖父という卓越した立場、およびその延長上にあったという通説的見解を大きく変更することはないのである。

道長の仏教信仰

しかし、それは仏教信仰の面で、道長が新しい側面を持たなかったということではない。そもそも十一間の九体阿弥陀堂は前例のないものであった。治安二年（一〇二二）七月の金堂供養は、法成寺造営のクライマックスであった。このとき、無量寿院は法成寺と改められた。法成寺の完成した伽藍には、中央に池と中島があり、西側の阿弥陀堂と東側の薬師堂が相対し、北側に金堂・五大堂・十斎堂・講堂などが建ち並んだ。そして、多くの建物が寝殿造と同じ板敷の廊で結ばれて、法会の際の参列者の居所にあてられた。また、阿弥陀堂の南の鐘楼と薬師堂の南の経蔵とが、寝殿造の釣殿のようであり、中央の池や中島とあわせると、全体が寝殿造の景観を色濃くのこしていた。すなわち、大津透の指摘するように、この伽藍様式は本来道長自身の日常的信仰生活の場の延長であり、それがのちの頼通の宇治平等院に継承されたのである。

さらに、既述の阿弥陀堂における九体の丈六阿弥陀像のみならず、十五間の薬師堂には丈六の七仏薬師像と六観音像が安置された。七仏薬師法は除病・安産などの現世利益を願う連壇法として当時流行し、六観音法も六道衆生の苦難を除くとされる院政期に盛んとなる多壇法である。釈迦堂にも丈六釈迦如来像と十大弟子・八部衆像とともに、東西に百体の等身釈迦像がおかれた。すなわち、阿弥陀堂が九体阿弥陀堂の濫觴となるばかりではなく、このような多数の仏像が安置される堂舎造営は、長承元年（一一三二）の鳥羽法皇のために平忠盛が建てた得長寿院の千体等身聖観音像、長寛二年（一一六四）に平清盛が後白河法皇のために建てた蓮華王院の千体等身千手観音像など、代表的な院政期の堂舎と群像につながるのである（大津透 二〇〇一、清水擴 一九九二）。

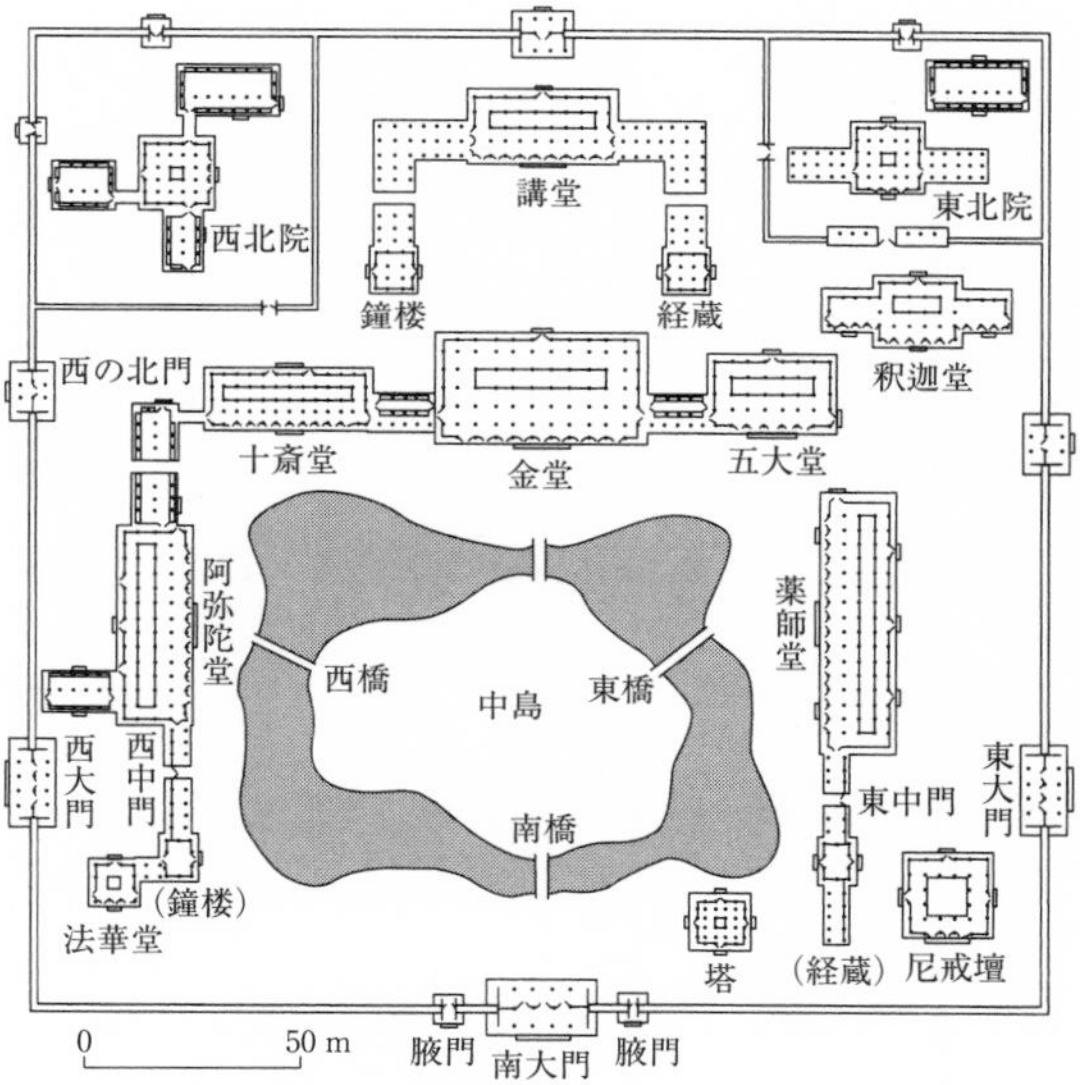

図16　法成寺復原図　清水擴 1992 より

実はこの仏教思想面は、法成寺の問題にとどまらない。さかのぼること十年以上の寛弘二年（一〇〇五）十月に、道長は宇治木幡に浄妙寺三昧堂を建立した。木幡には基経以来の藤原氏の墓地が多くあったが、葬礼と火葬をされた葬所に比して、重視されていなかった。現在でも「宇治陵」と呼ばれる藤原氏の小墳墓が多くあるが、それぞれが誰の墳墓であるか特定されない。ところが、道長のころ、ようやく墓所が重視されるようになり、「一族埋骨の処」である木幡に浄妙寺が建てられて、法華経信仰にもとづく一族の供養が行われるようにな

図 17　浄妙寺の法華三昧堂跡　土生田純之編『事典墓の考古学』（吉川弘文館，2013 年）より

ったのは、道長の独創的なところであった。後述するように、院政期になると、鳥羽殿に白河、鳥羽、美福門院陵（近衛天皇陵に改変）、法住寺殿に後白河天皇陵、平家の六波羅に平正盛墳墓などが造られ、いずれもその権門都市の中核をなしたが、浄妙寺は墳墓の重視という面で、その濫觴であったともいえるのである。

また、寛弘三年十二月に法性寺に五大堂を再建して供養を行った。法性寺はもともと藤原忠平が建立して、藤原氏北家の氏寺ともいうべき寺院であった。毘盧舎那仏を安置した本堂、礼堂、五大堂、南堂、尊勝堂などからなる天台系密教色の強い寺院で、天徳二年（九五八）に火災で大きな被害をうけて、道長が五大堂を再建したのである。この五大堂では、供養の翌年二月に五壇法が修せられ、長和四年（一〇一五）二月道長五十歳の賛賀も行われた。寛仁二年（一〇一八）閏四月には病のため五壇法を修して十日間参籠し、寛仁四年七月には頼通の病のため道長は実資とともに五大堂に籠もった。それ以降も、頼通の賛賀や師通、師実の養女中宮賢子などが五壇法を修しており、御堂流の祈禱の場として重視された。このように、道長の時代に、興福寺・春日社という藤原氏の氏寺・氏社、藤原北家の法性寺、御堂流の法性寺五大堂、そして道長個人の信仰の場としての法成寺と分化された（大津透 二〇〇一）。

さらに、元禄四年（一六九一）吉野金峯山山頂付近で発見された経塚に、寛弘四年七月の銘が刻まれた金銅製経筒およびその中から道長書写の経典残巻が残されていたことは有名である。これは日本最古の経塚遺物であり、道長の『御堂関白記』にこのときの金峯山への御嶽詣の記事があることも、貴重である。以後、埋経と経塚は、中世から近世にわたって流行していくが、その先駆的な試みであったといえよう。このように道長の仏教信仰面での新奇性は、すでに出家前から十分あり、法成寺ばかりが強調されるべきではない。

コラム1　仮名文字と国風文化

大陸から輸入された漢字は表意文字であったから、日本語の読みには万葉仮名で表す必要があった。万葉仮名が草体で記されると、ほとんど平仮名と同形のものである。ゆえにその風潮は遣唐使廃止にはるかに遡り、九世紀初頭にあったとされる。日本と中国との地理的な距離は、漢字文化からの相対的独立を長きにわたって、引き起こしたのである。それを日本文化の優位性や特異性として強調することはできない。

もちろん延喜五年（九〇五）紀貫之らによって『古今和歌集』が撰進されたことの画期性を否定することはできない。平仮名が私的な世界から公的な世界へと大きく足を踏み出し、その文字の美しさが以後長く重視されるのである。それは小野道風、藤原佐理、藤原行成のいわゆる和様の三蹟書風の評価につながる。貴族の女性のあいだに草書が愛好されたのではないか。だが、それらの書風は国内で独自に編み出されたのではない。三蹟も王羲之の書風が色濃く反映されているのである。

「国風文化」という用語には多くの議論がされていて、簡単にまとめることは難しい。その用語の是非はともかく、たとえ遣唐使が廃止されなくとも、平仮名の発展によって新しい文化は着実に発展したといえる。

十～十一世紀、『竹取物語』『伊勢物語』などの初期仮名物語、『土佐日記』『蜻蛉日記』などの平仮名日記、勅撰和歌集、多くの私家集などが生みだされた。長保年間（九九九―一〇〇四）から寛弘年間（一〇〇四―一二）には『拾遺和歌集』『枕草子』『源氏物語』という平仮名文学がその絶頂期を迎える。

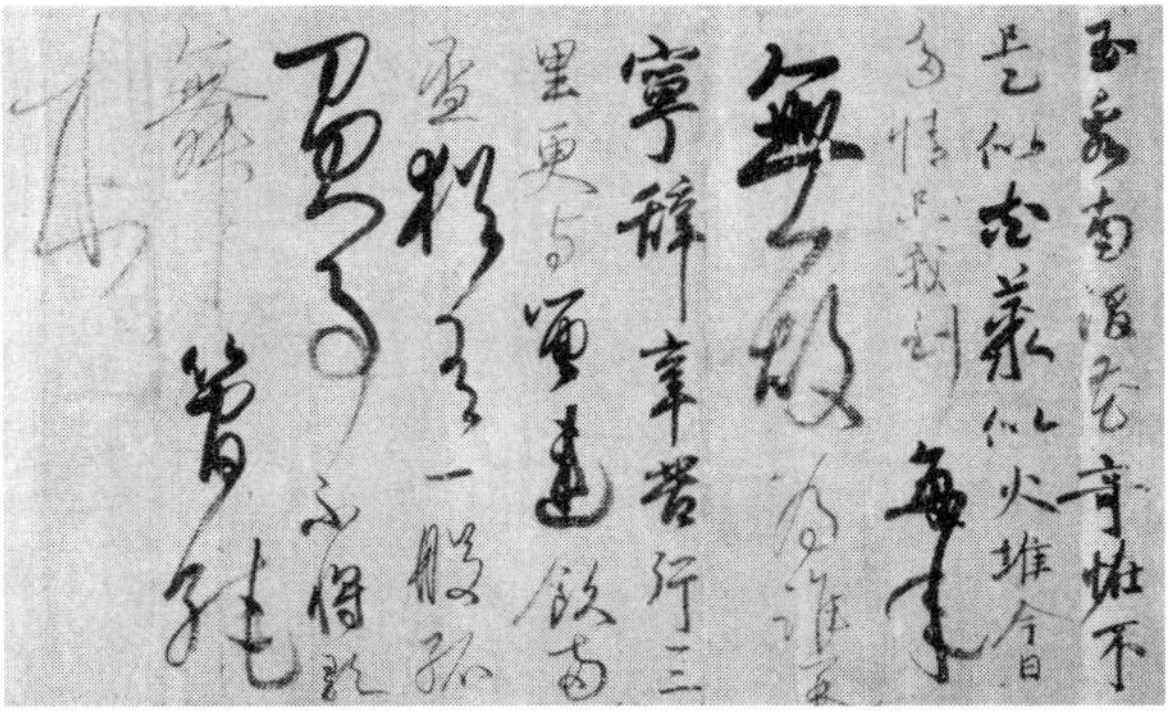

図18　小野道風筆「玉泉帖」　宮内庁三の丸尚蔵館所蔵

一条天皇の後宮はまず聡明で感受性豊かな定子のもと、清少納言以下の女房を抜擢した。そこへ一時定子の中宮大夫であった道長は、我が娘彰子入内にあたって、それに劣らぬ伊勢大輔、和泉式部、紫式部などをさがし、あらたなるサロンを創った。そのような後宮での女房たちと漢文学にも長けた公卿・殿上人との知的接触が、政治的にも重要な時代であり、その中心に道長が存在したのである。それは空前絶後のものであったと言うべきであろう。

三　藤原頼通から後三条天皇へ

1　摂関家代替わりの混乱

道長の死

道長は、後一条天皇の外祖父として権力の絶頂を築き、摂政を嫡子頼通に譲り、さらに出家した。後も事実上の最高権力者として君臨し続け、万寿四年（一〇二七）十二月に六十二歳の生涯を終えた。

しかし、万寿年間の道長周辺には、不幸があいついだ。小一条院の妻となっていた女寛子が万寿二年七月に亡くなった。小一条院は寛子以前に、左大臣藤原顕光の女延子と結婚していたが、寛子との婚姻後、顕光父子はうらみを抱いたまま亡くなったので、祟ったとされている。また、東宮敦良親王（後朱雀天皇）の妃となっていた嬉子が、七月末に流行し始めた赤裳瘡に罹患し、東宮の第一王子（後冷泉天皇）を八月に出産するも、その直後に二十九歳で亡くなった。

さらに、顕光父子の怨霊になやまされていた妍子（三条中宮）も、万寿四年九月に三十四歳で亡くなった。道長は、頻繁に妍子の住む枇杷第に赴き、自ら護持僧となって妍子の病気平癒を祈ったが、叶わなかった。道長の死は、この愛娘に先立たれた哀しみの癒えぬ最中のことであった。このように、道長の権勢の源泉ともいうべき娘たちの早世は、前途に暗い影を落としつつあったのである。

平忠常の乱

最高権力者の死による権力の隙をつくように、東国で大乱が起きた。京都と地方の政治は密接にむすびついていたことがわかる。上総・下総一帯に勢力をもち下総権介の地位にあった平忠常の乱である。

年が改まった長元元年（一〇二八）六月忠常は、安芸守平惟忠を焼殺して、上総の国衙を占拠し、朝廷に叛旗をひるがえした。忠常は関白頼通の弟で内大臣の教通を私君として仰いでいたように、京都の情勢にも明るかった。そのため従来からの国司との対立を有利に進めるため、道長の死という中央の状況を選んで、思いきった行動に出たと考えられる（石母田正 一九六四）。

六月、陣定で右大臣実資以下の公卿たちは源頼信を追討使として推したが、実際に任じられたのは平直方と中原成通であった。直方の父維時は長く道長の家人であり、直方も頼通に仕えていた。そのために、公卿たちの意向を却けてまで、直方が任じられたと考えられている。この維時というのは、かつての平将門追討の立役者貞盛の孫にあたり、おもに中央政界に活躍の場を移していた。維時・直方父子は頼通に猛烈な働きかけをしたようであり、頼信も頼通と一定のつながりがあったが、むしろ道長・頼通に反対することが多かった実資への反発から選ばれたとも考えられている。その貞盛流平氏と密接な関係をもつ貞盛の弟繁盛の系統が、かつての本拠地常陸をおさえていた。忠常は長年、この常陸平氏と勢力と争っていたのである（野口実 一九八二、元木泰雄 二〇一一）。

図19　清和源氏

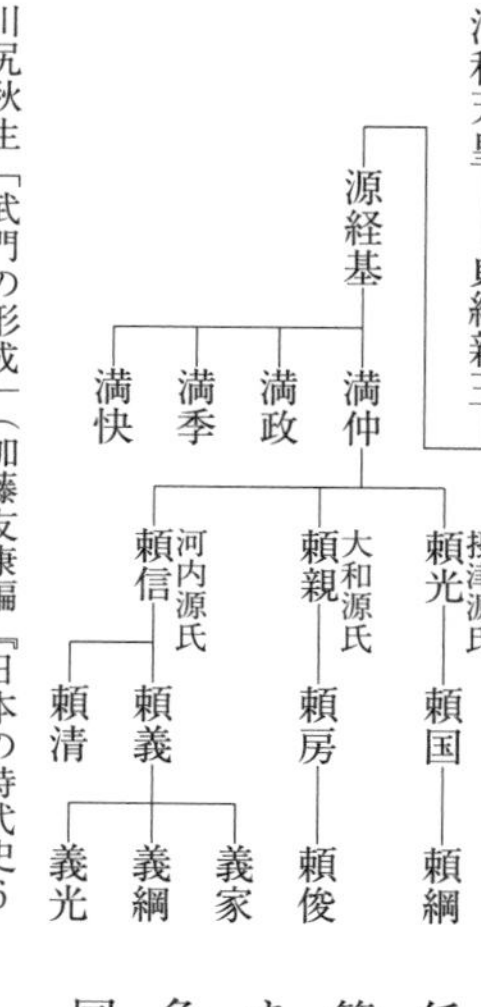

川尻秋生「武門の形成」（加藤友康編『日本の時代史6　摂関政治と王朝文化』吉川弘文館、二〇〇二年）より

しかし、この追討使の人選は失敗であった。追討使任命を利用した房総地域への貞盛流平氏の強引な進出策謀に対し、直方への敵意をいだいた忠常の抵抗は凄まじく、戦線は泥沼化したのである。四年にわたる戦争のなかで、房総地域を中心とする南関東は「亡弊国」といわれるほどに荒廃してしまった。

長元三年五月になると、忠常が講和の動きを示していることがあきらかとなった。このまま直方を追討使にとどめるならば、さらに戦闘は継続し、亡弊は深刻度を増すことになる。七月、朝廷はついに直方の召喚を決定し、九月に新たに頼信が追討使に任じられた。頼信はかつて常陸介在任中に、忠常に名簿を提出させて、主従関係を結んでいた。そのため、講和交渉が進展し、長元四年四月に忠常はついに帰降して、長きにわたる乱は終息した。新しい出発を期した後一条天皇と関白頼通にとって、四年にわたる乱はあきらかな失政というべきものだろう。

摂関期の軍事貴族たち

十世紀のなかば、それまで院宮王臣家に家人として個別に仕えていた武士たちは、承平天慶の乱という、東西の大乱にともなう臨時的な軍事体制のもとに編制された。その後、平将門の乱を平定した藤原秀郷が六位押領使から従四位下下野守、平貞盛は従五位下右馬助、藤原純友の乱を平定した源経基は大宰少弐に補任された。彼らは中央での政治的地位を大きく上昇させ、中央の貴族が任じられる地位に就いた。これらは軍事貴族とよばれている（福田豊彦 一九八一）。

軍事貴族たちは、特定貴族に強固に結びつくのではなく、自立して天皇や朝廷の傭兵的存在となり、有事の際に官職と無関係に軍事目的で動員された。たとえば、安和の変での源高明密告で有名な満仲（経基嫡男）は、『今昔物語集』によると、天皇、大臣、公卿などに必要に応じて広く起用されていた。満仲が京に近い摂津国多田に所領を有し、その地を在京活動するための武士団の基盤としていた。こうしたことは当時の軍事貴族に共通する特質である。ただし、摂関期には通常の追捕や治安の維持は原則として検非違使・諸衛などの公的機関によって担われていたため、そのような京都での有事の動員はめったになかった。

摂関全盛期、もっとも京都で活躍していたのが満仲の子である頼光（摂津源氏祖）・頼親（大和源氏祖）・頼信（河内源氏祖）であり、彼らは道長に仕えていたが、家司などの家政機関の職員になった形跡はなく、摂関家のみに密接だったわけではない。天皇や村上源氏などにも近仕していた。ただし、これら三人の実態はかなり異なっていた。頼光は京でもっぱら皇族や貴族と交わり、受領や東宮坊の職員などとして活躍していた。道長の権力が安定していた時期のため、抗争に武力が用いられることもなく、寺社の強訴なども激化していなかったため武力を強化する必要もなかった。父から摂津の所領を継承したのがこの頼光である。

頼親は新たに大和に進出したため、所領形成のため興福寺などとの抗争を繰り返し、武士としての

図20　秀郷流藤原氏

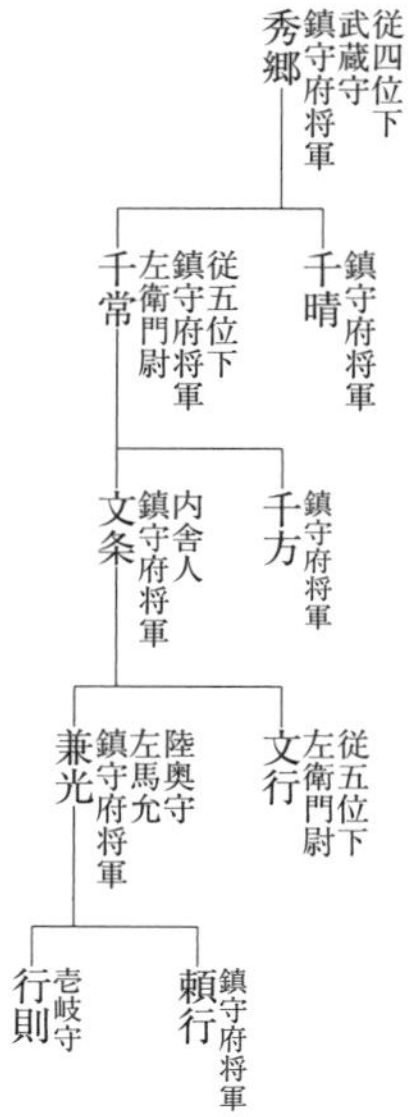

- 秀郷（従四位下・武蔵守・鎮守府将軍）
  - 千晴（鎮守府将軍）
  - 千常（従五位下・鎮守府将軍・左衛門尉）
    - 千方（鎮守府将軍）
    - 文条（内舎人・鎮守府将軍）
      - 文行（従五位下・左衛門尉）
      - 兼光（陸奥守・左馬允・鎮守府将軍）
        - 頼行（鎮守府将軍）
        - 行則（壱岐守）

図21　桓武平氏

- 高望王
  - 国香
    - 貞盛
      - 維叙
      - 維将—維時—直方……（北条氏へ）
      - 維敏
      - 維衡
        - 正輔……（平清盛へ）
        - 正度
    - 繁盛
      - 兼忠—維良
      - 維茂……（越後国城氏へ）
      - 維幹—為幹……（常陸大掾氏へ）
  - 良文
    - 忠頼—忠常
      - 常昌……（上総・千葉氏へ）
      - 常近
    - 忠光

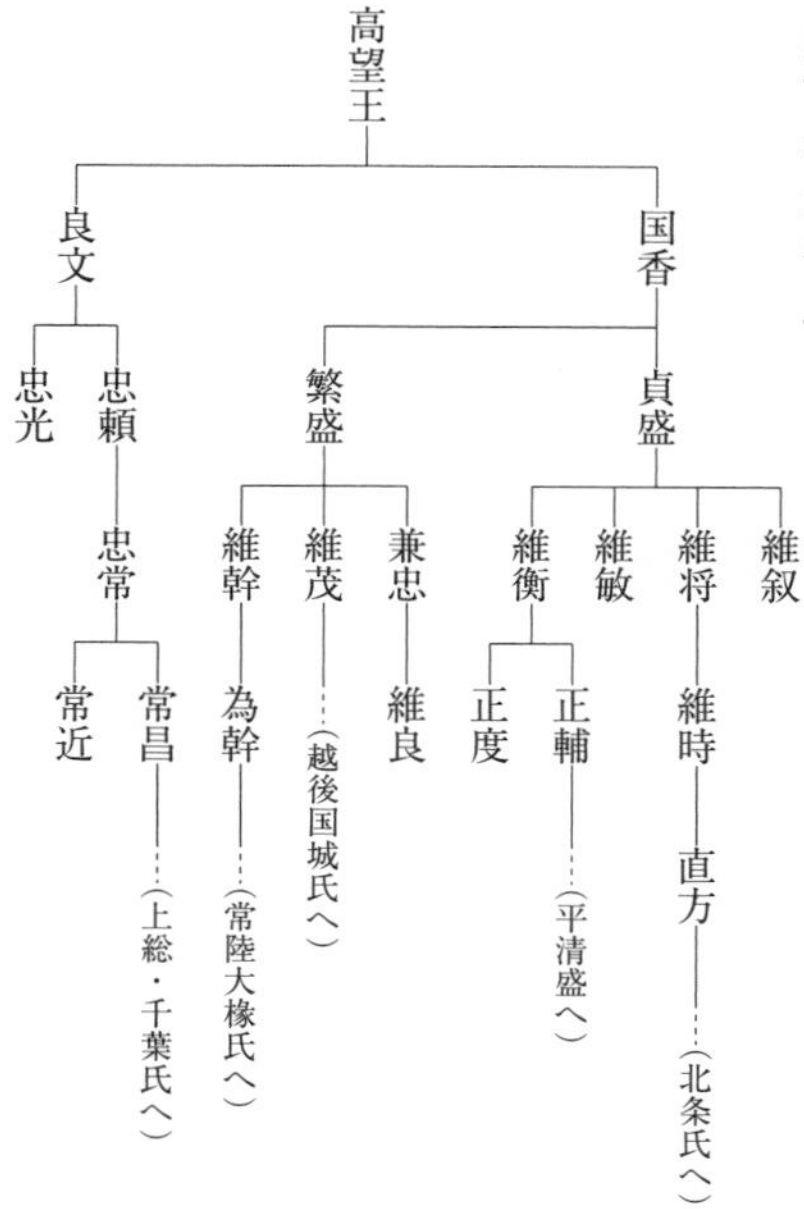

図20・21ともに、川尻秋生「武門の形成」（加藤友康編『日本の時代史6 摂関政治と王朝文化』吉川弘文館、二〇〇二年）より

特徴を強めた。三度にわたって大和守に就任するが、嫡男の頼房とともに永承五年（一〇五〇）に興福寺との抗争にやぶれて配流されるなど、大和に強固な基盤をつくることができなかった。頼信は上野、常陸、伊勢などの受領を歴任し、忠常の乱追討使任命の前提として甲斐守に任じられた。このように伊勢を除くと、自力救済の展開した東国の受領を歴任したため、既述のように武力を用いて平忠常の乱鎮圧なども行うことになったのである（元木泰雄 二〇〇四）。

一方、秀郷流藤原氏は、安和の変で秀郷の子千晴が連座して失脚し、その弟千常の系統が軍事貴族の地位を保持し、鎮守府将軍などに任ぜられ、その子孫から佐藤・波多野・山内首藤などが出た。秀郷流の本拠である下野国では、代々押領使に任命され、その公的な軍事警察権を担当した。下野国衙は秀郷流の武力をその軍制に組み込んでいくのである（野口実 一九八二）。

桓武平氏の貞盛と弟繁盛の系統は、中央軍事貴族として京都で活動するとともに、繁盛の子維幹は常陸に大きな勢力を築いていった。維幹は京都で藤原実資らに仕えて、五位の位階を有していた。また長和元年（一〇一二）以前、源頼信が常陸介であったとき、常陸国内の所領への徴税に応じない平忠常を追討しようとすると、国司軍二千騎に対して、自らの三千騎をもってそれに協力したという（元木泰雄 一九九四、二〇一一）。まさに常陸最大の豪族であった。

忠常の祖父である良文は貞盛・繁盛の叔父であり、将門の乱では中立を保ち、乱後南関東で勢力を拡大していた。そのため、常陸を本拠とする繁盛流と抗争を繰り返してきたのである。この系統は京都の軍事貴族としての活躍はそれほどみられないが、のちに秩父、畠山、上総介、千葉、三浦、大庭などの坂東八平氏と呼ばれる地方豪族に成長する（野口実 一九八二）。

2 道長・頼通期の荘園

道長の荘園 摂関家で荘園の集積が始まったのは、十一世紀になってからのことである。摂関家領としては、根本所領として、代々の藤原氏の氏長者が管理する殿下渡領というのがあった。これは十一世紀初頭、つまり道長の時代までに、大和国佐保殿・河内国楠葉牧・備前国鹿田荘・越前国方上荘の四ヵ所として確定されていた。また、氏院氏寺領として、藤原氏の大学別曹である勧学院領、および法成寺・東北院・平等院とそれに付属する荘園と末寺がある。このうち、勧学院領は道長の時代にはすでにある程度確立していたと考えられるが、法成寺領以下は頼通の時代に形成された。これらも鎌倉時代以降は、根本の四荘牧とは性格を異にしてはいたが、全体として氏長者が管理する殿下渡領とみなされるようになった。

頼通の荘園

法成寺領については、道長建立の際に若干の所領が寄せられていると思われるが、『栄花物語』などによると、道長の一周忌を終えた長元元年（一〇二八）にえりすぐった道長遺領四、五ヵ所が寄進され、残りは道長後家倫子の知行に委ね、その没後に同寺に寄進させることになったという。東北院は長元三年道長の女上東門院彰子が法成寺金堂の北東に建立した寺院である。上東門院彰子の女院勅旨田などが寄進されたものが、東北院領の主体をなしたと考えられている。平等院はいうまでもなく、頼通が道長より譲られた宇治の別業を寺院となしたものである。治暦四年（一〇六八）三月二十九日付の太政官牒写には、平等院領九ヵ所が記されており、やはり頼通の寄進した所領が寺領の中核となっていたと思われる（橋本義彦 一九七六）。

頼通の荘園というのは、平等院領以外、四条宮（頼通女寛子）・高倉北政所（頼通室隆姫）・京極大殿（頼通男師実）に三分され、院政期の忠実のときに、再びまとめられて摂関家領、さらに近衛家領として後世に継承されていく（川端新 二〇〇〇）。このなかには、宇治の富家殿、摂津国垂水牧などの摂関家邸宅や畿内周辺の荘園のみならず、出羽国寒河江荘、陸奥国栗原荘など遠隔地荘園も含まれていた。とくに、四条宮領には院政期以降、日向・大隅・薩摩三ヵ国にまたがる大荘園に発展する島津荘が含まれるが、それは万寿三年（一〇二六）大宰大監平季基と弟良宗によって開発された日向国諸県郡島津院の所領が、頼通に寄進されたことを出発点としている。高倉北政所領にも、源満仲が開発したとされる摂津国多田荘が含まれていた（元木泰雄 二〇〇五）。

分散する御堂流荘園

摂関家領の中核部分に、頼通のもとに寄進されたこのような荘園が存在したことは間違いない。しかし、頼通の荘園がそのまま、のちの摂関家領荘園となったわけではなく、それらの一部にすぎなかった。摂関期にはまず受領を歴任し、四・五位を位階の上限とする「諸大夫」といわれる中下級貴族がさかんに家領形成に励んでいた。これらのうち畿内近国の多くの私領は、規模も小さく、しかも後世に継承されない荘園であった。一方、比較的遠隔地の所領は多くが上級貴族、とくに道長の子や孫たちに寄進された。このために「天下之地、悉く一家領となり、公領立錐の地無きか」（『小右記』）といわれる有名な記事があらわれることになる。

なぜこのような事態になったか。摂関期の朝廷は受領功過定によって、受領を統制しようとしていた。しかし、それは国家財政維持の観点からであって、任国内の公田の増減や荘園の存否などには関心がなく、そのような審査項目も存在しなかった。そのため土地の審査を行うのは、次の新任受領となる。新任受領の申請によって一国単位の荘園整理令が登場するのは、そのためである。すなわち、十一世紀の所領認定の基本となるのは、国司免判、つまり国司の認定による国免荘としてその荘園を認めるかどうかということになる。こうしたなかで中下級貴族が自らの荘園を維持するには、代々の国判を獲得する必要があるから、受領への圧力をかけられる有力な上級貴族と結ぶことが重要となるわけである。

しかし、上級貴族の方は、このように荘園を寄進されることに積極的に応じたわけではなく、むしろ消極的かつ受動的であった。そのために、摂関の頼通に寄進が集中したのではなく、「御堂流」といわれる数多くの道長の子や孫を中心に、多くの上級貴族に寄進が分散したと考えられる。そのために、十一世紀の荘園は脆弱で、次代に続いていないことが多いのである。『愚管抄』における頼通の「自分の家領というのは下からの寄進をただ承認して受け入れたものにすぎない」という部分は、あながち間違ってはいない。このことは、道長の死後、「御堂流」の人々が必ずしも一枚岩ではないという政治的な問題ともかかわるのである（川端新 二〇〇〇）。

3 摂関政治の限界

外戚政策のいきづまり

長元九年（一〇三六）後一条天皇が亡くなると、同母弟である東宮敦良（後朱雀天皇）が即位する。東宮は、この後朱雀天皇と道長の女嬉子とのあいだに生まれた親仁となる。寛徳二年（一〇四五）後朱雀天皇が亡くなると、この親仁が後冷泉天皇として即位する。

頼通には正室隆姫とのあいだに子供がなく、敦康親王（一条天皇皇子、母定子）の女の嫄子を養女にして、長元十年（一〇三七）後朱雀天皇に入内させ中宮とするが、皇女しか生まれなかった。また、永承五年（一〇五〇）因幡守藤原頼成の女とのあいだの寛子を、後冷泉天皇に入内させて、翌年皇后に立てるが、ついに皇子を生むことはなかった。このように、頼通には女子が少なかったため、父のような入内政策を展開することができなかったのである。

つまり、頼通は寛仁元年（一〇一七）に摂政になって以来、治暦三年（一〇六七）その地位を同母弟教通に譲るまで、半世紀にわたって摂政・関白の座にあったにもかかわらず、祖父兼家や父道長のような天皇の外祖父になることができなかったのである。摂関政治では、外戚の摂関ではミウチの中心という政治的位置にすぎず、天皇の外祖父になることで、高い権威を確立し、強力な政治主導権を掌握することができるのである。しかし、兼家にしても道長にしても、外祖父の時期は限られた期間とならざるをえない。道長の晩年をピークにして、すでに摂関政治は長い衰退期に入っていた。

異母弟頼宗・能信

父道長が多子であり、多くの女子を有したため、子の少ない頼通は外戚の地位を継続できた。しかし、男子が多かったことはその副作用も生んだ。頼通の弟たちは、同母、異母含めて、政治的にも経済的にも独立性が高く、頼通の家父長権が容易には確立しなかった。そのことは、既述のように、荘園がこれら「御堂流」の人々に分散して寄進されたこととかかわっている。それ以上に、頼通の子孫の将来に、障害をもたらす弟さえ現れてくることになった。その代表が異母弟の能信の存在である。

寛徳二年（一〇四五）後冷泉天皇が即位するとともに、東宮となったのは異母弟の尊仁親王（後三条

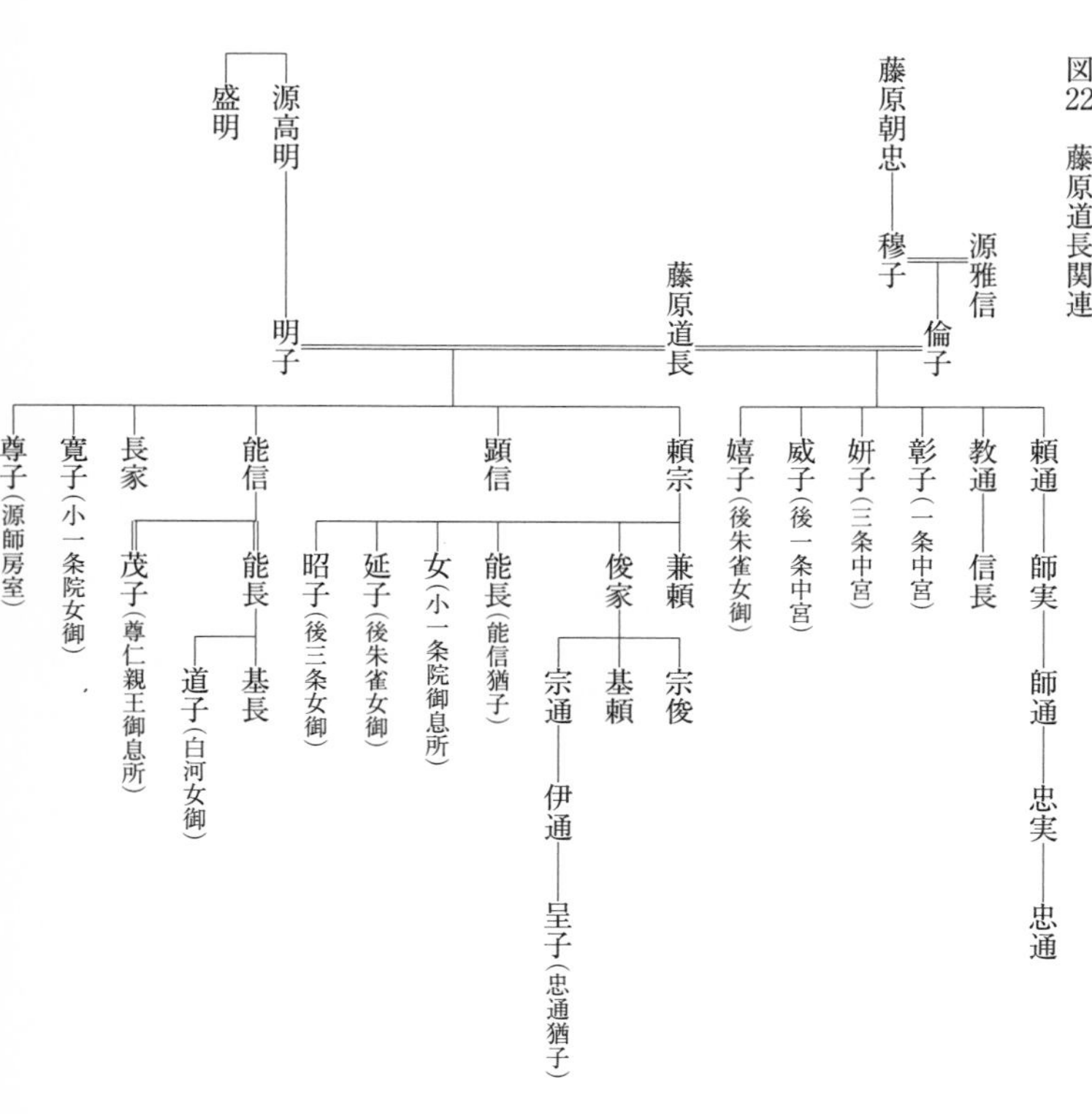

図22　藤原道長関連

天皇）である。後冷泉の母は頼通の妹嬉子なので、頼通は外戚ではあったが、嬉子が後冷泉生誕時に亡くなっていたので、後冷泉朝における天皇への頼通の影響力は限定的であった。尊仁の母は三条皇女の禎子内親王なので、尊仁が東宮になると頼通は次代の天皇の外戚にはなれない可能性が高かった。そのために、尊仁が東宮になることを阻止すべく、その出家を謀ったという。

ところが、ここで頼通の前に立ちはだかったのは、異母弟の頼宗、能信であった。頼通と教通の母は正室である源雅信の女倫子であり、頼宗、能信の母は側室扱いの源高明の女明子であった。冷遇されていた明子腹の弟たちが、尊仁支持にまわったため、尊仁は東宮になれたのである。

とくに能信は禎子の皇后宮大夫をつとめており、禎子との関係が深かった。そのため、後冷泉即位後はみずから進んで禎子の生んだ尊仁の東宮大夫となり、尊仁を全面的に支えることになる。そして翌年には藤原北家閑院流公成の女茂子を、自分の養女にしたうえで、尊仁の後宮に入れた。また子に恵まれなかった能信は、同母兄の頼宗の子能長を自分の養子とした。治暦元年（一〇六五）に能信は死ぬが、その能長が東宮大夫の地位を引き継いだのである。

ミウチの減少

ミウチという歴史的概念は、源氏の場合は親王の皇子を含む一世源氏の代まで、藤原氏では摂関の子供と兄弟と、当時の天皇外戚（外祖父、外伯叔父）までとされる。この範囲までは、ミウチという権威によって自動的に高位高官を占めることが可能であるが、この枠をはずれると著しく政治的地位が低下する。

元木泰雄の分析によると、藤原忠平が朱雀天皇の摂政に就任した延長八年（九三〇）以来、実務官人や学者が含まれる参議を除いて、大臣から中納言の大半をミウチが独占していた。このために、ミウチの中で天皇の最近親となる外戚の立場に重きが置かれ、ミウチたちは摂関となることが多い外戚に従属することになる。

ところが、道長が後一条天皇の摂政になった長和五年（一〇一六）になると、公卿十八名のうちに、大納言実資・斉信、中納言源俊賢・藤原行成・懐平・源経房・藤原実成といった摂関・外戚の孫以下の世代、二世以下の源氏が多く含まれるようになり、ミウチが全体の半分の九名まで減少していた。この傾向が以後進行して、後三条が即位した治暦四年（一〇六八）にはミウチが大臣三名と大納言藤原信長（のぶなが）のみとなる。こうなると、公卿たちが自動的に、摂関・外戚を天皇の最近臣として尊重し、それに従属する条件が失われるのである。

外戚関係断絶の要因

このようにミウチが減少していく要因としては、まず一条天皇以降の天皇が皇子に恵まれず、あらたに源氏が生まれなかったことがあげられる。また、兼家以降、摂関の子息の官位が急速に上昇し、頼通の子息でも嫡子の師実以外、多くが養子に出されたことである。これによって摂関・外戚の地位は道長の嫡流のみに継承されるようになり、その他の藤原氏の系統はそこから排除された。

必然的に、摂関の近親である限られた公卿を除いて、女子の入内も困難となり、外戚をめざすことができる者も制限されるようになった。このため、藤原北家の複数の公卿の女が入内していた道長以前の状況と異なり、入内する女子も少なくなり、藤原北家の外戚が断絶する可能性さえ生みだしたのである。このように、摂関家とその一門の特権が保証されるのと引き換えに、外戚関係が断絶してしまう政治構造が現出したといえよう（元木泰雄　一九九六）。

こうして、頼通以降、承久の乱前後の九条道家（くじょうみちいえ）の例のように、外戚関係が復活することはあっても、それは一時的なものとなり、継続し定着することはなくなった。このように兼家、道長という摂関政治全盛期を過ぎると、頼通の時代には摂関政治は衰退に向かい、院政期以降そのような政治体制は復活することはなかったのである。

4　後三条天皇の登場

後冷泉天皇のもとでの東宮尊仁は、いずれは小一条院敦明親王のように、その座をおろされるだろうと、貴族たちは考えていた。また、尊仁と茂子（閑院流公成女、能信養女）とのあいだに生まれた子（のちの白河天皇）にも、親王宣下が行われる気配はなかった。

後三条天皇の即位

後冷泉には、後一条天皇の皇女章子内親王が、永承元年（一〇四六）中宮となっており、頼通の同母弟教通の女歓子も女御として入内していた。このうち、歓子に永承四年皇子が誕生したが、まもなく夭折した。そのあと、頼通が女寛子を入内させ、永承六年皇后としたのである。これによって、頼通と教通のあいだも緊迫する。

後冷泉天皇は、治暦四年（一〇六八）四月十九日に亡くなった。四十四歳になっていたが、結局、一人の皇子も残せなかった。そのため、九歳年下の異母弟尊仁が同年即位することになった。これが後三条天皇である。後冷泉即位以来、東宮の座にあること二十三年、頼通の圧力に耐えきった即位であった。

図23　藤原氏・小一条院関連（番号は即位順）

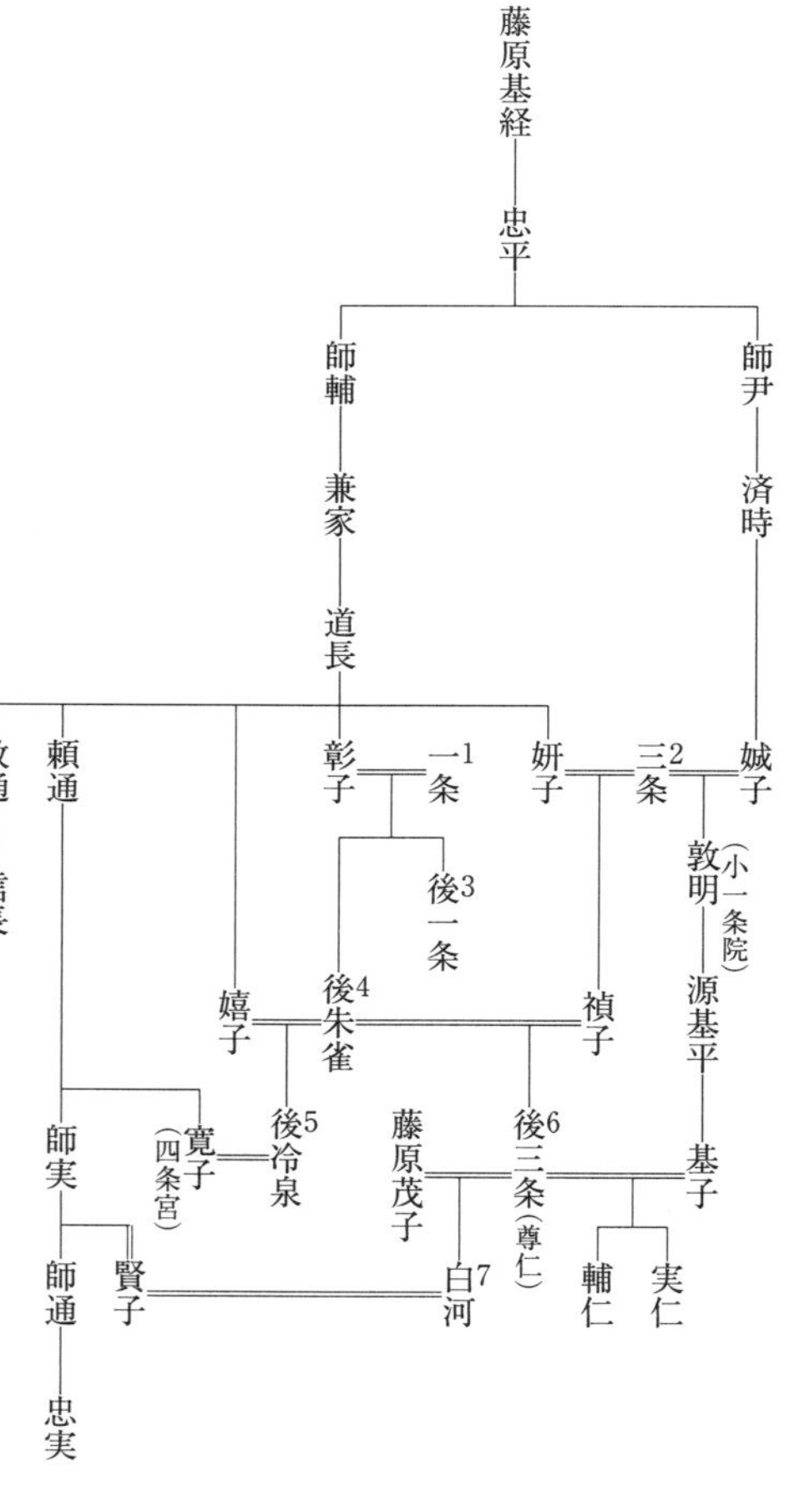

国母の交代

国母（こくぼ）はミウチの中核をなす一人であって、大きな発言力をもっていた。康平年間（一〇五八―六五）頼通が嫡男通房（みちふさ）死後に生まれた師実に関白を譲渡しようとしたが、彰子が後冷泉天皇に対して、父道長の遺言を理由にそれを阻止したという。そのために、頼通は子息への摂関直接継承を断念し、頼通→教通→師実という就任順序について頼通・教通・彰子の間で合意が形成された。しかし、頼通に依存する後冷泉天皇の意向で関白譲渡がなかなか認められず、後三条即位の前年に頼通が弟教通に関白を譲ることになったという（海上貴彦 二〇二〇）。たとえば、以前にも兼通と兼家との対立が円融天皇の母安子の遺言で兼通の勝利となり、道長と伊周の争いも一条天皇の母詮子の意向で決着した。今回の関白譲渡についても、彰子の発言力によるとされるのである（服藤早苗 二〇一九）。

後三条天皇の母は、後朱雀皇后で三条皇女の禎子内親王である。寛徳二年（一〇四五）に出家していたが、治暦五年（一〇六九）二月に陽明門院の院号を下される。後冷泉の母は藤原道長の女で頼通の同母妹である嬉子であったが、万寿二年（一〇二五）後冷泉を生んだとき亡くなっていたので、後冷泉在位中は事実上の国母として後一条、後朱雀の母上東門院彰子が君臨しつづけていた。そのため、久々に摂関家出身ではない国母が誕生したのである。

天皇による人事権掌握

摂関家が外戚でなくなると、皇位継承に関する発言が困難となるだけでなく、藤原氏、あるいは摂関家内部の争いの調停を、摂関家出身の国母がはたすこともできなくなる。後三条親政においては、頼通の弟教通が関白となったが、頼通は自分の存命中に嫡子師実に関白の座を譲らせようとしていた。『古事談』によると、このとき教通は、その裁定を後三条天皇に委ねた。後三条は頼通の要求を退けたために、頼通は生前に関白師実の実現を見ることはなかった。

さらに、承保二年（一〇七五）に関白教通が亡くなった際には、師実と、教通の子の信長がその座をめぐって争ったが、このときも師実の養女であった中宮賢子を通じて、白河天皇に判断が求められた。摂関の任命権は天皇にあるが、従来は事実上摂関家内部で継承されてきた。後三条・白河親政においても、実質的にも天皇がその権限を掌握したのである。このことが、院政期の院が摂関の人事権を掌握することに道を開いた（元木泰雄 一九九六）。

5 後三条親政の荘園整理

延久の荘園整理令

後三条親政のもっとも重要な政策は、荘園整理令の公布とそれにもとづく記録荘園券契所（記録所）の設置である。まず、即位の翌年の延久元年（一〇六九）二月、次の内容の宣旨が下された。

（1）神社・仏寺・院宮王臣家諸庄園、或は寛徳二年以後の新立庄を停止し、或は addresses 地を嫌ひ、膏腴と相博す、或は恣に平民を駈け、公田を籠隠す、或は定め無き坪付の庄、或は諸庄園の所在、領主、田畠の惣数、慥に子細を注し言上を経るべきの由、宣旨を下さる（平安遺文一〇三九号）

〈神社・仏寺・院宮王臣家の諸庄園のうち、寛徳二年〈一〇四五〉以後に、新たに立てられた荘園は停止せよ、やせた荘田をひそかに肥えた公田と交換しているもの、勝手に平民を使って公田を隠したもの、定まった坪付〈土地の所在地〉のないもの、あるいは諸荘園の所在、領主、田畠の総面積について、たしかに詳細を報告せよ、という宣旨が下された〉

さらに、そのほぼ一ヵ月後、再度、次の内容の太政官符が全国に下された。

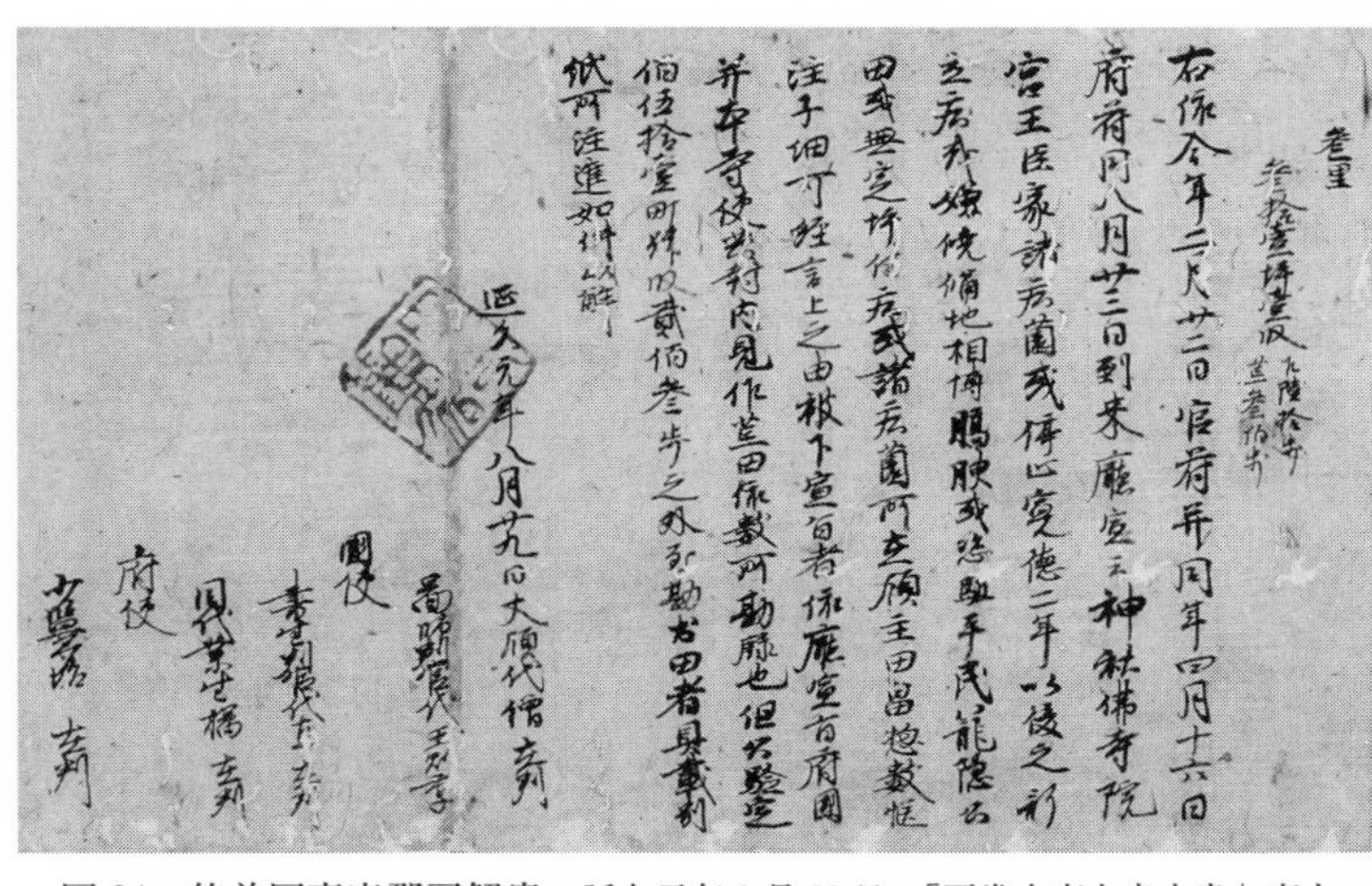

図24　筑前国嘉麻郡司解案　延久元年8月29日，「百巻本東大寺文書」東大寺図書館所蔵
(1) の太政官符が引用されている．

（2）寛徳二年以後の新立荘園は永く停止すべし、加へて以て往古の庄園と雖も、券契不明にして、国務に妨げあらば、厳しく禁制（きんぜい）を加へ、同じく以て停止せよ（平安遺文一〇四一号）

（寛徳二年以後の新立荘園は永く停止せよ、古くからの荘園でも、証拠になる文書が不明であったり、国司の職務遂行に妨げとなるものは、厳しく禁制を加え、同じく停止せよ）

法令を比較すると、寛徳二年以降の新立荘園停止は共通する。寛徳二年とは前帝後冷泉が即位した年であり、寛徳の荘園整理令が出された年でもある。この寛徳令では「前司（ぜんじ）任中以後」すなわち前の国司在任中以後の新立荘園停止という基準が示されていたのだが、十年後の天喜三年（一〇五五）の天喜令で「寛徳二年以降」という基準が示され、それをこの延久令が踏襲

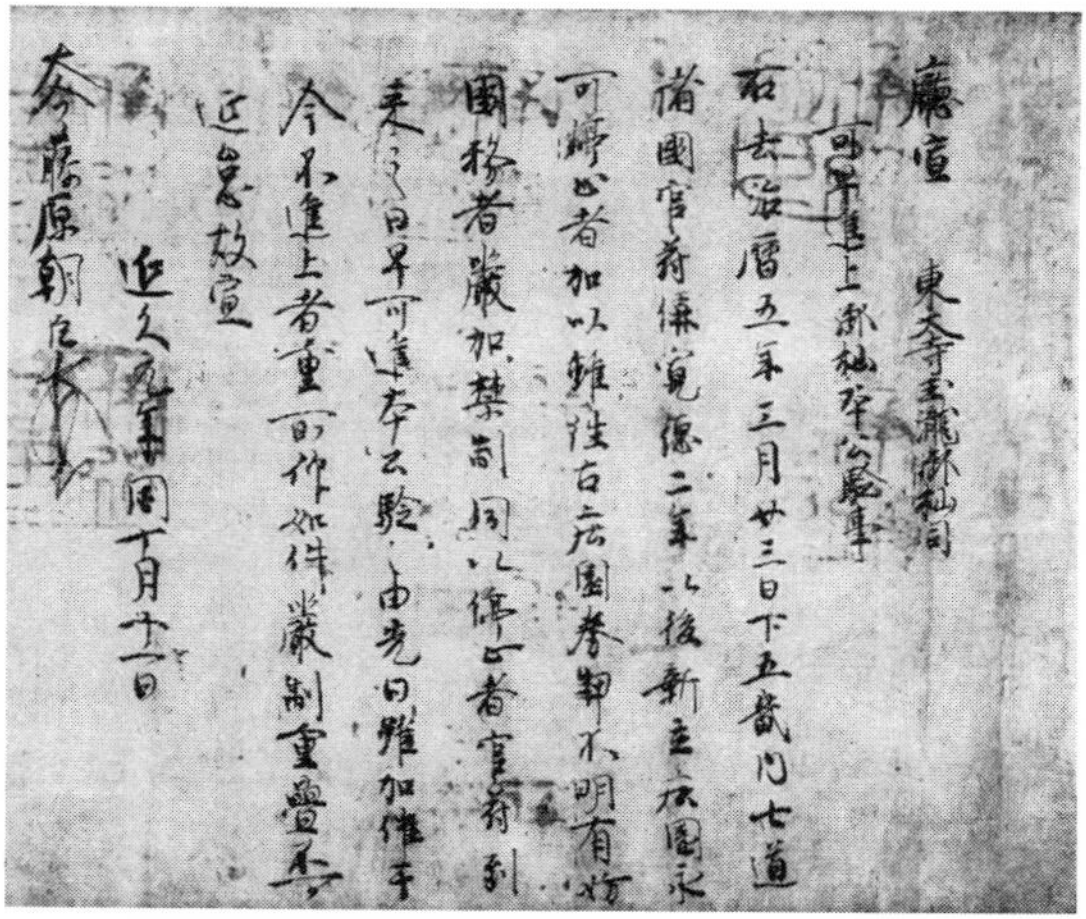
廳宣　東大寺玉瀧杣司
可早進上杣地公験事
右去治暦五年三月廿三日下五畿内七道
諸國官符偁寛徳二年以後新立庄園永
可停止者加以雖往古庄園券契不明有妨
國務者厳加禁制同以停止者宣符到
来之日早可進本公験由先日雖加催
今不進上者重所仰如件厳制重疊不
違失故宣
延久元年閏十月十一日
大介藤原朝臣

図25　伊賀国司庁宣　延久元年閏10月11日，「東南院文書」正倉院宝物
(2) の太政官符が引用されている．

したことになる。ちなみに、この基準は以後の白河親政期の承保二年（一〇七五）令、承暦二年（一〇七八）令、白河院政期の康和元年（一〇九九）令に引き継がれる。そして、保元元年（一一五六）令で「久寿二年（一一五五）七月二十四日以後」つまり当代後白河の践祚以後、という基準に変更される。このように、この基準に関しては、延久令に大きな画期を見出すことは難しい。

（1）では、正式の許可を受けていない荘園や「浮免」といわれる所在地が定まっていない荘園を停止させるため、その所在地・領主・田畠の面積などを朝廷に報告せよという。（2）では「寛徳二年以後」という基準とは別に、立荘の証拠となるべき文書がなく、国司の職務の妨げとなっている荘園は認めないというのである。（1）でも（2）でも、ともかく朝廷、具体的には太政官に、荘園の所在地・領主・田畠の面積などが明示された文書を提出しなければならない。朝廷はそれらの文書を精査し、当該の国司の意見を聞いて、その荘園の存続、停廃を判断することが求められるのである。

記録荘園券契所（記録所）

このように、従来は国司に委任されてきた荘園存廃の判断が、朝廷とくに太政官によってなされることになる。この動きは、後三条親政以前からすでに生まれつつあった。既述のように、前任国司およびその周辺の人間によって荘園が立てられ、それを後任国司が停廃しようとし、それを阻止するために後任国司に影響力のある上級貴族へ寄進が行われることが多くなっていたわけである。その過程での紛争は前代から、太政官に訴訟として持ち込まれることも目立ってきた。しかし、従来は朝廷での十分な審議はなく、訴訟内容がそのまま認められることが多かったのである（美川圭　一九九六）。

記録荘園券契所（以後、記録所）が太政官庁の朝所（あいたんどころ）におかれたのは、延久元年（一〇六九）閏十月である。設置に関する唯一の史料は『百練抄（ひゃくれんしょう）』の「始めて記録荘園券契所を置き、寄人（よりうど）等を定む」という記事だが、その日付は「延久元年閏二月十一日」となっている。この年の閏月は閏十月なので、閏十月の誤りと考えられている。そうなると、後三条践祚から一年七ヵ月、延久荘園整理令の発布からも九ヵ月ほどを経ている。

この間に太政官に提出された荘園文書はどこで審査、保管されていたかというと、「官底（かんてい）」と呼ばれる弁官局（べんかんきょく）であると考えられる。提出された文書を通常の太政官の事務局で審査しようとしたが、その文書の量の多さに直面し、記録所という文書審査専門の新組織結成にいたったと考えるべきであろう。

延久の組織は、のちの天永・保元・文治などの記録所と同じように、上卿・弁・寄人から成り立っていたと推定される。上卿には延久元〜二年は権大納言源経長、三〜四年は権中納言源隆俊という、いずれも弁官経験のある実務官人系公卿が就任した。弁としては学者の右少弁大江匡房、寄人には左大史小槻孝信や大外記などの実務官人がその任にあたったと考えられている。なお、この左大史が日常的に「官底」すなわち弁官局を事実上運営しているのである。

荘園整理と摂関家領

『愚管抄』巻四には、頼通と記録所での荘園整理に関して、次のような記述がある。「後三条天皇が、延久の記録所をはじめて置かれた理由は、諸国七道の所領で、天皇の命令である宣旨や朝廷の太政官符もないまま、公領を押領してしまうことが『一天四海ノ巨害』であると思い続けておられたからである。すなわち、宇治殿つまり藤原頼通が政権にあったとき、摂関家の所領であるとだけいって、荘園が諸国に満ちてしまい、受領の徴税が困難になったということを、お聞きになっていたからである。さて、後三条天皇が宣旨をくだされて、諸人の支配する荘園の文書を提出させたが、頼通からのお返事には『私のところについては、皆が承知していることだと思うのですが、五十余年天皇の後見をしてまいりましたので、所領をもっているものが私と縁故をつくろうと思って寄進してきたので、そうか、というだけでそのまま過ぎてきました。なんで証拠の文書などがありましょうか。ただし、私の所領と申している荘園で、不確かなものだとお考えの場所がございましたら、いささかも遠慮なさることはございません。このような荘園は、私が関白であったときならば、進んで整理しなければならぬ所なのですから』ときっぱりと申されたものですから、はからずも後三条天皇の準備していたことと違ってしまいました。そこで時間をかけてお考えになって、特別に宣旨をくだされて、この記録所へ文書などを召すときには『前太相国ノ領ヲバノゾク』という命令をくだして、なかなか一向に指示をくだされませんでした。この後三条天皇の措置を、すばらしいことだと世の人々は申しました」。

この記事に関連して、頼通の孫にあたる師通の日記『後二条師通記』には、「殿下消息に云う。土井庄の事仰せらるるなり。件の所は後三条院記録之創、停止せらるるなり」とあり、父師実の発言として、摂関家領土井荘が後三条天皇の記録所によって停止されたとする。また「昨日御返事に云う。庄園文書、後三条の御時（延久之比）、召しにより進むるところなり」ともあり、摂関家の荘園文書が後三条天皇に進上されたという。さらに建長五年（一二五三）の『近衛家所領目録』の奥書には「所領の濫觴は、委しく延久二年（一〇七〇）十月六日進官目録に見ゆ」とも記されている。

これらの史料を確認した竹内理三は『愚管抄』の記事を誤りとして、藤原氏も後三条天皇の荘園整理に協力的であり、記録所には摂関家の荘園文書が例外なく提出され、なかには停廃された荘園もあったとする（竹内理三 一九五八）。藤原氏、とくに摂関家の荘園文書が記録所に提出されたことは間違いないだろうが、だからといって頼通が後三条の荘園整理に協力的であったとするとまでは言えないであろう。その際に『愚管抄』の「前太相国ノ領ヲバノゾク」の解釈が鍵になる。これに関して、藤本孝一は、慈円が何らかの原文書を参照する機会があり、実態をふまえているのではないかと推測した。すなわち、この例外的に文書が召されなかった「頼通領」こそ、後三条即位の直前である治暦四年（一〇六八）三月に「太政官牒」がくだされて、不輸不入権が認められた平等院領の九ヵ所であるとする（藤本孝一 二〇〇九）。

後三条天皇と御前定

『愚管抄』には次のようなエピソードも記されている。興福寺と国司とのあいだの相論が「大事」に及びそうになったので、後三条天皇のもとで御前定が開かれた。そこで国司の側の主張が通りそうになったので、関白教通が退座したという。その理由は、このままでは氏寺を擁護する長者としての面目を失うためであったという。けっきょく、教通の行動が功を奏して、藤原氏の公卿たちは口を閉ざし、興福寺勝訴の決定が下された。おそらくは興福寺の強訴に対して厳しい裁断をしようとした後三条が、関白教通と藤原氏の公卿たちの抵抗にあったということであろう。

これとよく似た話が『続古事談』にもある。教通が興福寺南円堂修造のため、国司の重任による成功を主張して、後三条と対立したという。教通が藤原氏の公卿を率いて退席したのに対し、後三条がそれらを呼び戻して、その主張を許したことになっている。これも天皇の御前での公卿会議の話のようで、あるいは『愚管抄』の記す事件と同じものであった可能性もある。このように天皇御前での公卿会議を開催して、後三条が政治的主導権を確立しようとしているのに対し、関白氏長者は藤原氏の公卿たちの支持を背景に、それに強く抵抗していたことが、『愚管抄』や『続古事談』のような摂関家やその周辺で作られた書に、あえてとりあげられていると考えられる。

同時代の日記にもいくつか、これと同様の事例が記されている。一例だけあげれば、治暦四年（一

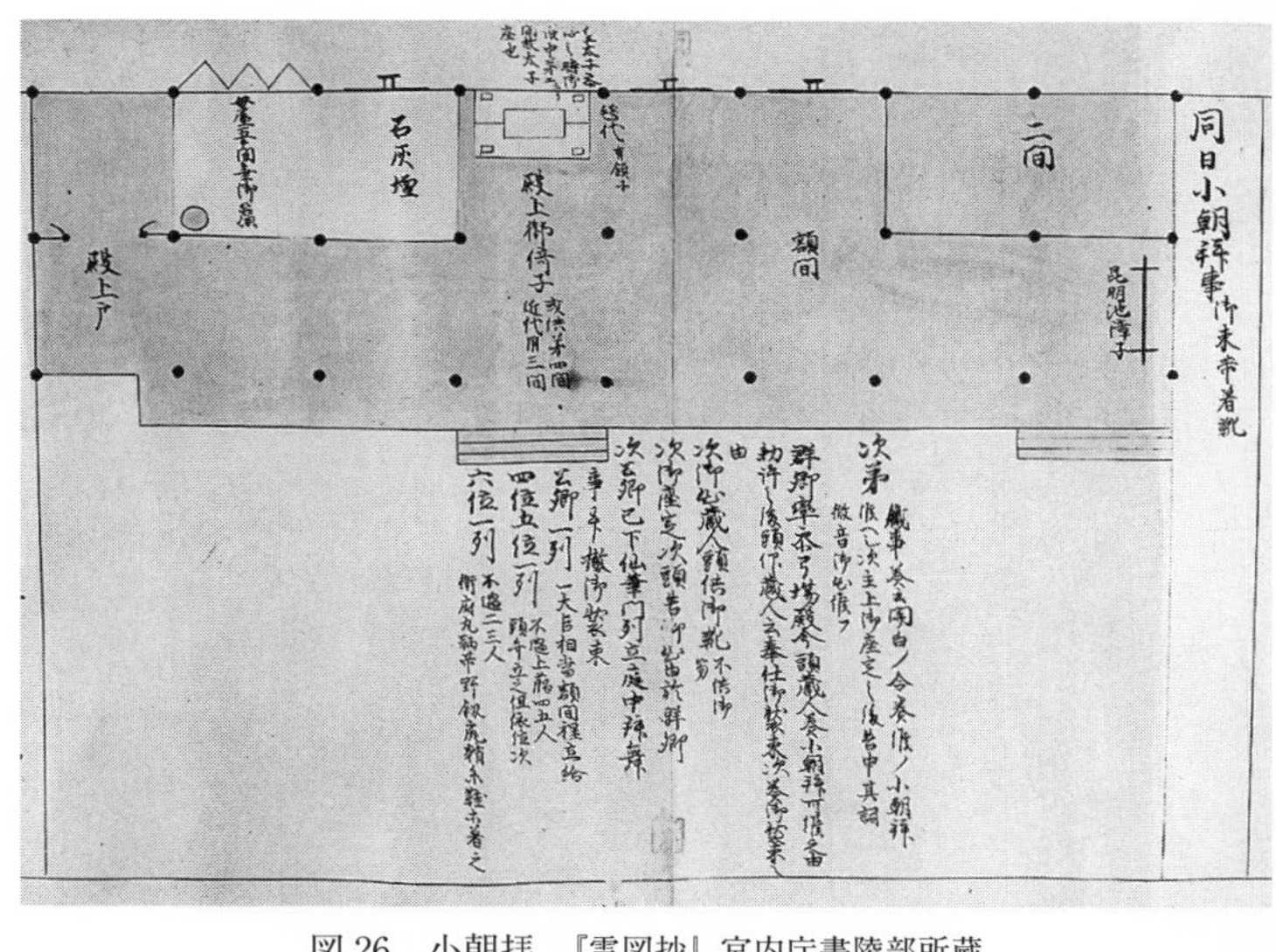

図 26　小朝拝　『雲図抄』宮内庁書陵部所蔵

○六八）十二月、里内裏の二条殿焼亡によって、公卿会議が召集された。当日参内した多くの公卿は殿上間にとどめられ、大臣三人だけが天皇の御前に呼ばれたのである。これについて、『帥記』の著者である源経信は、参内した公卿の意見を聞くべきではないかと後三条のやりかたを批判している。内裏造営に関する「造宮定」を天皇御前で行うのは慣例であり、それ自体は批判されるべきやりかたではない。ここで問題となっているのは、後三条が広く意見を聴かず、少数の大臣だけを呼んで決めようとする政治姿勢である。このように、後三条親政のもとで、天皇と摂関家主流とはかなりの緊張関係を有していた。そうしたなかでの荘園整理令と記録所設置は、摂関家の経済的基盤に大きな打撃をあたえることになったことは間違いないだろう。

6　平安京中枢の復興

大極殿・内裏再建

天喜六年（一〇五八）に大極殿をはじめとする朝堂院（八省院）、前々年に再建されたばかりの内裏や中和院などが焼亡した。その結果、大内裏に残ったのは、朝堂院南の応天門と左右楼閣、内裏の建礼門・朔平門・宜秋門と桂芳坊などにすぎなかった。後冷泉天皇はすぐに再建を試みようとしたが、頼通は同年に焼けた父創建の法成寺再建、平等院の造営を優先させた。これは後三条天皇から見れば、平安京中枢を軽視することになった。

大極殿はすでに天皇の日常政務の場ではなかったが、即位式が行われるのにふさわしい場所とされていた。後三条天皇の治暦四年（一〇六八）七月の即位式は、やむなく太政官庁を使用することになったのである。天皇の威儀を正すためには、今後大極殿での即位式が必須であるとして、後三条は即位式直後の八月から大極殿の再建を開始し、四年後の延久四年（一〇七二）四月に完成させる。そして、十二月に東宮貞仁親王に譲位し、この白河天皇が再建なった大極殿で即位するのである。これ以降、白河・鳥羽院政期の堀河・鳥羽・崇徳・近衛・後白河はすべて、この大極殿で即位することになる（上原真人 二〇〇六）。後三条にとって、在位中のもっとも重要な仕事が、この大極殿再建であった。

平安遷都以来、約百五十年以上焼失の記録がない内裏だが、天徳四年（九六〇）に最初の罹災以後、にわかに焼亡をくりかえすことになる。原因は律令制の衰退によって日常的管理がずさんとなったた

図27　大極殿　『年中行事絵巻』個人蔵

めと考えられる。一条朝に三度、三条・後朱雀・後冷泉朝に二度ずつ焼け、そのたびごとに、天皇は里内裏を転々とした。摂関政治と平安宮（へいあんきゅう）、あるいは平安京との関係を考えるとき、これは大きな問題であった。

後三条天皇が即位したときも、先の康平元年に内裏が大極殿などとともに焼失していたため、いくつかの里内裏を利用せざるをえなかった。その内裏の再建は延久元年三月に開始され翌年八月に完成した。

造内裏役・一国平均役・宣旨升

内裏の造営は、特定の数ヵ国を指定して、その費用を分担調達する「国宛」と呼ばれる方法がとられる。国司としては、そのために国内から臨時の租税を徴収することになるのだが、通常の貢納物に加えて臨時の徴収となると、その負担は非常に重いものとなった。国司が徴収できる租税は、通常の貢納物であっても、内裏造営のための臨時課税であっても、国内の公領に賦課されるのが原則で、荘園からは納税できないのが普通である。

ところが、国司から、天皇に直接関係の深い特別な租税については、公領だけでなく荘園にも賦課できるようにしてもらいたいという要求が、十一世紀前半ごろから起こってきた。朝廷はそれを個別に認めてきたのである。この動きが、今回の延久の内裏造営事業に際して、いっきに体制化したと考えられている。後三条天皇によって、天皇の権威が上昇したため、朝廷側と国司側の利害が一致したためであろう。この公領でも荘園でも賦課される臨時の賦課方式は、一国平均役（いっこくへいきんやく）と呼ばれており、中世に特徴的な租税となっていく（坂本賞三 一九八五、上島享 二〇一〇）。

一国平均役を徴収するためには、その土地が公領なのか荘園なのか、はっきりさせなければならない。公領であるならば、国司の支配下にあるが、荘園ならば事実上国司の使者が入れない場合が多い。そうした場合、荘園領主に租税徴収を委託して、荘園領主から一括して国司に納入してもらう方法をとることもある。ともかく、荘園領主の協力が必須となる。

一国単位の土地台帳である大田文（おおたぶみ）で現存するのは、すべて鎌倉期以降のものである。しかし、延久の記録所の活動が、大田文作成作業に非常に似ていることから、石井進はこのときすでに後世の大田文に相当する土地台帳が作成されたと推定している。延久の荘園整理令と記録所が、中世の土地制度、ないしは社会制度である荘園制の出発点とされるゆえんである（石井進 一九七〇）。

延久の宣旨枡（せんじます）制定も、一国平均役徴収と関係があると思われる。当時、国衙領中心に通用していた国枡（くにます）、本枡（ほんます）と呼ばれる枡は、全国共通ではなく、国ごとの慣習によって異なっていた。同じように、荘園でもそれぞれに独自の枡が通用していたと考えられる。このように、実際の大きさが異なるのでは、一国平均役のような全国的租税徴収にはふさわしくない。後三条天皇は、御所で砂や米を入れて試したうえで、宣旨によって国家公定枡を定めたといわれており、それが延久の宣旨枡とされている。荘園整理令、記録所設置、一国平均役、宣旨枡というのは整合性のある政策なのである。京都を中心とする中世国家の出発点を、ここに求めるべきであろう。

内廷経済の充実

また、一国平均役のような臨時課税だけではなく、恒常的な朝廷の財政確保も行われた。とはいえ、律令制的な国家財政制度の再建ではなく、橋本義彦の研究によると新しいかたちで内廷経済の充実がはかられたのである。

大炊寮(おおいりょう)といえば、宮内省の下にあって、諸国から稲穀や雑穀を納入させ、天皇や諸役所に炊飯を提供する役所である。大炊寮の所管する供御田(くごでん)が御稲田(みいねた)だが、宮内省(大炊寮)―国司(郡司)―省営田(しょうえいでん)という律令制の徴収ルートは、この時代には維持が困難となっていた。後三条は天皇への炊飯を恒常的に確保するため、山城(やましろ)・摂津・河内の畿内三ヵ国に料田を設置したという。またのちの記録に見える河内の石川御稲田供御人も、後三条の時代にさかのぼると推定されている。こうして、大炊寮の下で供御人・御稲田という徴収ルートが発足したらしい(橋本義彦 一九七六)。

内蔵寮(くらりょう)も、中務省の下にあって、天皇の財宝の保管、天皇所用の物品調達・保管などを行う令制官司であった。内廷経済の最大機構はこの内蔵寮であり、『中右記(ちゅうゆうき)』によると、そのトップの内蔵頭(くらのかみ)には蔵人頭(くろうどのとう)や弁官・近衛中将(このえちゅうじょう)をへた天皇側近の上流貴族が任じられるのが慣例であった。しかし「近代御服美麗にして、寮納不足」となり、但馬守(たじまのかみ)藤原顕綱(あきつな)が内蔵頭に任じられてから、八人あいついで受領が任命されたという。

藤原顕綱の母は弁乳母(べんのめのと)と呼ばれ、後三条天皇の母陽明門院の乳母をつとめた。そうしたことから、顕綱は後三条天皇に近い人物であった。また、八人目の受領、内蔵頭、播磨守藤原師信が補任されたのが永保元年（一〇八一）であることから、この方式が定着したのは後三条・白河親政期であるとされる（橋本義彦 一九八六）。受領に内蔵頭を兼ねさせ、その財力をもって内蔵寮経済の不足を補わせることになったわけであり、この方式が院政期に継承された。このほか有名な「後三条院勅旨田」の設定なども、この内廷経済充実の一環であると考えられている。

四　白河院政の成立

1　後三条親政から白河親政へ

後三条天皇の譲位

後三条天皇には、閑院流藤原氏出身の権中納言公成の女茂子とのあいだに、貞仁親王（白河天皇）という皇子がいた。茂子は東宮時代の後三条を支えた摂関家庶流の能信の養女として、東宮妃になった女性である。茂子は貞仁以外に四人の内親王をもうけたが、康平五年（一〇六二）夫の即位を見ぬままに世を去り、貞仁は父の即位の翌年に東宮となった。

延久三年（一〇七一）二月に後三条と源基子とのあいだに実仁親王が生まれる。この時、貞仁はすでに十九歳であったから、親子ほどの年齢差の異母弟誕生である。基子の父は小一条院の子参議源基平であり、基子は後三条の皇女聡子内親王に仕えていたことから、天皇の寵愛をうけたと考えられる。

こうした場合、後から生まれた子への愛情が深くなり、そちらを後継者にしたいという思いが高まる傾向がある。後三条の場合も同様のケースで、将来実仁への皇位継承を実現したいと考えたらしい。

図28　後三条天皇陵

意欲的な親政を進めてきた後三条は、延久四年十二月、在位わずか四年九ヵ月にして、貞仁に譲位する。三十九歳の壮年天皇が譲位した理由として、実仁の立太子を早め、その即位に道を開くことが第一の目的であったと考えられる。

陽明門院の力

ただし、『扶桑略記』に引用された延久五年（一〇七三）四月の祭文には「去年乃冬乃比與利心身違例」とあり、譲位した前後にあたる前年の冬の体調がすぐれなかった。ただし、譲位後の二月には母陽明門院、娘の聡子内親王、関白教通とともに、住吉社に御幸し、その途次四天王寺や石清水八幡宮にも寄っているから、けっして重態であったわけではない。病が重くなったのは、三月半ばごろからで、その後病状が進み出家したのが四月、亡くなったのが五月のことである。

その間、延久五年正月に基子は実仁に引き続いて第三皇子輔仁を生んでいた。後三条が亡くなったとき、白河天皇の下に三歳と一歳の異母弟の皇子が遺されたのである。この二人の皇子の母基子の父参議基平は康平七年（一〇六四）に亡くなっていたし、その子も公卿の地位にさえなく、外戚として二人を庇護する力はなかった。後三条上皇が亡くなったとき、最大の庇護者は後三条の母陽明門院であったと考えられる。基子は陽明門院の異母兄にあたる小一条院敦明親王の孫にあたる。後三条の父後朱雀は一条皇子であるから一条皇統の継承者であるが、母の陽明門院は三条皇女であり、三条皇統をも継承しており、その意味でもより陽明門院の実仁贔屓が想定される。事実上、陽明門院が国母（母后）として君臨している白河親政期において、その意向は大きな影響力を持ち続けたのである。

白河親政

村上源氏顕房の女である賢子は、延久三年（一〇七二）三月に藤原頼通の嫡子師実の養女として、東宮時代の貞仁のもとに入った。白河天皇の即位後は女御であったが、延久六年六月に中宮となる。そして第一子の敦文親王が生まれたのが、この年の十二月のことである。そもそも、賢子の立場の背景には、同母兄弟の頼通と教通との対立がある。後三条即位直前に、関白は頼通から教通に移っていたが、教通にはそのときすでに四十七歳の大納言信長という子がおり、頼通にはそれよりも二十歳も年少の右大臣師実という嫡子がいた。頼通はわが子師実への関白譲渡を主張するが、国母（母后）上東門院彰子の調停によって教通がその地位についていた。次期摂関をめぐって、両者は争っていたのである。

師実は東宮傅に就任して、皇太子貞仁親王を支える立場にあった。そうした状況で東宮妃に師実養女である賢子が入るのである。これらは関白が教通となってしまっているので、次期摂関をめぐる頼通側の巻きかえしであった。後三条が亡くなったとき、師実は左大臣で皇太弟実仁の東宮傅、信長は内大臣であった。

母后は外祖父・父院不在の場合には、とくに皇位や摂関の継承などに強い影響力をもった（服藤早

苗　二〇一九）。既述してきたように、朱雀から村上への譲位や憲平（冷泉）立太子を決定した穏子、遺言で兼通と兼家の関白をめぐる構想に決着をつけた安子、伊周を抑えて道長を内覧にした詮子、さらに、この教通の関白就任を実現した彰子などの例による。

すでに後三条在位中、頼通は天皇にわが子師実の関白就任を求めていたが、却下されたという。そして、延久六年二月に頼通、十月には彰子、さらに翌承保二年（一〇七五）九月に教通とあいついでこの世を去る。こうして、後任関白の決定を摂関家が独自に行うことができなくなり、中宮賢子を通じて、白河天皇の決断が求められたのである（元木泰雄　一九九六）。

図29　白河上皇と大江匡房　『春日権現験記絵』模本，東京国立博物館所蔵，出典：ColBase（https://colbase.nich.go.jp）

白河天皇の譲位

摂関の人事権を掌握した白河天皇であったが、自らの後継者については難航する。まず、延久六年（一〇七四）に生まれた敦文が、疱瘡のため承保四年（一〇七七）四歳で夭折してしまう。賢子はすでに承保三年媞子（郁芳門院）、承暦二年（一〇七八）令子を生み、翌三年に第二皇子善仁をもうけた。しかし、この最愛の賢子を応徳元年（一〇八四）失うのである。

応徳二年十一月、皇太弟実仁が疱瘡で急死する。白河の皇子善仁はこのとき七歳だが、実仁の同母弟には貴族たちに信望のある十三歳の輔仁親王がいた。父後三条の遺志は輔仁にあったらしく、いまだ健在の陽明門院も同じ意向であったと推定される。そのため、約一年間実仁に代わる東宮は立てられなかった。そして応徳三年十一月、八歳になっていた善仁に皇太子の宣下が行われ、即日白河の譲位と新帝受禅がなされた。この早業によって、輔仁の即位が阻止されたのである。ここに白河天皇は、父院の遺志と事実上の母后（国母）の意向を排して、自らの意志で後継天皇を決定した。

2　藤原師通政権の盛衰

白河上皇と師実

普通、院政成立、あるいは白河院政成立は、白河が上皇になった応徳三年（一〇八六）とされている。しかし、このときから後世のような専制的院政が成立したわけではない。上皇による執政が確立したわけでもない。五章で詳しく述べるように、白河上皇は譲位の前年から、平安京の南郊に鳥羽殿（離宮）を建設している。堀河天皇への皇位継承を達成するのを機に、政治から離れて鳥羽殿での悠々自適の隠退生活をおくろうとした形跡すらある。

幼帝堀河の摂政には、関白師実が引き続いて就任した。教通の死後、白河の決断で関白となった師実は、すでに十年余りその地位にあり、白河にとっては信頼に値する人物であった。しかも亡き賢子の養父だから、幼帝の外祖父ということになる。もしも輔仁が即位すれば、白河は父院ではなくなるし、師実も外戚の地位からはずれるから、共通の敵となる。白河と師実はその点で利害が一致していたのである。父後三条のときのような、摂関家との対立関係は影をひそめ、両者協調しての執政となる。

師通政権の樹立

しかし、寛治八年（一〇九四）、師実は関白を子の師通に譲る。この年三十三歳の師通は永保三年（一〇八三）に内大臣になってから、すでに十年以上その地位にあり、十分な行政経験もあった。そして、堀河天皇も十六歳となって、自ら政治的決定を行える年齢に達しつつあった。この年の正月、後三条天皇の母陽明門院は八十二歳で世を去っていた。輔仁を庇護する人々の力も衰えていた。

『今鏡』によると、師通は「おりゐの帝の門に車立つ様やはある」と述べ、白河上皇に臣下としての礼をとらなくなったという。『愚管抄』も「世ノマツリコト、太上天皇ニモ大殿ニモ、イトモモウサデセラルル事モマジリタリケルニヤトゾ申スメル」とあり、上皇のみならず父の大殿師実にも相談せず、政治を行ったと伝えている。上皇の乳母子でもっとも有力な近臣の一人藤原顕季宅を、身分不相応だとして破却したという話も伝わっている（『吉部秘訓抄』）。

こうした状況は、このような後世の史料のみならず、同時代の貴族の日記でもうかがえる。嘉保二年（一〇九五）十月の延暦寺強訴の際、師通は殿下直盧において公卿会議を召集したが、白河上皇とは連絡をとったものの、最終的に父師実の意見を聞くことはなかった。そして、自分に近い武士源義綱の流罪を求める強訴には断固屈せず、鴨川河原に動員した武士に強訴への攻撃を命じた。そのため山僧神人に矢が当たって、負傷者が出たのである（『中右記』）。共通の敵であった輔仁勢力が弱体化し、白河上皇と摂関家との提携関係が弱まってくると、十七歳となった天皇と組んで、関白師通の政治主導力が高まってきたのである。

師通の挫折

こうした状況のもと、七章で詳しく述べるように、嘉保三年（一〇九六）五月から七月にかけて、田楽の爆発的流行があった。京都の住民から貴族の家臣たちが、連日鼓笛、歌舞をもって、都大路を埋めつくしたのである。この年の十二月に年号が永長に改まったため、この騒ぎは永長の大田楽と呼ばれている。

この大田楽に白河上皇やその女郁芳門院、堀河天皇も肯定的であり、むしろ楽しんでいた。ところが不思議なことに、この大田楽について、師通は日記『後二条師通記』にまったく記事を残していない。祇園御霊会直後の比叡山での千僧御読経について「世間静かならざるにより、祈禱せしむるなり」と記すのみである。師通は田楽を故意に無視していたと考えざるをえないが、そのことは師通の執政にこの事件が痛手であったことを示すと考えられている（戸田芳実 一九七九、一九九一）。田楽のような過差は、貴族社会の秩序に混乱をもたらすものであり、政権担当者への挑戦に映ったのかもしれない。

しかも、七月になって、郁芳門院がにわかに発熱し、八月六条院御所で二十一歳の若さで逝った。その哀しみは白河上皇にとって、筆舌に尽くしがたいものであり、上皇はその直後に出家して法皇となった。大江匡房は『洛中田楽記』で「田楽御覧の車より、転じて御葬送の事を見る。ここに知る、妖異の萌すところ人力及ばず、賢人君主、誰か俗事を免れんや」と述べる。大田楽が朝廷の支配を脅かす「妖異」の前兆であったというのであろうか。

これ以降、貴族社会では、大田楽は不吉の色を帯びることになる。承徳三年（一〇九九）六月二十八日、三十八歳の壮年関白師通が急死する。三年前の叡山強訴で神輿や神人を攻撃した罰が当たったのだと、延暦寺は喧伝することになる。摂関政治の復活をねらっていたかもしれない師通の政権は、あっけなく終末をむかえた。

3 寺社強訴と院政

摂関期にくらべて、院政期は格段に大寺社の騒乱や強訴が多く発生した時期であり、そのことが院政の成立と関係がある。さきに、後三条親政のところでとりあげた『愚管抄』に見える興福寺の強訴においても、主導権をにぎろうとする天皇に対して、摂関家が氏寺興福寺の擁護にまわっている。従来は必ずしも、摂関家はそのような立場に立たず、国政主導者として対応していたのである。興福寺の抑圧に出た後三条に対して、摂関家が対抗する状況が生まれていた。

延暦寺強訴・騒乱の頻発

次の白河親政期は、さらに寺社強訴が本格化していった時期である。承暦三年（一〇七九）六月、千余人の延暦寺衆徒が祇園社別当職を山門関係者に譲らせようとして、強訴を敢行した。朝廷が強訴の防御のために、鴨川堤下に派遣した者に、検非違使などの官職を有する武士以外に摂津源氏の前下総守頼綱、河内源氏の甲斐守仲宗が加えられていることに、元木泰雄が注目している（元木泰雄 一九八四）。強訴防衛のため、検非違使などの官職を越えて、武士を広範に動員する体制が構築されつつあった。もちろん摂関期にもそのような事例はあったが、大寺社の騒乱や強訴が頻発する院政期には、このような事態が頻発することになった。

図30　延暦寺根本中堂

永保元年（一〇八一）、以前からしばしば対立や抗争を繰り返していた延暦寺と園城寺の大規模な合戦が起こった。今回の特徴は、四月の日吉恒例祭が園城寺によって妨げられ、六月の再度の挙行も妨げられて、朝廷の供物も略奪された。日吉社は後三条天皇が延久三年（一〇七一）に初めて行幸し、日吉恒例祭が官祭として官幣を捧げられるようになっており、園城寺側がそうした動きに反発した結果、事態が深刻化したようである。

六月に延暦寺が園城寺を焼き討ちすることになるが、内裏の中宮賢子のもとで、関白師実を中心に二度にわたって議定が行われている。さらに、園城寺焼亡の実検使派遣について、内裏の殿上間で公卿議定が開かれた。九月になると、園城寺が延暦寺に報復を企てる動きがあり、それに反

図31　僧兵たち　「天狗草紙」東京国立博物館所蔵，出典：ColBase（https://colbase.nich.go.jp）

発した延暦寺が再度園城寺の焼け残った堂舎を焼き払う。そのため、師実の内裏直廬において、公卿会議が開かれる。とりあえず何とか当面の処理をすることが翌日の陣定で決することになったはずだが、その場ではだれも発言することがなかったという。しかも、左大弁実政作成の定文に不備が多く、上卿俊房によって書き直しが命じられ、天皇への奏聞をへての決定は遅すぎて何の意味もなくなった。こうした緊急事態においては、手続きがめんどうな陣定よりも内裏の殿上間や摂関直廬での公卿議定で、実際の決定がなされるようになりつつあった（美川圭　一九九六）。

山門党派抗争

白河院政期、とくに承徳三年（一〇九九）の関白師通の急死後、摂関家の弱体化が進み、白河院による人事口入などにともなった寺社の強訴が頻発する（元木泰雄　一九九六）。長治元年（一一〇四）権少僧都貞尋と上座行算という悪僧を首領とする山門の党派抗争が起こった（戸田芳実　一九七九）。抗争は貞尋の配流を求める行算派大衆の奏上によって、六月に内裏殿上と御前での公卿議定が開かれた。貞尋の現任停止の宣旨が下ると、勢いをえた行算派は、八月に座主慶朝の堂舎を焼き払って山上から追却し、新座主補任の奏上を行う。一方の慶朝・貞尋派も、新座主補任は満山の要求ではないと奏上した。朝廷では、十月に中宮殿上、陣定と御前定が開かれ、強訴を阻止するために源義家・義綱らの武士や検非違使への山上や京中への出動と悪僧らの追捕が命じられた。

この事件の背景には、東塔南谷の円融房や坂本梶井の円徳院を率いた梶井門跡と、それに反する横川の慶朝との対立があった。康和四年（一一〇二）梶井派の座主仁覚が入滅し、山上反主流派の慶朝が座主に任命されたため、抗争が激化した。慶朝は院近臣の高階為家・為章父子とは兄弟・おじの関係で、おそらく院の強引な人事介入が引き金になったというのである。貞尋も従兄弟の増誉やおじの隆明が白河護持僧として重用されている（安原功 一九八九）。

大山寺竈門宮事件

長治二年（一一〇五）になると、九州の大山寺竈門宮事件が起こる。発端は慶朝が座主のとき、石清水八幡宮別当の法橋光清が、院宣によって天台末寺筑前国大山寺別当に任じられたことであった。ところが、慶朝が山上を追却されると、行算一派の悪僧法薬禅師が大山寺別当と称して、大宰府の府官や大山寺の反光清派をだきこみながら、実力支配に乗り出す。一方の光清は宣旨を獲得して大宰権帥藤原季仲や検非違使の武力を利用したため、双方は現地で合戦に突入し、大山寺内の竈門宮神輿に流れ矢があたり、神人が殺害されるに至る。朝廷への双方の訴訟が行われるなかで、祇園御霊会当日、京都での検非違使中原範政と祇園神人の衝突が起こり、

図32　興福寺五重塔

範政の重科(じゅうか)を求める祇園社神人、日吉社神人の強訴に至る。

十月に入ると、竈門宮事件についての大宰府府官と光清目代僧(もくだい)の問注(もんじゅう)が太政官で行われるが、それにもとづいて光清処分に反対する石清水八幡宮の訴えを陣定で審議するが結論が出ず、季仲停任と京都召還の決定が下された。しかし、その後延暦寺大衆数千人が下山して祇園神輿を奉じ、季仲・光清・範政をいずれも流罪に処することを求めた。一方、石清水も、別当光清無罪を要求する強訴を行った。朝廷は大衆が内裏の陽明門内に入らないように、検非違使と武士らで防ぎながら、最終的には三人のうち範政と光清の罪は問わず、季仲のみを常陸遠流(ひたちおんる)ということで、決着をはかったのである（戸田芳実　一九七九）。

興福寺騒乱

承徳三年（一〇九九）関白師通が急死するが、その子忠実は二十二歳の若さであった。関白就任には大臣であることが必要であったため、権大納言の忠実は父の地位を継承することができず、翌年右大臣に昇るが、しばらくは内覧、氏長者にとどまる。しかも、祖父の大殿師実も、康和三年（一一〇一）に亡くなってしまい、いっきに摂関家は弱体化する。このため、藤原氏の氏寺興福寺に白河法皇が公然と介入してくるのである。

康和二年東寺の真言密教に通じた僧である範俊が、法会講師を経ることなく、院宣によって藤原氏の「氏挙」を得て、興福寺権別当に就任したため、興福寺大衆の反発を得ることになる。範俊は白河法皇の護持僧で、数十年鳥羽殿に居住して、種々の御修法を行ってきた典型的な院近臣僧であった。康和四年泉大津の興福寺領から院下部庁官が人夫を催促し、数十人の従類を率いて濫行におよんだため、興福寺大衆がこれを阻止すべく闘乱となった。このため、法皇は師実の子である興福寺別当法印覚信の寺務を停止させ、大衆は範俊の僧房を破却する。

興福寺僧ではない範俊が寺内で一定の勢力をもちえた背景には、その弟子の範静が悪僧的な行動を行っていたためである。別当覚信を通じて摂関家と結び付いていた興福寺大衆主流派の既存秩序に対抗し、法皇と結んだ範俊・範静の新興勢力が対峙する状況になっていた。この時期に事態が悪化したのは、関白師通と大殿師実の死によって、摂関家の力が低下したことが要因であることはほぼ間違いがない（元木泰雄 一九九六）。

範俊については、白河法皇の近臣武士として、重要な役割をはたしていく平正盛（清盛祖父）との関係が注目される。康和三年ごろ、範俊と正盛は大和国所在の所領をめぐって、東大寺との相論を闘っていた。天永三年（一一一二）の範俊の死後、西吉助荘の相当部分が正盛の子の範延に譲られ、東吉助荘も正盛の子忠盛が伝領している（髙橋昌明 一九八四）。また、範俊から範延への所領譲与は、師資相承をもって維持・継承される寺院内小派閥である院家の形成に関わっていた（上川通夫 二〇〇七）。

4　院政確立

法皇と天皇の対立

康和二年（一一〇〇）に右大臣となっていた忠実は、長治二年（一一〇五）十二月、二十八歳にしてようやく関白に任じられた。それまでの内覧の地位でも、関白と同様の政務に関わることができたが、道長とは異なり天皇の外戚ではなかったため、その政治的発言力は大きく低下していた。この関白就任には、忠実よりも一歳年少の堀河天皇が、成長とともに政治的な発言力を増してきたことが影響したものと思われる。

すでに承徳元年（一〇九七）十九歳になった天皇は、自らの意志で『中右記』の著者の藤原宗忠（ふじわらのむねただ）に内蔵頭（くらのかみ）就任を要請し「只親昵（しんじつ）人となり、全く隔つるところなく召仕せんと欲す」と述べて、宗忠を感激させている。すでに述べたように、天皇側近の内蔵頭には、経済を優先するため藤原顕綱（ふじわらのあきつな）以来八人の受領が就任していたが、今回は故実（こじつ）に通じた宗忠を任じるという違例の人事であったという。

しかし、そのことが父白河法皇との軋轢を生じさせることもあった。康和四年七月、伊勢大神宮（いせだいじんぐう）放火による廃朝（はいちょう）で、相撲御覧の儀を停止する旨、陣定で大勢の意見に従って決めたのだが、それに法皇は反対であった。また、長治元年石清水八幡宮寺（いわしみずはちまんぐうじ）大衆の強訴に屈して、法皇は院御所に内大臣源雅実（みなもとのまさざね）と民部卿源俊明（みなもとのとしあき）を召して、権上座（ごんのじょうざ）高信の石清水修理別当就任をとりやめた。これには大衆を扇動した石清水別当光清が、白河法皇の近臣であるという背景があったので、天皇はこの措置に不快であったという。このような状況を宗忠は「恨みらくは時世末に及び、天下頗る乱る。但し、是偏に一人の咎に非ざるか。法皇已に在り。世間の事両方に相分かるるの故なり」と述べている（『中右記』）。天皇側近の宗忠は、天皇を弁護しつつ、法皇と天皇との対立があったことを認めているのである。

鳥羽天皇即位と摂政人事

堀河天皇は嘉承二年（一一〇七）七月に二十九歳の若さで亡くなる。このとき、堀河の皇子で白河法皇の孫にあたる宗仁はわずか五歳であった。母苡子はすでにこの世になく、三十五歳の輔仁親王が左大臣源俊房などの有力な支持者を背景に、皇位候補として再浮上してきた。輔仁即位を阻止すべく、白河法皇は自らの重祚の意思も示していたが、愛娘郁芳門院死去の際に出家していたため、それを断念し、孫の宗仁即位を強行する。鳥羽天皇である。

図33　天皇家と藤原氏（番号は即位順）

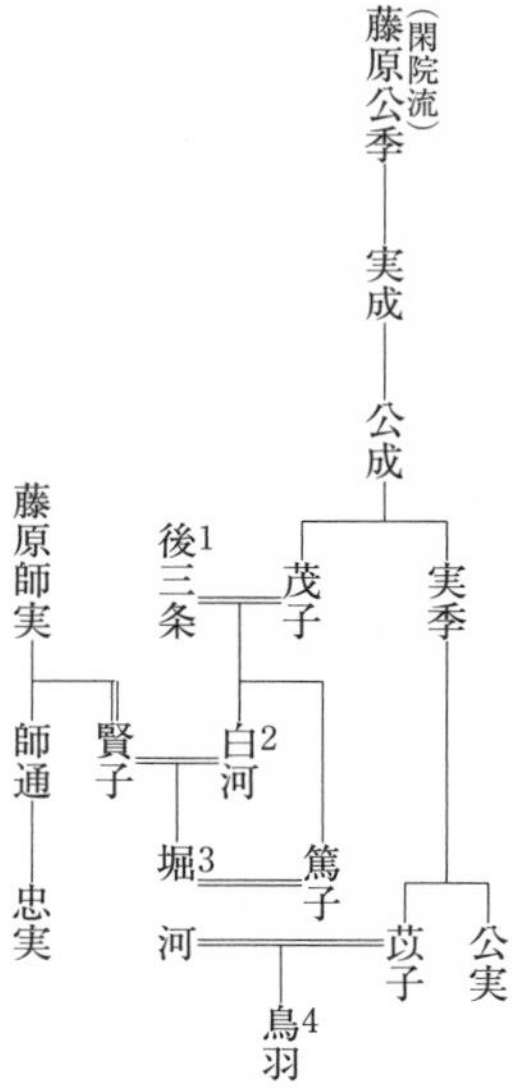

（閑院流）藤原公季―実成―公成
- 公成の子：実季、茂子
- 実季の子：公実、苡子、篤子
- 後三条1＝茂子 → 白河2
- 白河2＝賢子 → 堀河3
- 堀河3＝篤子
- 堀河＝苡子 → 鳥羽4
- 藤原師実の子：賢子、師通
- 師通―忠実

幼帝即位によって、摂政の任命が必要となるが、それをめぐって大問題が起こる。新天皇の伯父にあたる閑院流藤原氏の権大納言公実が、摂政就任を法皇にせまったのである。法皇の母茂子も閑院流で、公実の叔母（あるいは伯母）にあたる。院政期になって、閑院流が新たな外戚家として台頭しつつあった。法皇はここでかなり迷ったらしいが、権大納言源俊明が院御所に

図34　鳥羽院　『天子摂関御影』宮内庁三の丸尚蔵館所蔵

参上し、逡巡する法皇に決定をせまったため、忠実を摂政にすることに決したのである。

この事件は、摂関の人事権が院によって掌握されたこと、あるいは摂関の地位が外戚と分離され、父子に継承されたことを意味し、重視されてきた。元木泰雄はそれとともに、摂関の決定に院の側近である源俊明が大きな関与をしたことに注意を喚起している。すなわち、摂関政治では皇位や摂関という政治中枢の人事は、ミウチ中枢の天皇・父院・母后・外戚らの折衝によって決定されていたのに対し、摂関の人事に院の側近公卿が介在し、院に大きな影響を与えた点に大きな違いがある。源俊明は白河法皇とも堀河・鳥羽天皇ともミウチ関係がないのであって、ここに摂関政治の政治構造が過去のものとなっていることははっきり示されている（元木泰雄　一九九六）。

一般的な人事はどうであろうか。朝廷の人事は叙位・除目であるが、天皇が幼少のときは内裏の摂政直廬、天皇が成人するとその御前で決定されることになっているが、院政期になってもその原則は変わらない。しかし、嘉承三年正月の摂政忠実が主催する除目では、法皇が強く介入したようで、近習の多くを生産力の高い熟国の受領に任命させるなど、恣意的な人事権を行使した。法皇によってかろうじて摂政の地位についた忠実は、裏からの法皇の指示に逆らう術がなかった。人事でこのような

図 35　延暦寺講堂前に集まった覆面姿の衆徒　『法然上人絵伝』知恩院所蔵

状況であるから、日常政務では忠実はその決定に際して、一々法皇にお伺いをたてなければならなくなった。

山法師と専制君主

この年の三月、延暦寺と園城寺がにわかに協力して、強訴を企てているという情報が入り、京都は騒然となった。そのためまず、二十一日内裏の殿下直廬で公卿議定が行われた。二十二日には院近臣で蔵人弁（くろうどのべん）藤原顕隆（あきたか）の催しによって、公卿たちが京中の院御所である六条院に召された。しかし、法皇は鳥羽殿での法会のため、この日は六条院に来ることができなかったので、公卿たちは急きょ前日と同じ殿下直廬での議定に臨んだ。

二十三日になって、法皇が六条院に入ると、その殿上で公卿議定が開かれた。しかし、その後は法皇の命令で、二十五日殿下直廬定が開かれる。そして延暦寺六箇条奏状（そうじょう）を審議するため、二十七日院御所殿上での議定が召集された。このように、場所は京中の院御所殿上、内裏の殿下直廬と一定しなかったが、いずれも法皇の命令で決められた。

ここでの問題の発端は、長治元年（一一〇四）に開始された白河地区の尊勝寺の小灌頂阿闍梨についてであった。この役職には東寺、延暦寺、園城寺の順にそれぞれの寺僧が二年ごとに任命され、これに任じられると三会講師に準じて、権律師になれたのである。この年は園城寺僧が任命される約束であったが、突如法皇の命令で東寺僧が任じられた。理由は、天台宗の寺院には昇進の道がいろいろあるが、東寺にはそれがないからということだが、法皇に従順な東寺優遇策であることは明白であった。これに反発した園城寺が、利害が一致する延暦寺を誘ったのである。

延暦寺の奏状は、院御所議定で却下された。これに憤った延暦寺僧徒と日吉社神人が数千人集まり、強訴のために入京しようとしていた。これを阻止すべく「検非違使、并に源氏、平氏、天下弓兵之士、武勇之輩数万人」（『中右記』）が法成寺の東河原に陣を布いた。法皇による大規模な軍事動員で、事態は一気に緊張の度を増した。

こうした中、三月末に院御所で徹夜の議定が続けられ、法皇はついに譲歩し、延暦寺の訴えが認められた。法皇の僧侶昇進ルールへの介入が、鳥羽即位後最初の大規模な強訴をひきおこし、防御のための大がかりな軍事動員が行われ、法皇の京中御所での事態収拾がはかられたのである。

京都での大寺社による軍事的緊張が高まるほど、法皇の主導権が表面化してくる。近仕する武士たちを擁した法皇は、京都において大寺社に対決する軍事的指導者の様相も呈するようになり、その対応の中心は法皇が主宰する院御所議定となる。こうした状況に、藤原宗忠は「今太上天皇の威儀を思ふに、已に人主に同じ。就中、我が上皇已に専政主也」（『中右記』）と記した。まさに法皇が、すでに

「国王」たる天皇に等しく、あるいはそれ以上の専制君主の域に達しているというのである（美川圭一九九六）。しかし、法皇は最終的に延暦寺の強訴に屈服して、その要求を呑んで妥協することが多かった。『源平盛衰記』に記された白河法皇の「三不如意」つまり意のままにならないことの一つが、まさに「山法師」という延暦寺強訴であったといわれていることは、この専制君主の意外な脆さをも示していた。

5　院政を支える軍事貴族たち

河内源氏と大和源氏

後三条親政が始まる前の永承六年（一〇五一）から康平五年（一〇六二）、奥州で前九年合戦があった。清原武則は、鎮守府将軍で陸奥守の源頼義とその子義家の援助をうけ、陸奥大豪族安倍氏を滅ぼすことに成功した。さらに地方豪族としては違例の鎮守府将軍に任じられるとともに、安倍氏に代わって陸奥・出羽両国に絶大な勢力を誇るようになった。

河内源氏の頼義は追討官符を受けて、諸国から公的に兵士を動員した。しかし、奥州において独自の勢力基盤を形成するには至らなかった。合戦終結後、伊予守となったが、任国には赴かず在京したらしい。京都では合戦で功績をあげた武士たちの恩賞獲得に奔走したが、それが原因で朝廷の不興を買ったという。さらに伊予の官物を二年ほど滞納し、私財で補てんしたという。出羽守になった義家も、康平七年越中守への転任を希望している。出羽が清原氏の本拠地で、国内支配が思うにまかせなかったためらしい（野口実 二〇一二）。

一方、大和源氏の頼俊が、治暦三年（一〇六七）陸奥守となり、その年伊予守を解かれた頼義は無官となった。後三条天皇が即位すると、陸奥守頼俊のもとに、清原貞衡が奥六郡・山北三郡や海道諸郡から軍兵を集め、「衣曽別嶋」（北海道）や「閉伊七村」（岩手県沿岸中部）の「荒夷」を討つ軍事行動を起こした。貞衡はもともと繁盛流平氏で、清原氏の婿になったらしい（樋口知志 二〇一一）。

ところが、陸奥の在庁官人藤原基通が、国守不在をねらって、国衙を襲撃し印鎰を奪う。頼俊は急遽遠征先から引き揚げようとするが、間に合わず隣国の下野守であった義家が基通の身柄を拘束して上洛する。基通は義家の息がかかった在庁であったらしく、この謀略の成功で、河内源氏は、奥州での軍事貴族の立場を大和源氏に独占されることを避けられた。

河内源氏と摂津源氏

義家は永保元年（一〇八一）九月、検非違使とともに園城寺の悪僧追捕にあたり（『扶桑略記』）、十月には弟義綱とともに、悪僧の襲撃に備えるべく白河天皇の石清水行幸に近仕している。十二月にも、春日行幸で百人ほどの郎等を率いて天皇を警護し、「近日の例」といわれている（『水左記』）。また悪僧ばかりでなく、輔仁勢力からの警護のためにも、義綱とともに白河天皇に供奉していたのである（『愚管抄』）。このように義家は白河上皇に在位中から仕えている。義家だけでなく、弟義綱や仲宗などの河内源氏、頼綱などの摂津源氏も、院のみならず摂関家、貴族など、複数の主君に仕えている。それが当時の軍事貴族なのである。

そうした京都での奉仕のための軍事基盤は、遠い東国よりも、畿内近国が有利であった。しかし、そのことがさらに軍事貴族間の紛争の原因になった。すでに、摂津源氏傍流の国房は美濃に本拠を有し、康平七年（一〇六四）河内源氏の頼義と合戦に至っている（『水左記』）。それ以降、美濃における支配権をめぐって、国房は義家とも対立し、河内源氏との世代を超えた確執を繰り返す。そのなかで、国房以後の美濃源氏は摂関家には敵対的な立場をとり、院に深く関わって、その爪牙とならんとしていく。一方、摂津源氏主流の頼綱は院への接近もはかりながらも、師実家の政所別当の地位につき、摂関家家産機構の中枢に組み込まれた存在となった。このように、特定の権門との強い結合という前代とは異なった動きは、摂津源氏において先行したことは注目される（元木泰雄　一九八四）。

義家冷遇とその要因

永保三年（一〇八三）からの後三年合戦は、陸奥守となっていた義家が、清原氏の真衡、家衡、清衡という父や母を異にする兄弟間の紛争に介入して、真衡に加担したことによって開始された。『奥州後三年記』によると、清原氏は朝廷や国司に忠実で、国家に叛旗を翻そうとする気は無かったのである。

その後真衡が病死すると、家衡と清衡という異父兄弟の争いとなり、義家が清衡に加担し、家衡に叔父の武衡が加わった。寛治元年（一〇八七）になって、朝廷は義家に合戦の停止を命ずるが、義家の弟義光が朝廷の許可をえずに京都を離れて、義家に加勢する。こ

図36　源義家　『後三年合戦絵巻』
東京国立博物館所蔵，出典：ColBase（https://colbase.nich.go.jp）

うして、家衡と武衡が滅ぼされたのである。義家は朝廷に追討の官符を申請し、恩賞を要求するが、朝廷は義家の行動を私戦とみなし、それを認めなかったばかりか、陸奥守を解任してしまう。

かつて、義家の冷遇の原因を、朝廷の院や貴族たちが、多くの東国武士を従えた武家の棟梁としての強大な武力を恐れたためであるといわれていた。そのような理解をもとに、院政とは封建領主階級の成長に対抗する、古代天皇制の専制化であるという有名な石母田正の学説も生まれた。しかし冷遇は、そもそも朝廷の停戦命令に背いたこと、陸奥守時代の朝廷への砂金など貢納未進が原因だという。しかも、義家が率いたのは陸奥の在庁官人らであり、広く東国武士を率いたのでもない（元木泰雄 二〇一一）。

義家・義綱兄弟の抗争

河内源氏においても、寛治五年（一〇九一）河内で義家と義綱の郎従間の所領争いがおき、それをきっかけに双方が京都に兵を集めて一触即発の事態となった。けっきょく、朝廷から「国司随兵」（『後二条師通記』）入京禁止の官符が出て、合戦は未遂に終わった。この「国司随兵」とは、河内や美濃で義家の郎従といっても、同盟関係に近い立場の軍事貴族で、他の受領の任用国司や郎従として地方に下向した人々である。ゆえに彼らは東国武士を中心とする義家の配下ではなかった。義家は東国を中心とする広範な地方武士を組織する武家の棟梁ではなく、畿内近国に本領を有し在京する軍事貴族たちの第一人者、盟主なのであった（元木泰雄 一九九四）。

軍事貴族同士の合戦は奥州や東国でのことであって、京都では前例のないことであった。朝廷がもっとも問題視したのは、義家の強大な勢力ではなく、清浄の地であるべき京都が血で汚されることであった。所領争いが京都での事件に発展した大きな原因は、後三年合戦以降、低迷を続ける義家と、京都での立場を強める義綱との河内源氏嫡流をめぐる争いである。そして、この事件以後、軍事貴族の盟主の地位は、義家から弟義綱の手に渡り、義綱は政権を主導する関白師通に臣従することになる。

義家が前陸奥守のままであったのに対し、寛治七年義綱が陸奥守に就任すると、翌年出羽守の館を襲撃した平師妙（もろたえ）・師季（もろすえ）父子の追討を命じられ、郎等を派遣したところたちまち追捕を果たした。三月、

図37　清和源氏

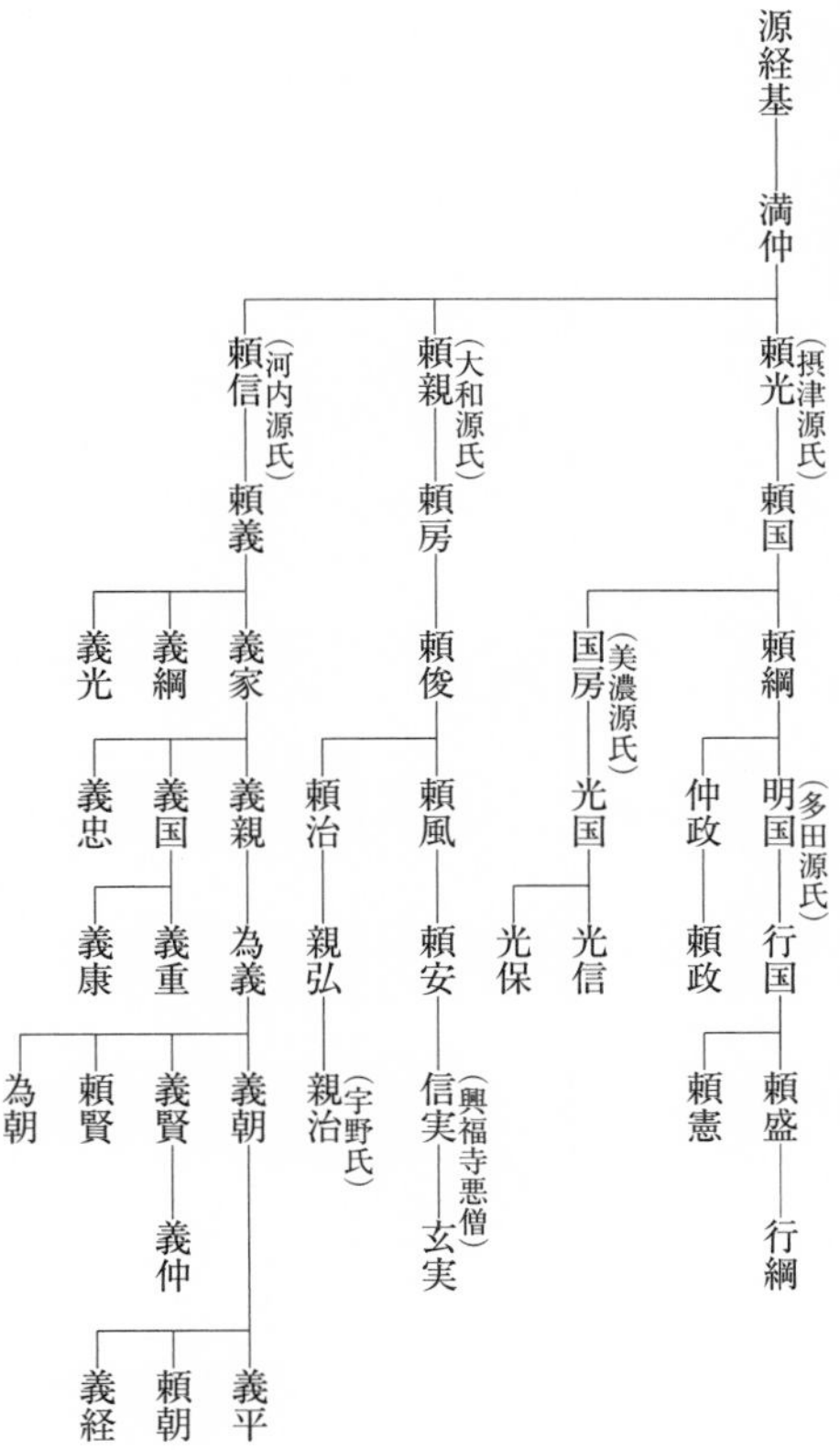

源経基—満仲
- 頼光（摂津源氏）—頼国
  - 頼綱
    - 明国（多田源氏）—行国
      - 頼盛—行綱
      - 頼憲
    - 仲政—頼政
  - 国房（美濃源氏）—光国
    - 光信
    - 光保
- 頼親（大和源氏）—頼房—頼俊
  - 頼風—頼安—信実（興福寺悪僧）—玄実
  - 頼治—親弘—親治（宇野氏）
- 頼信（河内源氏）—頼義
  - 義家
    - 義親—為義
      - 義朝
        - 義平
        - 頼朝
        - 義経
      - 義賢—義仲
      - 頼賢
      - 為朝
    - 義国
      - 義重
      - 義康
    - 義忠
  - 義綱
  - 義光

元木泰雄編『日本の時代史7　院政の展開と内乱』吉川弘文館、二〇〇二年より

義綱が降人と賊徒の首を携えて入京すると、都人たちは熱狂のうちに出迎えたという。『中右記』には「武勇の威、自ずと四海に満つる」と記している。そののち義綱は従四位上に叙され、位階でも兄に肩を並べることになった。ちょうど師通が翌日に父から譲られた関白の地位についており、三十三歳の血気さかんな関白と義綱は強く結び付いた。さらに、翌年の嘉保二年（一〇九五）正月に祖父頼信以来久しぶりに、河内源氏にとって重要な美濃守に任じられる。

しかし、義綱にとってこの美濃守は鬼門であった。当時、延暦寺が日吉社神人と結んで、美濃で荘園拡大をはかっていた。その収公を命じられた義綱側と延暦寺の悪僧が小競り合いとなり、僧侶が死亡する事態となった。そのため、十月延暦寺と日吉社は神輿を奉じて朝廷に強訴をしかけたのである。剛直な関白師通を中心に、朝廷はこの強訴の要求をはねのけ、義綱および大和源氏の頼治に強訴を撃退させた。その際に、神人と大衆に死傷者が出たため、延暦寺・日吉社側は激怒して、呪詛をするに至る。

四年後の承徳三年（一〇九九）三十八歳の師通が急死する。延暦寺・日吉社は呪詛の効果を喧伝し、朝廷は恐怖におののく。当時の武士は単なる武力だけでなく、都を悪霊から守る辟邪の役割も期待されていたから、その意味でも無能をさらけ出した義綱への打撃は大きかった。義綱は美濃守退任後、新たな地位につくことはなかった。

義親の乱逆

陸奥守時代の中央への貢納滞納などで不遇であった義家であったが、その未進も完済して承徳二年（一〇九八）院御所への昇殿を認められ、正四位下に昇叙された。もともと白河法皇に近い立場でもあり、翌年の弟義綱をとくに引級した師通の死によって、順調な復権も望めるところであった。ところが、康和三年（一一〇一）嫡男の対馬守義親が、九州の各地で人民を殺害し、官物を押し取り、大宰府の命令に従わないという大宰権帥大江匡房の告発をうけた。朝廷ではいちおう追討の官使を任命するが、実際には義家に命じて義親を穏当に召喚させようとした。ところが義家が派遣した腹心の藤原資通は、義親に与して、官使を殺害したのである。それでも、朝廷は義親の隠岐流罪と資通の禁獄でことをすませた。義親が隠岐に配流されたのは、翌康和四年のことである。

長治元年（一一〇四）義家・義綱兄弟と検非違使に対し、比叡山の東西坂下を固め、悪僧や武装して登山しようとする者、京中の悪僧などの追捕が命じられた。寛治五年（一〇九一）の京中合戦未遂以来、久しぶりの兄弟そろっての行動であった。朝廷としては、河内源氏の武力は延暦寺悪僧対応に重要な存在なのである。彼らを抑圧しようという気配は微塵もない。ところが、嘉承元年（一一〇六）六月、義家の弟義光と三男義国とが常陸国で合戦を始め、義家に義国の召喚が命じられた。義家が亡くなったのは、その直後の七月のことである。

白河法皇に近かった父の死によって、恩赦の可能性を失った義親が再び動き出す。隠岐に配流されていた義親が出雲に上陸し、嘉承二年院近臣で出雲守であった藤原家保の目代と郎従を殺害し、公事物を奪いとったのである。目代殺害は国衙襲撃と同等で、国家的な反逆とみなされる。朝廷は隣国の因幡守であった伊勢平氏の正盛を追討使に任命する（元木泰雄 二〇一一）。

図38　伊勢平氏・致頼流平氏

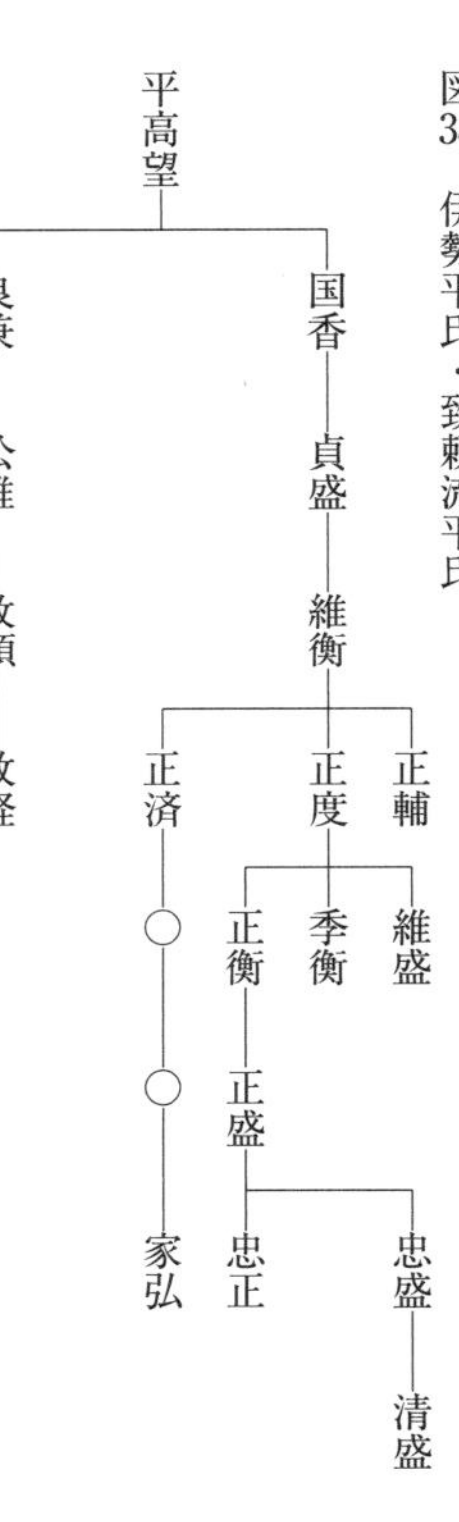

伊勢平氏の台頭

伊勢平氏は、承平・天慶の乱を勝ち抜いた貞盛の子維衡にはじまる。維衡は、摂関政治全盛期に同族の致頼流との抗争に勝利して、軍事貴族としての地位を確立したかに見えたが、その後は、義家以下の河内源氏などにくらべて、朝廷で活躍できなかった。そのため、原則的には六位の「侍品」という地位に転落してしまった（高橋昌明　一九八四）。

ところが、正盛は永長二年（一〇九七）伊賀国山田・鞆田村、柘植郷の所領を六条院御堂に寄進して、白河法皇の知己をえた。この御堂は、夭折した法皇最愛の女郁芳門院の菩提を弔うために建立されたものである。ただし、身分の低い正盛が、直接院に所領寄進を申し出ることは難しかった。藤原顕季や藤原為房などの院近臣、院寵愛の祇園女御が、郁芳門院死去を機に、荘園を立てるにあたって、正盛の所領が利用されたと考えられている（上横手雅敬　一九八五）。ともかく、こうして法皇に近づくことができた正盛は、院北面に取りたてられ、法皇の直属軍の一角に加えられたのである。

延久年間（一〇六九―七四）陸奥で起きた藤原基通の反乱を治めた下野守義家、寛治年間（一〇八七―九四）出羽の平師妙の乱での陸奥守義綱など、隣国国司の追討使起用などから、騒擾が予想される隣国に然るべき軍事貴族を国守として配置することは、当時の政策であった。追討軍は、軍事貴族自身の私兵、および国守当該国の国衙軍制を発動することになっていた。国衙軍制は、国守の私的従者や在庁官人、国衙に恒常的に組織された国内の中小武士からなる国司軍、有事の際のみ要請に応えて国司軍に合流する反独立的な地方豪族軍などによって編制された（石井進 一九六九、戸田芳実 一九七〇）。

嘉承二年（一一〇七）十二月に義親追討使に任命された正盛は、即日進発して出雲に到着すると、早くも正月なかば過ぎには、義親とその従類討滅の第一報が京都に入る。月末、鉾にさした義親の首級を先頭に、多数の郎党を率いた正盛が京都に凱旋した。それに先立つ正月の除目で、正盛は因幡守から但馬守に遷任された。かつて九州、さらに山陰道をなびかせる勢いの義親のあっけない最期は、のちに義親の首級の真偽をめぐる疑惑につながり、法皇死後に義親と称する者が京都に出没する要因となった。こうして、専制君主となった法皇の信任をうけた正盛は、京都の軍事貴族の第一人者に成り上がった。

源為義の登用

一方の河内源氏は、一時は義家の後継者であった義親がこのような仕儀となったことに加え、一族間の内紛が激しさを増した。義親討滅の翌天仁二年（一一〇九）義親の弟義忠が殺されて、その容疑をかけられた義忠の叔父義綱の子義明が討たれた。それに怒った義綱が近江に出奔すると、こんどは義親の子で十四歳の為義がこれを殺した。この功によって、為義が左衛門尉に任じられて、ようやく河内源氏の若き総帥に落ち着いた。上横手雅敬は、謀叛人義親の子が勲功をあげ、名将義家の養子としてなお失せぬ名声をうけて登場する機会が与えられることにより、

図39　源為義　白峯神宮所蔵

河内源氏は瓦解をまぬがれたとする（上横手雅敬 一九八一）。

『愚管抄』によれば、白河法皇は当時、皇位をめぐって激しく争ってきた輔仁親王一派の襲撃に備えて「光信・為義・保清三人ノケビイシ」に幼い鳥羽天皇を警備させたという。ここに記された美濃源氏の光信は『尊卑分脈』に「鳥羽院四天王其一也」と記されるように、院近臣の武力として重視されていく。このように、法皇は伊勢平氏の正盛のみならず、こうした河内源氏や美濃源氏の若い軍事貴族たちを登用し、寺社強訴や地方の反乱に対する武力を育成する体制を、構築したのである。

6　専制的院政の継承

輔仁親王の失脚

堀河天皇の死と幼帝鳥羽天皇の即位をきっかけに、院政を確立させた白河法皇であったが、目の上のたん瘤のような存在がいた。異母弟の輔仁親王である。鳥羽即位の嘉承二年（一一〇七）輔仁は三十五歳で、白河の父後三条が皇位継承を望んでいたと広く伝えられ、藤原宗忠が「才智甚だ高く、能く文章あり」（『中右記』）と記すように帝王としての資質に富み、

『源平盛衰記』によると詩歌管弦の才能も認められていた。

そもそも、応徳三年（一〇八六）白河が堀河を立太子して即日譲位した最大の要因は、輔仁即位を排するためであった。のちに鳥羽が「朕未だ生まれざる以前、故堀河院疾病せらる也。天下心を三宮（輔仁親王）に帰し、故白川院深く歎き仰せて云う。朕出家すると雖も、未だ受戒せず。又法名を名せず。若し陛下これを諱まざることならば、重祚なにごとかあらんや」（『台記』）と回顧したように、左大臣源俊房らの有力な支援者もあり、鳥羽生誕前には、病弱の堀河天皇にもしもの場合、貴族の間にも強い法皇の即位待望論があったという。

『愚管抄』によると、幼帝鳥羽が即位すると、輔仁派の襲撃をおそれて、内裏六条院の「陣ノ内」つまり一町以内という近接した場所に院御所をもうけ、そこで法皇は政治をとりしきった。また、既述のように源光信、為義、源保清という三人の検非違使を内裏に宿直させたという。さらに、白河法皇が在位中にも、源義家、義綱を行幸のときに供奉させたが、それも同じように輔仁派の襲撃をおそれたためだという。

ところが、永久元年（一一一三）になって、皇后宮に鳥羽天皇に対する極秘の重大計画なるものがあるという一通の落書があった。輔仁の護持僧であった仁寛が醍醐寺座主勝覚の童子千手丸をそそのかして、天皇暗殺を謀っているというのである。ちなみに仁寛とは輔仁派の中心人物である源俊房の子であり、勝覚はその仁寛の兄であった。法皇によって、千手丸と仁寛の配流が決定され、輔仁と俊房は自ら謹慎した。この真相は明らかではないが、輔仁と支持勢力は失脚し、白河法皇の直系による皇位継承体制が確立する。

当時、摂関家には問題があった。外戚の地位を失い、白河法皇の決断によってかろうじて摂政の地位に就任した忠実であったが、目に見える政治力の衰退は受領をはじめとする中・下級貴族や武士などの離反を招いた。そのため、儀式の遂行などがきわめて困難となったのである（橋本義彦 一九八六）。

権門摂関家の成立

そこで、忠実は荘園集積をはかる。まず、嘉承元年（一一〇六）、その前年に没した祐子内親王の「高倉一宮領」を摂関家領に編入する。ちなみに、祐子は、頼通の養女嫄子と後朱雀天皇の間の皇女である。さらに、永久二年（一一一四）に相次いで忠実の祖母京極北政所麗子、後三条皇女で堀河天皇中宮の篤子が亡くなると、その遺領である「冷泉宮領」と「堀河中宮領」を忠実が管領するようになった。また、同じころ、頼通の荘園で、その没後に分割されていたものも、すべて手中におさめている（川端新 二〇〇〇）。

頼通の時代に大宰府府官平季基が開発して寄進した島津荘は、忠実の時代に大幅に拡大し、やがて薩摩・大隅・日向三ヵ国にまたがる八千町歩の荘園に成長していった。また、九州東部に散在する宇佐八幡宮領が摂関家領になったのも、忠実の時代である。長治元年（一一〇四）四月、陸奥の藤原清衡から贈られてきた馬を、高陽院の馬場で初めて走らせ、七月にも再び清衡から馬二匹が献上されている。こうしたつながりから、清衡による奥羽の荘園寄進にも成功した。

忠実の時代に、摂関家の家政を記録する『執政所抄』が成立し、年中行事が安定して挙行される体制が構築されたことがわかる。摂関家の経済基盤も、受領家司から荘園中心に変化していた。そして、摂関期には見られなかった多くの所課を調進する政所下文（くだしぶみ）が発給されるようになった。摂関家政所の組織が拡充されて、家司のもとで実務を担当する六位程度の下家司（しもけいし）が活躍するようになった。

また、摂関家の政治力の低下による儀式の出仕者の減少や家司以下の離反に対応し、家人を強固に統制・把握する必要が生まれた。そのために、従来から存在した侍所（さむらいどころ）の機能を強化する。侍所は主に政所別当である家司を含む全家政機関職員の出仕・主従関係などを統括する機関であった。経済面と同じように、忠実は儀式などへの出仕者も、法皇に依存せずに独自に確保しようとつとめたのである。

荘園からの所課を確保する政所、家人以下との主従関係を管理する侍所という摂関家の二大家政機関が忠実の時期に確立したことは、朝廷政治を主導することが困難となった摂関家が、荘園と主従関係を基盤とする中世的な権門に脱皮していったことを意味する。その顕著な動きは天皇家に先行していたと考えられる。しかし、そうした動きが、法皇に結集した受領院司たちとの軋轢を生み、それが忠実と法皇との対立につながった（元木泰雄 一九九六、二〇〇〇）。

藤原忠実の失脚

白河法皇の母茂子、および鳥羽天皇の母苡子は、いずれも藤原氏閑院流の出身であったから、閑院流は摂関家に代わり新たな外戚家の地位を獲得した。摂政の地位を忠実とあらそった公実と、堀河・鳥羽二代の乳母光子（みつこ）とのあいだに、康和三年（一一〇一）に生まれたのが璋子（しょうし）である。しかし、公実は璋子が七歳のとき亡くなったため、法皇とその寵愛をうけた

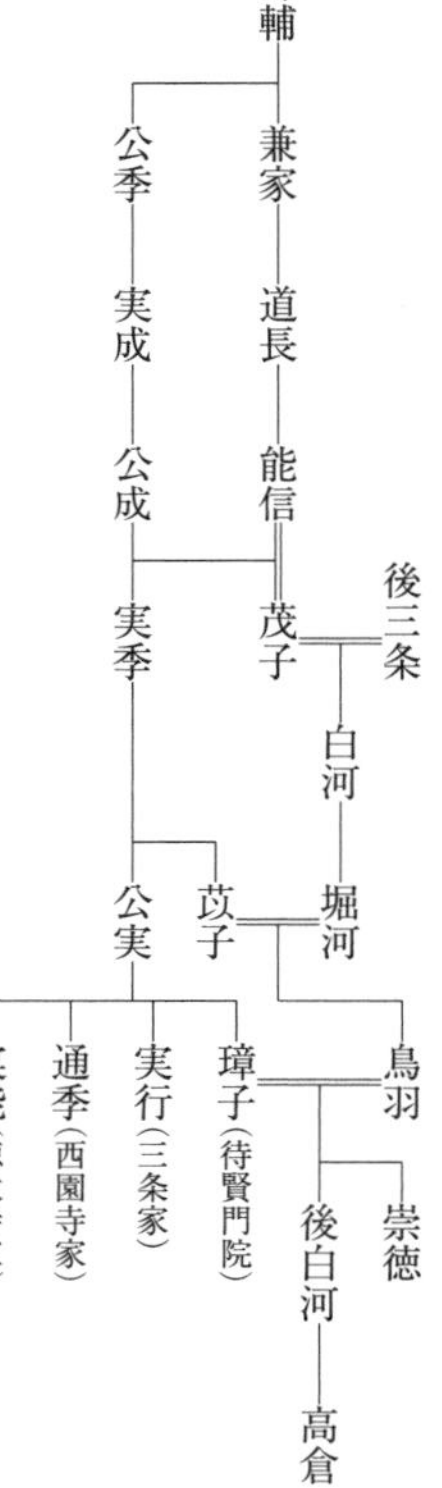

図40　閑院流

祇園女御の養女として育てられた。

永久二年（一一一四）璋子と忠実の嫡子忠通との縁談がもちあがった。この婚儀に積極的だったのは、法皇の方で、忠実は何かと理由をつけて、日次決定を引き延ばしした。法皇と璋子との密通の噂が忠実の耳に入ったためかもしれない。ほぼ同じころ、忠実の女勲子（のちに泰子と改名）を入内させる話が進んだ。前年の永久元年勲子入内を忠実は春日・石清水八幡・賀茂などの諸社に祈願していることから、当初はかなり積極的だった。実現すれば、摂関家が久々に外戚になれるのであるから、積極的にならない方が不思議なのである。ところが、この入内が忠実の心変わりで立ち消えになったという。

これらの白河法皇と忠実、そして閑院流との和解につながる婚姻計画は、けっきょくそれ以上進まなかった。それによって、法皇の忠実を見る目はかなり厳しくなっていたであろう。そして、永久五年になって突如、璋子の入内が決定する。この年の十月から十二月にかけて、忠実は璋子と備後守藤原季通らとの密通を、自らの日記『殿暦』のなかで暴露する。専制君主である法皇の寵愛する養女に対して投げかけられた「奇怪不可思議の女御か」「くだんの女御奇恠の人か」「乱行の人」といった悪口は、時の摂関の発したものとして、常軌を逸している。しかも、入内を進めたのは、法皇であることは確実であり、それらのことばは法皇への批判と受け取られても致し方ない。

璋子は入内の翌年の永久六年正月中宮になっている。そして、忠実は勲子の入内に再び乗りだしたようで、八月に伊勢神宮祭主の子大中臣親仲に、入内祈願をさせている。かつて、一条天皇の時代、すでに中宮であった兄道隆の女定子を皇后にし、自らの女彰子を中宮として、「二后並立」の例を開いた道長にならったものであろうか。あるいは、法皇からそうとられても仕方のない行動でもあろう。『愚管抄』は、法皇が熊野御幸で留守の間に、鳥羽天皇からの申し入れをうけて、忠実が勲子入内の交渉に入ったと述べるが、おそらく忠実の側からの天皇への働きかけが先行したと考えるのが自然であろう。

図41　藤原忠実　『春日権現験記絵』模本，東京国立博物館所蔵

保安元年（一一二〇）十一月、鳥羽殿から京中の三条殿に入った法皇は、左大臣源俊房に命じて、忠実の内覧を停止する宣旨を出させた。内覧は天皇に奏上される文書を内見することであり、関白としての職務の根幹をなしているから、事実上の関白辞任勧告である。これを聞いた忠実の衝撃は激しく、驚いて

駆けつけてきた藤原宗忠に「運が尽きた」と漏らしたという。忠実は閉門謹慎し、二ヵ月後の保安二年正月、いったん内覧に復帰して、嫡子忠通にそれを譲る。そして、三月忠通が正式に関白に就任する。忠通はこれ以降、鳥羽・崇徳・近衛・後白河と四代の天皇のもとで、三十八年の長きにわたって摂関をつとめることになる。

専制権力の継承

この忠実の失脚を経た後の白河法皇は、自らが手中にした専制権力を後継者に円滑に継承させることに集中した。まず、鳥羽天皇と養女璋子との間に元永二年（一一一九）に生まれた顕仁を皇位に就けることである。すでに七十の齢を越える法皇にとって、直系の曽孫への皇位継承は最重要課題であり、それによって孫の鳥羽による将来の院政も自ずと確立することになる。そこで、法皇の意向により五歳の顕仁が保安四年（一一二三）父から皇位を譲り受けるかたちで即位した。これが崇徳天皇である。このとき鳥羽はまだ二十一歳の若さであった。

佐伯智広によると、天治二年（一一二五）国政に関する案件で開催された殿下議定以降、法皇が公卿議定に関する権限の一部を、忠通に委譲したと推測されるという。この時点で、七十三歳の法皇に対し、鳥羽上皇は二十三歳、摂政忠通は二十九歳であった。鳥羽は忠実失脚のきっかけとなった女勲子入内問題で、法皇の怒りをかっており、法皇としては鳥羽よりも忠通の方が権限委譲の対象として適しているというわけである（佐伯智広 二〇一六）。

そして、法皇存命中の大治二年（一一二七）から、鳥羽上皇が奏事などの決裁に加わるようになり、院御所議定も法皇のもとではなく、鳥羽上皇のもとで開催されるのである（槇道雄 一九九三、安原功 一

九九四、下郡剛 一九九九、栗山圭子 二〇一二）。このように、白河院政から鳥羽院政への政権委譲が、法皇存命中から粛々と行われた。絶対的な権威と権限をすでに手中にした法皇にとって、最後の仕事はこの直系の孫への院政の継承だったのである。白河法皇が七十七歳でこの世を去ったのは、その二年後の大治四年七月七日のことであった。

コラム2 北面の武士

北面の武士とは、院御所の北側に面した部屋に控えていた武士のことで、康和年間（一〇九九—一一〇四）に整備されたという米谷豊之祐の説が有力である（米谷豊之祐 一九九三）。関白師通が急死して白河法皇の政治力が増してきた時期、院武者所とは別に、院の私的武力の拠点として整備されたと考えるのが、まずは妥当だろう。

法皇が亡くなったときの『中右記』大治四年（一一二九）七月十五年条に「此外、北面に候ずる者、信乃守盛重、相模守以下五位六位等、有官無官の輩、合わせて八十余人」とあるのが、もっとも有名である。ただし「北面に候ずる者」がすべて武士だったわけではない。

北面は「上北面」と「下北面」という二つの上下の組織に分かれていた。「上北面」は諸大夫という、摂関や大臣家に仕え、四位から五位の位階を有するものであった。勧修寺流藤原氏で院近臣であった為房の子重隆は、北面衆であったことが確認される。信西入道が一時養子になった高階経敏も、北面衆であった。これらは、いずれも諸大夫の家柄であり、「上北面」に属していた。これらは、北面の武士ではない。

北面の武士のほとんどが「下北面」であり、京都の貴族社会では最低の侍身分に位置づけられていた。法皇から重んじられた平正盛も、祖父や父が諸大夫の身分ではなかったため、生涯「下北面」のままであったらしい。だが、正盛のような「兵の家」出身とは思えない六位以下の官人子弟なども多かったらしい。

出自不明の平宗実は、下北面となることで、右兵衛尉、検非違使と昇進し、法皇の追捕命令を受けている。法皇に近い女房衆と同様に、伝奏、取次もつとめている。北面が美麗なる寵童をかこっておく場であったようで、制度になじまない多様な人々と院との結びつきをはたすこともあったようである。

五　都市京都の変貌と権門都市の成立

1　平安京の変質

前期平安京　平安京とは、延暦十三年（七九四）長岡京から遷都された、律令制最後の都城である。

その立地は京都盆地の中央、鴨川と桂川に挟まれた地域で、東西約四・五キロ、南北約五・二キロの長方形の京域をもっている。南端中央の羅城門から幅約七十〜八十メートルの朱雀大路が南北に通じ、北に平安宮（大内裏）が造営された。

もちろん遷都当初から都城が完成されていたわけではなく、平安宮造営が延暦二十四年の徳政論争によって停止されたことから考えても、少なくともそれまでは造都も続いていたのであろう。しかし、その段階でさえも、一般的な平安京図のように、北の一条大路から南の九条大路まで、東京極大路から西京極大路まで、完璧な碁盤の目状の条坊制の都城が営まれたわけはない。左京の東南端、右京の北西端・南西端はまったく市街地化されておらず、道路の設定すら不十分に終わっていたのである（山田邦和 二〇〇九）。

平安宮と律令政治

東西約一・一五キロ、南北約一・三八キロの長方形の平安宮は、南の朱雀門を入ると正面が朝堂院である。朝堂院はもともとは官人たちが実際に職務を行う場所であったが、平安宮では、間に龍尾壇を介して、北の大極殿を包括する構造となっており、即位礼や元日朝賀などで大極殿に出御した天皇が、官人と空間を共有する国家的儀礼の場となっていた。一方、朝堂院の北に、新嘗祭や神今食祭などの天皇親祭を行う中和院が造営された。以前はそれらの親祭を天皇は内裏で行っていたが、新たに神事の常設神殿が設置されたのである。

また、朝堂院の東、内裏の南に、式部省・民部省・太政官庁・中務省など、律令政治の重要官司が配置された。内裏はもともと天皇の私的空間であったが、しだいに政務を行う場所として公的な性格をもつようになった。そのため、これらの重要官司が内裏と近接することが合理的であると考えられるようになったのである。

さらに、朝堂院の西に豊楽院が新たに造営された。国家的な饗宴の場として、朝堂院から独立し、朝堂院での儀式以上に、天皇と官人との一体感が醸成された。このように、平安宮は長岡宮以前の大内裏とは、異なった配置を有しており、それは平安前期の律令政治の特質に対応していたと考えられている（網伸也 二〇一〇、橋本義則 一九九五）。

平安京の変貌

天元五年（九八二）ごろに成立したとされる慶滋保胤の『池亭記』の次の記事は有名である。「予、二十余年より以来、東西二京を歴見るに、西京人家漸く稀にして殆ど幽居に幾し、人は去ることあるも来ること無く、屋は壊つことあるも造ること無し」「東京四条

図 42　平安京大内裏　『角川新版日本史辞典』1996 年より，一部改変

以北、乾艮二方、人人貴賤と無く、多く群聚する所なり。高家門を比べ堂を連ね、少屋壁を隔て簷を接ふ」から、十世紀後半になると、右京域の人家が稀となり、左京域、四条以北、とくに北西、北東に向かって、人口が集中したというのである。

この証言は貴重であるが、あくまでも慶滋保胤の主観であり、正確さを欠く部分があることも指摘されている。右京域の衰退は疑いないとはいえ、平安中期において、完全に放棄されたわけではなく、中規模以下の邸宅が各所に点在し、都市的な景観はまだ失われてはいなかった。また、平安後期以降になると右京一条・二条、四条・五条・七条大路沿いに、建物跡が確認されている。そして、二条・三条・四条大路は嵯峨や広隆寺・松尾社とを結び、七条大路は山陰道につながる交通路として、機能しつづけた。ただし、京中では耕作地を認めない禁制が、条件付きで緩められ、右京域における耕作地化が進み、小泉荘や侍従池領という荘園さえも生まれた（山田邦和 二〇〇九、二〇一二）。

火災と洪水

古代都城の条坊制の道路は、火災の類焼を防ぐ役割を果たしていた（西山良平 二〇〇四）。ところが、左京域の人口増加はその限界を露呈させたようで、『池亭記』が人口稠密を記した四条以北で、十世紀後半から複数の町におよぶ火災が頻発するようになる。おそらく以前は規模の大きな邸宅の築地の場所に、十二世紀後半の『年中行事絵巻』十三世紀の『一遍聖絵』の四条釈迦堂の場面に見られるような町屋が並ぶ状況が、すでに平安中期に存在し、道路が防火の役割を果たせなくなったためかもしれない。

平安京は鴨川と桂川（葛野川）に挟まれていたため、洪水の被害にあう可能性も高かった。そのため九世紀初頭に防鴨河使、防葛野河使がおかれたが、貞観三年（八六一）に廃止され、山城国が両河の管理にあたることになった。しかし、洪水の影響のより大きい鴨川については、まもなく防鴨河使が復活する。十一世紀になると、畿内五ヵ国を中心に、鴨川堤防築造が国々に割り当てられた（渡辺直彦 一九七八、北村優季 二〇一〇）。

とくに、六条以南の鴨川の西河原については、洪水による越水を受けやすかったと推定される。実際に平安前期には、左京七条四坊・八条四坊・九条四坊には鴨川の河原が食い込んでいて、およそ二十余町が条坊の地割設定ができなかったと考えられている（山田邦和 二〇〇九）。平安後期から鎌倉前期にかけて、左京域のほぼ全域で大規模な整地による嵩上げが行われた。その多くは街路の整備や街区内の建物の新築・増改築にともなうものであったが、従来街路・街区が形成されていなかった左京七条以南に、街区がいっせいに出現する。また平安後期には鴨川氾濫の記録が多くのこされており、鴨川近傍での開発が行われ、都市域が広がったことが推定されている（山本雅和 二〇一〇）。

大内裏と里内裏

平安京の中核にあった内裏が初めて焼亡したのは、天徳四年（九六〇）九月であった。当時の村上天皇は内裏が再建される翌年十一月まで、大内裏の東に隣接する冷泉院に移った。その十五年後の天延四年（九七六）五月に内裏が罹災したため、円融天皇は大内裏内の中宮職の庁舎である職曹司（内裏北東・外記庁北）に二ヵ月ほど留まったあと、大内裏の外の堀河殿を里内裏に定め、翌年七月に再建された内裏に戻った。ところが、わずか三年余りで再び内裏は焼け、天皇は天元三年（九八〇）十一月職曹司、十二月太政官庁と大内裏内に留まるが、翌年七月四条後院に出て、九月に職曹司をへて、十月に新造内裏に戻った。さらに一年半を過ぎた天元五年十一月に内裏はまた焼亡し、天皇は職曹司をへて堀河殿に移り、その後永観二年（九八四）八月に花山(かざん)天皇に譲位(じょうい)する。

天延四年から永観二年までの八年間で、円融天皇が内裏にいたのはわずか四年半であった。これ以降、一条朝に三度、三条・後朱雀(ごすざく)・後冷泉(ごれいぜい)朝に二度ずつ、内裏は焼けている。他の大内裏の建造物に比して、和風檜皮葺(ひわだぶき)の内裏が火事に弱かったことはわかるが、それにしても天皇の御所がこれほど罹災するというのは、尋常ではない。国家の防火体制の弛緩を想定せざるをえない事態である。このように、天皇が大内裏の外の御所に居住する時期が長くなり、これらを里内裏と呼んだ。

このころ朝廷の政務がしだいに内裏を中心に営まれるようになったため、ほんらいの内裏ではなく仮の内裏でも政務が成り立つようになった。しかし、逆に里内裏が多用されるようになると、外記政(げきせい)などの公卿聴政(くぎょうちょうせい)が衰退する要因にもなった。里内裏から離れた大内裏内の外記庁などが使いにくくなったのであろう。それは、内裏以外の大内裏内の施設が、荒廃していくことにもつながった。とくにその傾向は、かつて大内裏の政務の中核であったが、すでに即位式などの特定の儀式にしか使用されなくなった大極殿・朝堂院に顕著であった。

後冷泉朝の天喜六年（一〇五八）二月、大極殿をはじめ朝堂院（八省院(はっしょういん)）、内裏、中和院などが焼けた。残ったのは朝堂院南の応天門(おうてんもん)と左右の楼(ろう)、内裏の建礼(けんれい)・朔平(さくへい)・宜秋門(ぎしゅうもん)と桂芳坊(けいほうぼう)だけだったという（『康平記』）。当時、大極殿再建の動きもあったが、実現しなかった。この直前に焼けた法成寺(ほうじょうじ)の再建、および平等院の造営を、関白藤原頼通が優先したためと考えられる。

内裏は焼失したまま後冷泉在位中は再建されず、後三条天皇は二条西洞院にあった里内裏の閑院で践祚した。また、即位式に不可欠の大極殿もなかったので、政務の必要上すでに再建されていたと思われる太政官庁を代替としたのである。そして、次の白河天皇の即位式をほんらいの大極殿で挙行すべく、大内裏再建を行うのである。

六条地区の再開発

延久四年（一〇七二）四月大極殿が完成すると、その年の十二月に後三条天皇が譲位した。白河天皇は再建なった大極殿で即位する。そのあと白河・鳥羽院政期の堀河・鳥羽・崇徳・近衛・後白河天皇、後白河院政期の二条・六条・高倉天皇と無事大極殿で即位式が行われた。しかし、安元三年（一一七七）四月の「太郎焼亡」と呼ばれる京都の大火で、再び大極殿以下の大内裏が焼けてしまう。その後は、大極殿以下の八省院は再建されず、安徳天皇は内裏の紫宸殿、後鳥羽天皇以降は安徳即位を不吉として太政官庁で即位するのが通例となる（高橋昌明　二〇〇六）。

内裏は後三条朝の延久三年に再建されたが、永保二年（一〇八二）に再び焼亡する。白河天皇はこれより前の承保三年（一〇七六）十二月、六条坊門南・高倉西に六条院という里内裏を営んだ。規模は一町四方と推定される。この六条院を基準にして、陰陽師勘文が提出されて、白河の法勝寺の位置が定められているので、規模は小さいが白河天皇にとってここが「本所」と認識されていたらしい（上村和直　一九九四、福山敏男　一九六八）。

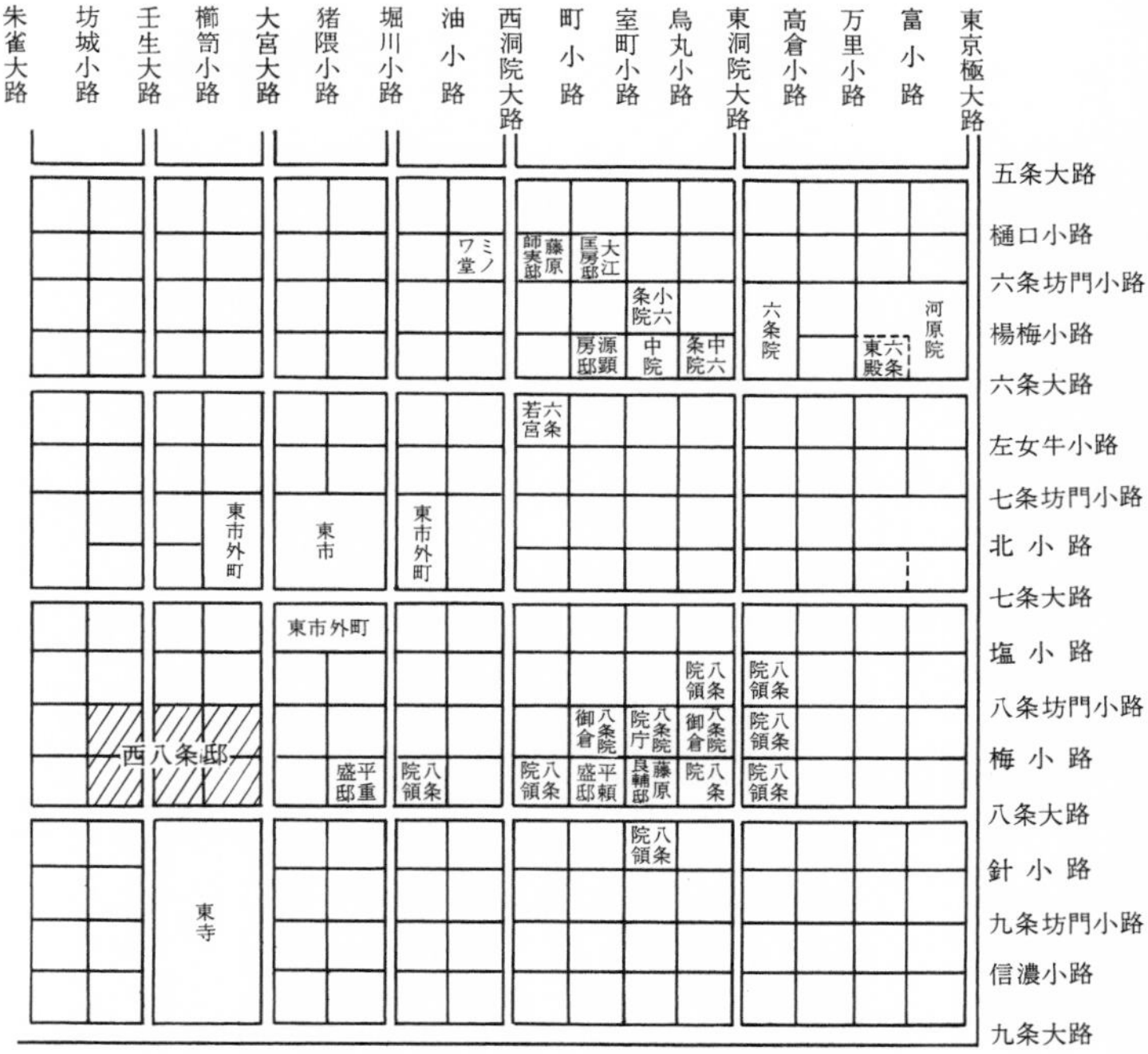

図43　下京・左京邸宅跡配置概略

里内裏だった六条院の一町西に中院という院御所がある。譲位の翌年の寛治元年（一〇八七）、北は楊梅小路、南が六条大路、西が室町小路、東が烏丸小路の方一町に造営された。平安前期に淳和上皇の御所があり、その後小一条院敦明親王が伝領し、関白教通の子権大納言信家に伝えられた邸宅跡だという。そして、当時は近江守藤原敦家邸であったのが献上されたのである。

里内裏だった六条院も寛治元年、諸国に費用が賦課されて大改造がなされ、一町南に拡張し六条大路に面するようになった。ただし、ほぼ新造に近かったため、寛治五年と完成が遅れた。そのあと嘉保三年（一〇九六）八月白河上皇の愛娘郁芳門院がここで亡くなったため、その翌年永長二年（一〇九七）十月その菩提を弔うため六条御堂とされたのである。さらに、中院の北側には嘉承二年（一一〇七）に即位した鳥羽天皇の里内裏となる小六条院が設けられた（山田邦和 一九九四）。

このような白河在位中から院政期にかけて、左京六条地区の再開発が進んだ背景には、既述の鴨川の治水進展が推定される。白河上皇の「三不如意」として、山法師、双六の賽とともに「賀茂川の水」が挙げられたのも（『源平盛衰記』）、この六条地区での洪水との格闘に関わりがあるかもしれない。里内裏、院御所だけではなく、その周辺には摂関家の師実や上皇の妻賢子の実母である右大臣 源顕房、院近臣の藤原顕季の邸宅なども確認される。また、源氏の氏神六条若宮八幡宮や源頼義・義家の邸宅が左女牛小路南西、西洞院西にあり、頼義建立の「ミノワ堂」が六条坊門北、西洞院西とされ、摂津源氏の頼綱や白河院北面の藤原盛重などの武士も、天皇・上皇・上級貴族に奉仕するため、六条界隈を居所とした。

2 法成寺から白河へ

法成寺の創建

寛仁三年（一〇一九）四月に大病となった道長は死を覚悟して土御門殿で出家する。しかし、驚異の回復を遂げ、翌年三月に土御門殿の東に面した九体阿弥陀堂を建立して、無量光院と名付けた。その後、治安二年（一〇二二）七月には金堂と五大堂が供養され、法成寺と改称する。場所は東京極大路東で土御門大路と近衛大路の間、四町に及ぶ大寺院である。

もっとも伽藍が整備されたときを見ると、中央に池と中島があり、西側の阿弥陀堂と東側の薬師堂が対峙し、北側に金堂・五大堂・十斎堂・講堂・釈迦堂などが並んでいた。いずれも複数の本尊を有する長堂形式の建造物で、多くが廊で結ばれている。大津透は寝殿造の構成を応用した伽藍と見て、道長個人の日常的信仰生活の場であるとする（大津透 二〇〇一）。一方、上島享は金堂・講堂・薬師堂などが、道長の個人的な信仰を越える、国家的な祈願を行う場であり、そこから法成寺が平安初期の東寺や西寺建立を引き継ぐ国家的な大寺院と考える（上島享 二〇一〇）。

この議論の成否を軽々に論じることは難しいが、二者択一ではなく両方の性格を備えていたと考えるべきであろう。平安京外とくに東京極と鴨川の間に、道長によって大伽藍が営まれたことは重要であろう。そもそも平安京内には、東寺と西寺以外堂塔伽藍を備えた本格的な寺院の建立は、許されていなかったのである。しかも、上島も注目しているように、二条大路末を南限とする道長の父兼家の菩提寺である法興院から法成寺南門まで、街路が営まれ、それが当時新たな「朱雀大路」と呼ばれたらしい。このことは、京外に平安京内の街路に準じた新たな街路、つまり都市計画の萌芽が見られたことになる。

法勝寺の創建

承暦元年（一〇七七）十二月、法勝寺の供養が、白河天皇、祖母陽明門院、中宮賢子以下賑々しく臨席のもと、挙行された。このとき供養されたのは、金堂・講堂・

図44　法勝寺金堂回廊遺構　京都市埋蔵文化財研究所所蔵

五大堂・阿弥陀堂・法華堂などの堂舎、金堂の東西回廊、鐘楼、経蔵、僧坊、釣殿御所、南大門、南面東西脇門、北大門、北小門、北面東西脇門、西大門、西面南北門、三面築垣などであり、ほぼこの時点で、道長の法成寺に匹敵する大寺院の全貌が整った。有名な八角九重塔はこれからやや遅れて永保三年（一〇八三）十月に池の中島に完成して、薬師堂・八角円堂とともに供養された。この塔は途中焼失しつつも復興され、南北朝期まで院政を象徴するシンボルとなる。

かつて、法勝寺は父後三条の円宗寺を先例としていると考えられてきた。すなわち、仁和寺の周辺には、円宗寺より以前に、円融天皇の円融寺、一条天皇の円教寺、後朱雀天皇の円乗寺が建立された。それらは四円寺と総称される。このなかで、円宗寺は金堂・講堂・法華堂・常行堂・灌頂堂・五大堂を備えた堂々たる寺院で、他の仁和寺子院的な三寺とは性格を異にしているというのである。ところが、最近黒羽亮太は、このうち五大堂が白河院政期の永久三年（一一一五）に供養されたことに注目し、円宗寺が突出しているとは言えないと通説に疑問を呈した（黒羽亮太 二〇一五）。

法勝寺の造営は承保二年（一〇七五）に開始されたが、その地にはもと白河院（殿）と呼ばれる摂関家の別邸があった。もともと九世紀のなかばに摂政良房が構えた邸宅と言われてきたが、そこまでは史料的に確認されない。上島によると、忠平―師輔―兼家と北家嫡流に伝えられて、十一世紀初頭には道長の所有となっていた。ただし、道長の時代には寝殿に相当する建物がなく、道長がここに宿泊した形跡がない。「白河別業」として本格的に整備されたのは頼通に伝えられてからである（上島享 二〇一〇）。平安京の東、鴨川左岸であるこの地は桜の名所として知られ、公卿・文人らが招かれて、観桜の宴、詩歌会、蹴鞠、競馬などが行われた。

康平三年（一〇六〇）三月、後冷泉天皇は祖母の上東門院彰子のもとに観桜行幸を行うが、そのときの『平定家朝臣記』によれば、寝殿・北の対・西南渡殿・西北渡殿・釣殿・馬場殿を備え、前庭の池、中洲への虹橋などがあったという。この寝殿造の邸宅が頼通から師実に譲られる。そして、頼通が亡くなると、承保元年白河天皇に献上された。天皇の中宮賢子は師実の養女であり、師実は外戚の地位を回復していた。その関係修復の証として、白河院に献上されたのであろう。このようにもとは寝殿造であったため、池などの庭園がそのまま法勝寺でも使われることになった。このことが、寝殿造の構成を応用した法成寺伽藍と酷似した理由の一つであろう。

法勝寺での法会でもっとも重要なのは、円宗寺の法華会・最勝会とともに北京三会の一つとなる大乗会である。平雅行は、北京三会が天台僧昇進ルートに位置づけられることに注目し、天皇個人の祈願を行う円融寺・円教寺・円乗寺とは異なり、円宗寺が国家的法会を行う国家的寺院であるとした（平雅行　一九九二）。しかし、これも円宗寺最勝会が後三条の死によって、長く開催が頓挫し、再開されるのが法勝寺大乗会開始のあとの永保二年であり、円宗寺の法会は後三条天皇個人の祈願と結び付いたものであると黒羽は述べる。すなわち、円宗寺を国家的寺院とし、円宗寺法華会・最勝会を国家的法会としたのは、白河上皇だったということになる（黒羽亮太　二〇一五）。

白河地区都市整備

白河地区というのは、北は近衛大路末、南は三条坊門末、西は鴨川、東は東山（ひがしやま）という範囲で、およそ東西一・五キロ、南北一キロといった場所である。この地域は、鴨川から東山にかけてなだらかに傾斜している。発掘調査の成果によると、法勝寺を最高度に、建設予定の各寺院の敷地がテラスのように造成されていたらしい。法勝寺を中心とした主要寺域や道路などの計画が立てられ、その後寺院・御所の造営が進む段階で周辺に区画が拡大されていったらしい。

土地の区画は平安京の条坊制を模倣したものであったらしい。しかし、正確に計測すると方位などが少し条坊制とはずれており、当初からあった平城京（へいじょうきょう）の外京、すなわち東北に延長、拡大された古代都城の京域とは異なっている。また区割りに一定の規則性はあるが、条坊地割とは異なり、正確には一町の規模も整然としておらず、大路・小路の幅、位置も不規則になっている。平安京に外京を追加したものではなく、新たな基準による都市開発なのである（上村和直　一九九四）。

実は、白河地区には摂関期に、藤原北家の白河別業だけでなく、他の貴族の別宅が複数あったらしい。前者が「大白河」後者が「小白河」と言われていたという。「大白河」がもっとも標高の高い東

図45　六勝寺推定復原図　梶川敏夫画

山麓にあり、西に鴨川から平安京域を一望していたのである。なお通説では白河地区の都市開発を法勝寺造営時とするが、上島は道長の時代に二条大路末や「粟田口路」「白河殿南路」などが確認されることから、白河地区にすでに不十分ながらも地割ができつつあったと推定している（上島享　二〇一〇）。

法勝寺に三綱と院の関係者を含む俗人の実務者以外常駐せず、とくに僧侶はふだんはほとんど住んでおらず、国家的な法会の際には、それぞれ本寺を別にもった僧侶がそのときだけ集まってくる「劇場」「疑似寺院」（山岸常人　一九九八）という説があり、白河地区の都市的性格についても否定的な意見も強かった。

しかし、上島は供僧が寺中ではなく、寺辺に白河天皇（上皇）から給地を賜り、常住して勤行に日々従事していた事実を明らかにした。また、山岸常人が主張する公請として諸宗の僧侶が勤仕する法勝寺

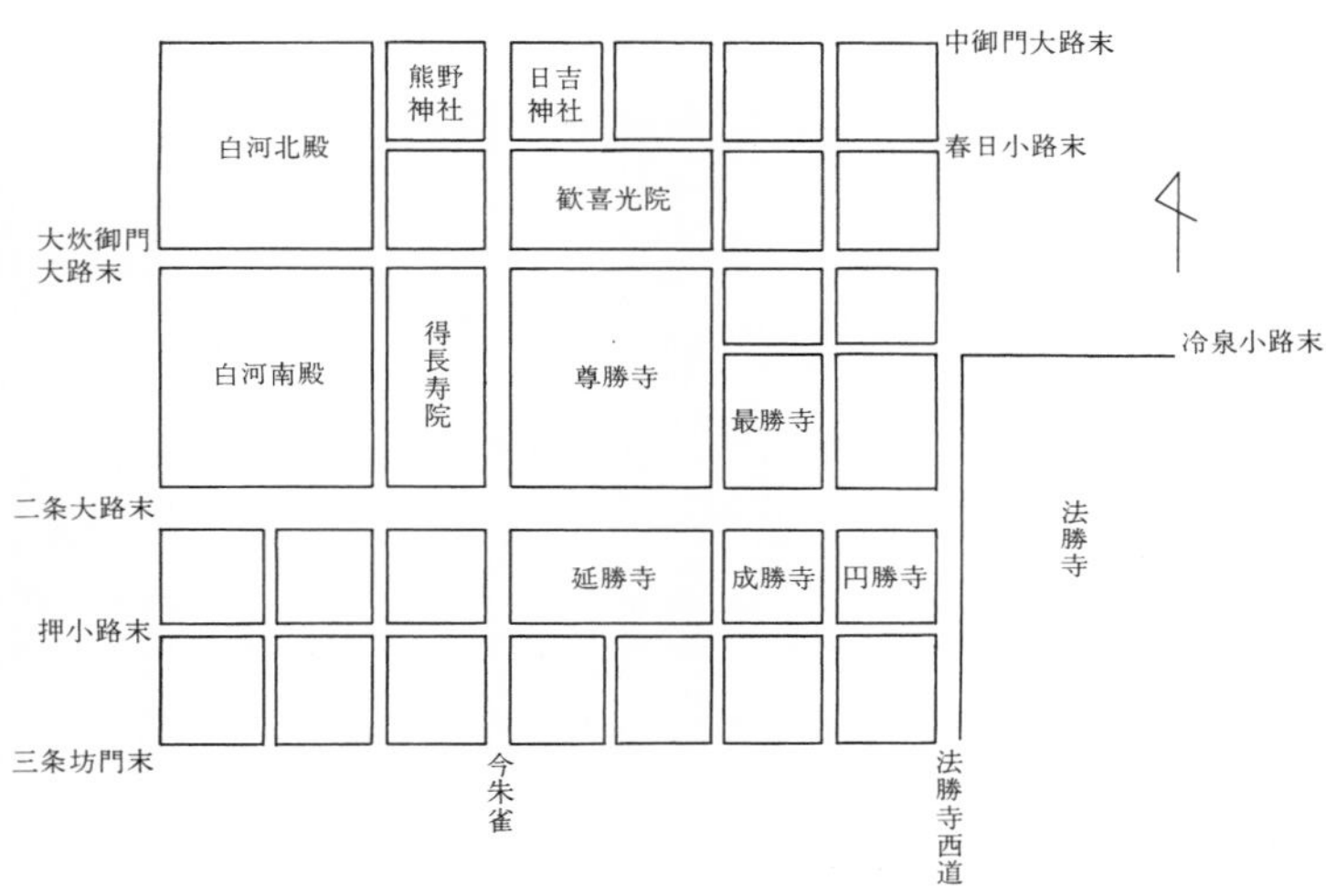

図46　白河地区中心部　二条大路末南については不明な点が多い.

御八講（ごはっこう）・大乗会・三十講（さんじっこう）以外に、金堂・阿弥陀堂での修正月、阿弥陀堂での修二月、阿弥陀堂不断念仏など公請ではなく、寺家が主宰する法会も存在した。これらは住僧なくては成り立ち得ないのである。さらに、法勝寺とその周辺には、権門寺院以上に経典・聖教類が充実し、修学環境が整い、寺外でもさまざまな宗教活動が展開していたという（上島享 二〇一〇）。

院近臣たちのなかには法勝寺周辺に堂舎を設け、そこで往生（おうじょう）を遂げる者もおり、法勝寺が彼らの信仰の核にもなっていた。法勝寺の周辺には僧俗が居住する舎屋が立ち並び、彼らに仕える雑人（ぞうにん）までを含めるとかなりの人々が白河地域で暮らしていたと上島は推測する。この地区が高台に位置する法勝寺を中核とした「宗教都市」と呼ぶべき景観を呈していたとするのである。また、白河地区のこうした都市的景観の萌芽は、貴族の別邸が点在する頼通期の「遊興の地」にあった。

平安後期の京都から東国への幹線道路は、二条大路を東行して鴨川を渡り、法勝寺西大門につきあたると南下して粟田口を越え、山科、逢坂の関を経由して近江に入る。白河は、京都と東国を結ぶ交通・流通の重要拠点であり、入京する際には院権力を象徴する法勝寺八角九重塔が必ず目に入る。

白河院政期から鳥羽院政期にかけて、二条大路末の北側に堀河天皇御願の尊勝寺（康和四年・一一〇二）と鳥羽天皇御願の最勝寺（元永元年・一一一八）、南側に待賢門院御願の円勝寺（大治元年―五年・一一二六―三〇）と崇徳天皇御願の成勝寺（保延五年・一一三九）、近衛天皇御願の延勝寺（久安五年・一一四九）が、ぞくぞくと建立される。それらが六勝寺と総称されるのである。

白河天皇は承暦元年（一〇七七）の法勝寺落慶供養の際には、旧白河院の東釣殿を使用し、その後もときどき常行堂東御所として利用した。しかし、通常は白河地区の西端（鴨川沿い）の頼通の子である法勝寺別当覚円の僧坊に宿泊した。寛治四年（一〇九〇）の白河上皇御幸の際に、ここが「法勝寺泉殿」と呼ばれているが、その後、嘉保二年（一〇九五）白河泉殿という院御所に改築され、上皇は僧坊を宿泊に利用することはなくなった。「泉殿」という名称からもわかるように、僧坊とはいえ、もともと園池をもった寝殿造の邸宅であった（上島享 二〇一〇）。のち元永元年（一一一八）にその北側に白河北殿がもうけられ、南北に白河北殿・南殿（泉殿）が並ぶようになる。ちなみに院御所といっても、平安京内の御所とは異なり、ここで政治が行われることはなかった。

3　摂関家と宇治

宇治陵と浄妙寺

宇治陵とは木幡の丘陵に南北二キロ、東西一キロにわたって、三十七ヵ所点在する藤原氏の墳墓の総称である。なかには、一条天皇皇后彰子、後冷泉天皇皇后寛子（頼通女）をはじめ、総数十八名の皇后・中宮・女御と二人の親王の墓所があると宮内庁は認定しているが、どの墳墓が誰のものかについて特定はされていない。

やっかいなのは、後期古墳群と古代・中世の墳墓群が混在しており、たとえば藤原時平墓の伝承がある三十五号は横穴式石室の円墳であり、どう考えても時代が異なるという。概して古墳は尾根の高いところに、墳墓は裾野に展開しているという。木幡が藤原氏の墓所となったのは、基経が定めてからといわれており、宇多天皇女御となった基経女の穏子らの埋葬が確認される。藤原氏墓地の基本的な形態は、蔵骨器を埋納した上に石か木の卒塔婆を立て、簡単な柵をめぐらしたものらしく、とくに副葬品もなかった（杉本宏 二〇〇六）。

道長は若いときから父兼家に連れられて、しばしば木幡の地を訪れ、祖先の墓の荒廃を見て落涙したという。九世紀までは葬儀の場が重要で、墓は骨を捨てる場所に過ぎず、詣る人もまれだったらしい。しかし、十二世紀の藤原忠実の談話を記した『中外抄』に、道長の孫師実のことばとして、葬所（葬礼と火葬する場所）は重要ではなく「骨をば先祖の骨を置く所に置けば、子孫の繁昌するなり。

鷹司殿（道長室源倫子）の骨をば（源）雅信大臣の骨の所に置きて後、繁昌す」と記されている。道長の時代はちょうど、人々の墓に対する意識が大きく変化する時期だったようだ（大津透 二〇〇一）。

こうして、道長は寛弘二年（一〇〇五）十月に、木幡の地に浄妙寺三昧堂を建立した。供養当日には、藤原氏の公卿のほとんどが出席し、天台座主覚慶を証者、前大僧正観修を導師とし、供養僧百口という大規模なものとなった。この供養の願意は現世利益のためではなく、昭宣公基経以来の先祖の菩提を弔い、一門の人々を極楽に導くものであった。寛仁元年（一〇一七）頼通を大臣に任ずる前日、家の継承を父母や姉詮子に祈念すべく、浄妙寺に詣でている。このように道長にとっての宇治陵と浄妙寺は、自らのイエを意識する特別な場所となった。

図 47　宇治陵遥拝所

円融寺の意味

実は天皇家でも同じような動きがあったことが、最近の研究で判明している。九世紀の文徳天皇の田邑陵、光孝天皇の後田邑陵、十世紀の村上天皇の村上陵は、山城国葛野郡田邑郷にあった。そこは四円寺のあった御室・宇多野・鳴滝に比定される。宇多天皇の大内山陵も、その近くの仁和寺の北にあったとされている。このように四円寺のあった地域には、九世紀以来の天皇陵が散在していたのである。

円融・一条・後朱雀・後冷泉らの天皇の埋葬は次のようなものであった。円融天皇は、天皇家の一門墓所というべき景観の地に、それらの墓所を管理する墓寺として円融寺を建立した（黒羽亮太 二〇一五）。もともとは康保四年に仁和寺別当となった寛朝の住房が発展したもので、円融天皇の御願寺となったのは永観元年（九八三）のことである。七仏薬師などを安置した住房と池、そして法華堂を備え、やや遅れて正暦元年（九九〇）に五重塔が供養された。天皇は永観二年に譲位して、翌年に出家すると、この寺に住んだ。こうした円融寺のありかたを、道長はつぶさに見ていたのである。浄妙寺はこの円融寺を模したと考えるべきであろう。

改修された平等院

宇治の貴族別業（別邸）は、平安遷都期にさかのぼり、桓武天皇の皇子明日香親王、播磨守賀陽豊年、源融などのものが確認される。とくに源融の宇治院が何人かの手を経て、長徳四年（九九八）道長の所有する別業となった。道長は翌年この別業を大規模に改造したと考えられる。その宇治院が道長から頼通に伝えられ、永承七年（一〇五二）にそれが寺院となって、平等院とされたのである。もと寝殿造の別業であったため、平等院本堂はその寝殿を転用したと考えられている。

平等院創建のころから、宇治に藤原氏の別業が数多く建てられるようになった。十一世紀後半から十二世紀前期にかけて、宇治殿（宇治院・平等院とは異なる）、泉殿、富家殿、池殿など、十二世紀前期から中期にかけては、小川殿、小松殿、西殿などが史料上に確認される。前者では泉殿が旧宇治市街

図 48　平等院鳳凰堂　平等院提供

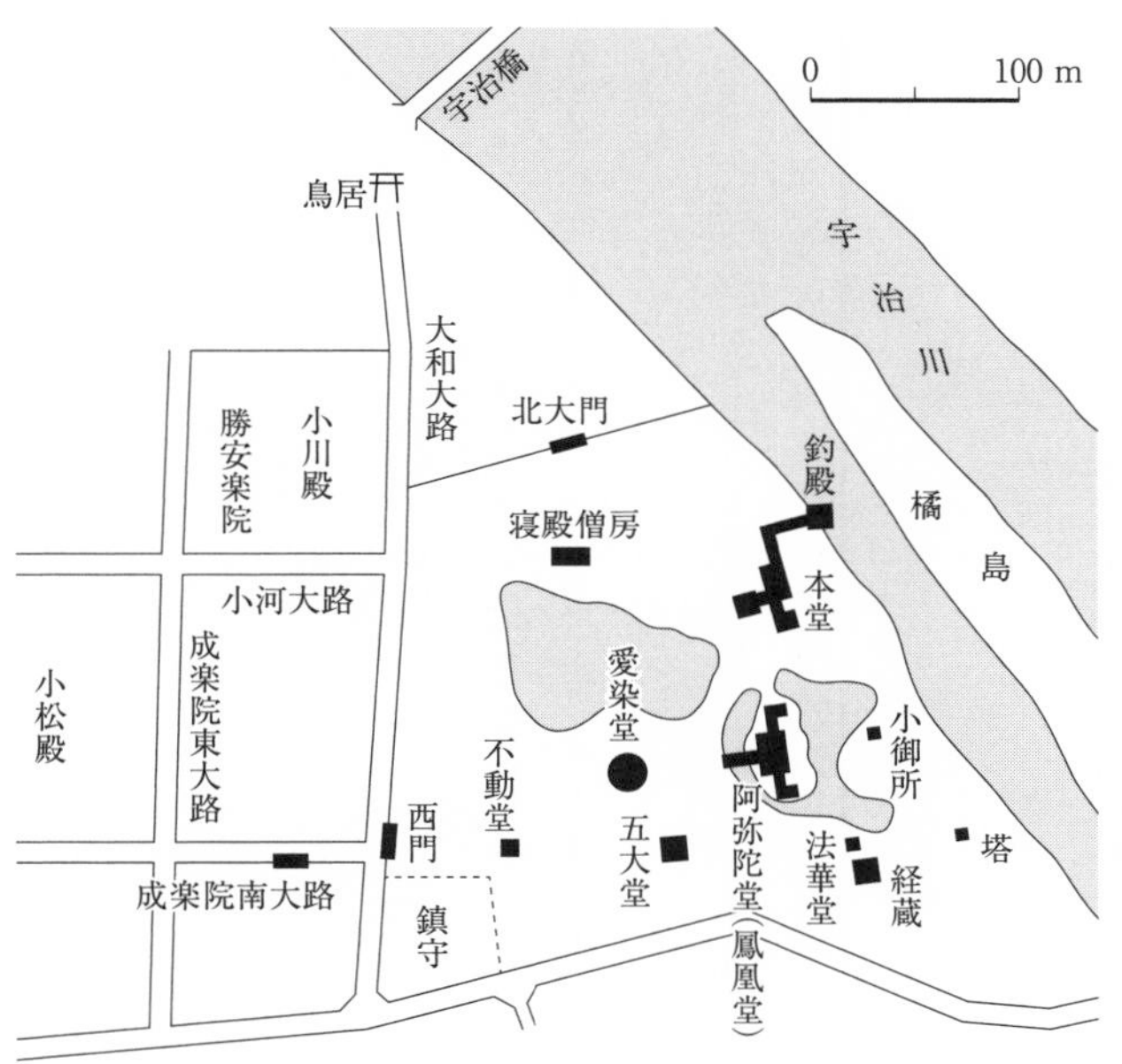

図 49　平等院諸堂位置想定図　杉山信三 1981 より

の西方の巨椋池あたりの矢落遺跡に比定され、富家殿も平等院北方の宇治川対岸にあったと考えられるように、かなり散在している。一方小川殿以下は、平等院にかなり近い地域に集中しているのである（杉本宏 二〇〇六）。

現在の平等院阿弥陀堂（鳳凰堂）は、長く頼通創建当時の姿と考えられてきた。ところが、最近の発掘調査によると、十二世紀前半に阿弥陀堂の翼廊基壇が造成された可能性があるという。すなわち、創建時の洲浜は翼廊張り出し部分の下までおよんでいたらしく、翼廊部分に現存する堅固な基壇は、創建時には存在しなかったらしいというのである。また、河内産の「七連巴文軒平瓦」という瓦が大量に出土し、十二世紀前半から河内産の瓦が使われ始めたこともわかる。そして、藤原忠実は康和三年（一一〇一）四月、法成寺と平等院の修理を命じたと記している（『殿暦』）。

修理の完成は永久四年（一一一六）五月の四条宮寛子が主宰した父頼通の供養法会とされるから、相当長期の大規模修理であった。現在のような立派な翼廊を有した全面瓦葺きの阿弥陀堂の姿は、この忠実による大改修によるものらしい。ちなみにこのときの忠実による平等院修理は、鎌倉時代には「知足院御時」の修理として記録にとどめられている。

権門都市宇治の成立

興味深いことに、現在の宇治市街各所の発掘によって、平等院と同じ河内産の瓦が出土している。それは、平等院の西側の地域で、忠実の小松殿、西殿、忠実の母藤原全子の小川殿の位置と比定されているところである。

昭和三十四年（一九五九）に撮影された宇治市街の航空写真によると、宇治の中心部には大きく二

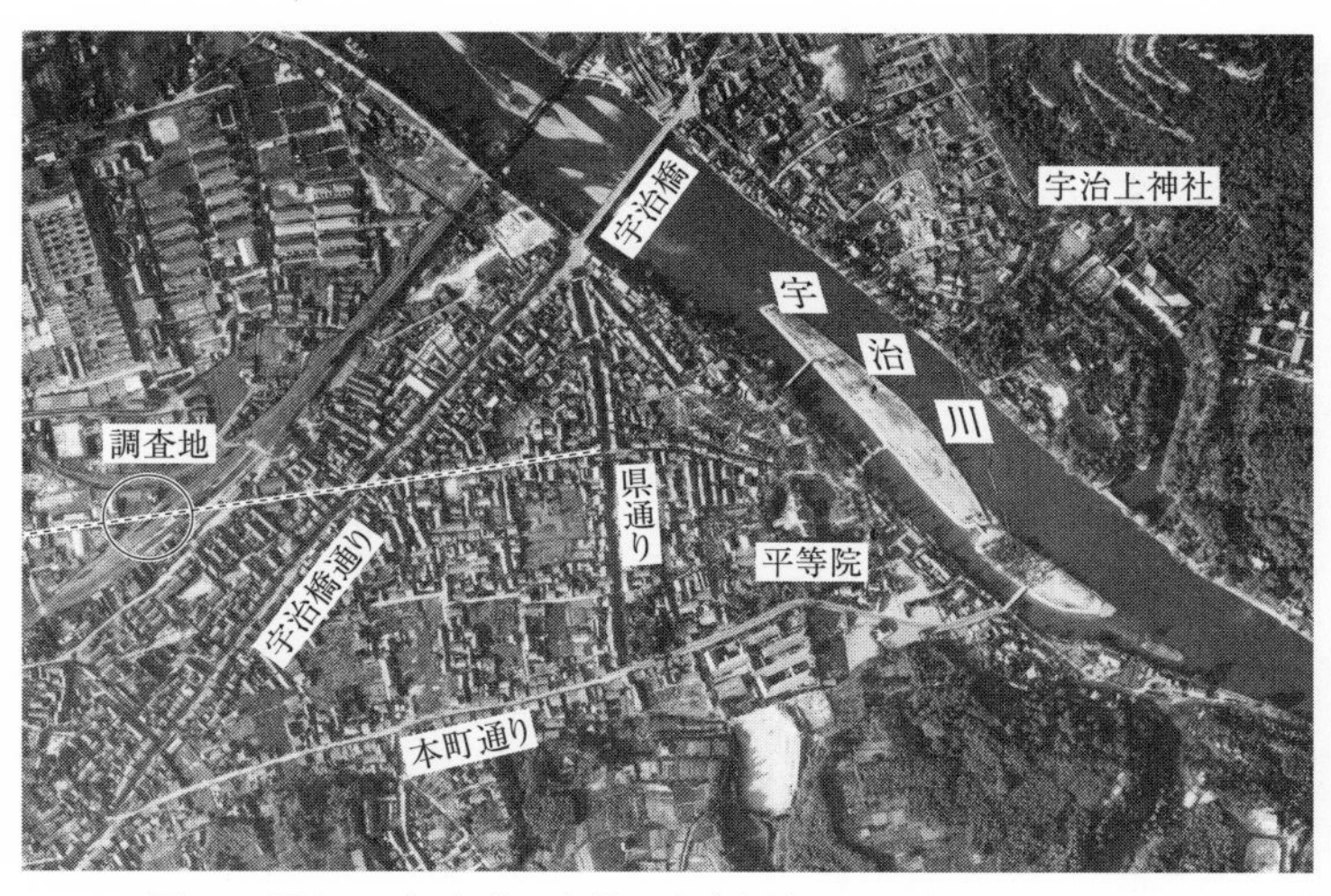

図50　昭和34年当時の宇治の上空写真　宇治市歴史資料館提供

つの地割が存在することがはっきりわかる。一つは宇治橋通りを中心軸に、それに直角の道路によって形成されるものである。もう一つは、県通りと本町通りのそれぞれから、ほぼ直角に交わる道路によって形成される地割である。

最近発掘調査で判明している平安後期の別業や道路跡は、後者の地割に一致する。平安後期、平等院の西側に後者の地割にそって、藤原氏の別業が造営され、ほぼ南北碁盤目状の街区整備がなされたと推定されている。平安後期には、現在のような宇治橋通りはなかったので、それにそった地割も存在しなかった。

現在、後者の地割は平等院に近いところに、わずかに残っているにすぎないが、河内産の瓦の出土状況から考えると、かつてはもう少し広範囲に存在したと考えられる。おそらく、四町四方ぐらいではないかとされている。

河内産瓦の出土と地割からすると、宇治の都市的な整備が、平等院創建の摂関期ではなく、院政期に入った忠実の時代であった可能性が高いということになる。当時、忠実は政権の主導権を白河法皇に奪われて、摂関家の荘園を再編成し、権門としての確立をはかっていた時期である。宇治こそ摂関家の「権門都市」ではなかったかと考えられる。

ちなみに、中世以降、後者の地割は、平等院から遠いところからしだいに解体していった。その過程で宇治橋通りがつくられ、それを中心に新しい町並みが形成され、「宇治」の中心となる道として現在に至るのである（杉本宏 二〇〇六）。

4 天皇家の権門都市

巨大な遊興空間

鳥羽殿は、白河天皇譲位後の院御所として構想され、譲位の直前から建設された。白河地区が平安京の二条大路の東に営まれたのに対し、鳥羽殿は朱雀大路の延長、京外に出た「作道（つくりみち）」の先にある。「作道」は、鴨川と桂川とが合流して淀川（よどがわ）になるあたりの三角州に突き当たるが、そこに鳥羽殿は作られた。

鳥羽殿の造営事業は断続的になされ、保元二年（一一五七）の金剛心院内新御堂供養まで、白河・鳥羽院政期のほぼ全期間にわたった。その第一段階は寛治元年（一〇八七）の南殿、翌年の北殿、寛治四年ごろの馬場殿、寛治六年の泉殿完成に至る白河院政前期の一連の御所造営である。

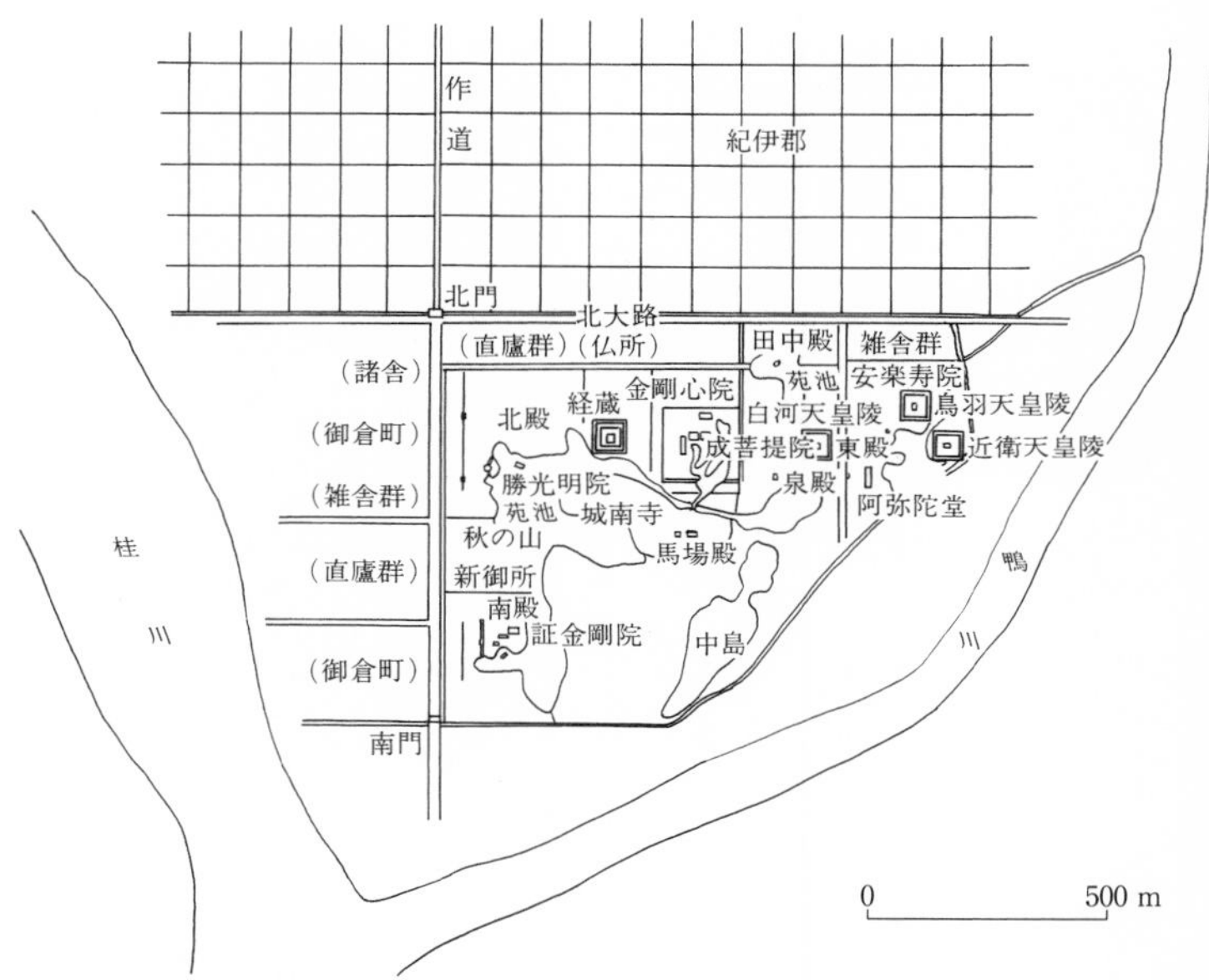

図 51　鳥羽殿　長宗繁一・鈴木久男「鳥羽殿」（古代学協会ほか編『平安京提要』角川書店，1994 年）より

応徳三年（一〇八六）白河天皇が譲位したが、その直前の『扶桑略記』に次の記事がある。

　公家、近来九条以南の鳥羽山荘に、新たに後院を建つ。およそ百余町を卜す。近習・卿相・侍臣・地下雑人ら、各屋地を賜り、舎屋を営み造る。あたかも都遷の如し。讃岐守高階泰仲、御所を造るにより、すでに重任の宣旨を蒙る。備前守藤原季綱、同じく以て重任、山荘を献ずるの賞なり。五畿七道六十余州、皆共に役を課して、池を掘り山を築く。去ぬる七月より今月に至りて、その功未だおわらず。洛陽営々、此に過ぐるなし。池の広さ南北八町、東西六町、水深八尺に余り有り。ほとんど九重之淵に近し。或いは蒼海に摸して嶋を作る。或いは蓬山を写して巌を畳む。

この記事に見られるように、その「百余町」におよぶ広大な領域は、先行する白河地区の規模にほぼ一致し、藤原道長の法成寺付近や忠実の整備した宇治市街地をはるかに上回る。また、「池の広さ南北八町、東西六町」といわれる池は、その領域の半分近い面積を占めている。平安京内最大の池であった神泉苑（御池）が最大時「南北四町、東西二町」であったというから、その六倍の規模である。「五畿七道六十余州、皆共に役を課して、池を掘り山を築く」とあるように、国ごとに課役を割り当てて池と築山をつくらせたというのだが、現在残っている東西約四〇メートル、南北約三〇メートルの「秋の山」もそのような築山の一つである。ここまで力を入れて、前代未聞の園池をつくった理由は、おそらく平安時代の上皇としての伝統があったのではないかと思われる。

一章において述べたように、清和、宇多、そして円融上皇に至る平安時代の上皇は、政治よりも宮廷文化の指導者たらんとして、仏教信仰と遊興に力を注いだ。宇多上皇の仁和寺造営はもちろん重要だが、より近い先例として円融上皇が念頭にあったに相違ない。円融上皇は譲位後、御願寺の円融寺への御幸を繰り返す。寺々への御幸とその地での和歌会や酒宴という上皇の生活スタイルを継承する意識が、白河上皇にも強かった。

そのために、寛治二年に高野山、寛治四年に熊野、同五年に再び高野山、同六年に吉野金峰山と毎年のように遠方への御幸を行った。それらの場所はいずれも、宇多法皇が入峰したところでもあった。

それとともに、法勝寺をはじめとする御願寺群が並び、国家的法会開催を主たる目的とする白河地区とともに、鳥羽殿という遊興を主に行う空間を必要としたのであろう。

実際に、鳥羽殿では白河上皇が主催する和歌会、花見、管絃・朗詠・宴を伴う観月船遊び、競馬・騎射・流鏑馬などが確認される。とくに、馬場殿での競馬や流鏑馬は院主催の「城南寺祭」として鳥羽殿の年中行事となっていく。このような武芸は武士を中心とする院北面衆の組織化に大きな役割をはたしたようである（髙橋昌明 一九九九）。白河上皇は、鳥羽殿を舞台とした遊興を通じて、院北面衆のみならず、摂関から一般の公卿・殿上人、その随身に至るまで、人的支配を拡大していくのである。その意味で、船遊びも和歌会も管絃も、さらに競馬・流鏑馬も「単に遊興にすぎない」のではなく、院の政治的な行為となっていった。

京中院御所と鳥羽殿

白河上皇の院御所は鳥羽殿だけではない。圧倒的に多いのは京中の院御所である。井上満郎によると、白河院政期の京外の院御所は鳥羽殿と白河泉殿（南殿）・北殿だけである。六条院（中院）、大炊殿、土御門殿、閑院、高松殿、備前守国明宅、八条宅、六条東洞院宅、六条坊門堀川宅、京極殿、二条宅、中御門宅、東洞院宅、大炊御門万里小路宅A、三条大宮宅、大炊御門万里小路宅B、七条坊門町尻宅、東洞院正親町宅、三条烏丸宅、三条東洞院第、二条東洞院第、室町殿、春日殿などは、みな京中にあった（井上満郎 一九八一）。

除目のときの白河上皇の行動の特徴としては、嘉保二年（一〇九五）の六条院、康和四年（一一〇二）の高松院、天永元年（一一一〇）、同二年、永久二年（一一一四）の大炊殿のように鳥羽殿から京中の院御所へ向かっている。嘉保二年の場合には、内裏での陣定と小除目延期の理由が、上皇の鳥羽殿滞在とされている。また、元永元年（一一一八）には鳥羽殿よりも京中に近い白河殿から、東洞院正親町宅に入っている。このように除目の際、上皇は京中の院御所へ移ることが多いのである。

また、白河院政期に限ると、院御所議定は九十八例確認されるが、そのうち鳥羽殿で八例、白河殿で二例、あとの八十八例は京中院御所で開かれた。これも除目の場合と同じように、京中院御所での議定が圧倒的である。このうち、白河殿での議定は、保安元年（一一二〇）四月二十八日と二十九日の二日だけで、七日間の白川念仏結願まで滞在の必要があったための例外的なものであった。

鳥羽殿での院御所議定は、嘉承二年（一一〇七）以降に特徴的な寺社騒乱や強訴に関する議題のものはなく、朝覲行幸、院の御幸、院の御賀、法勝寺での金泥一切経供養に関するものである。いずれも天皇家の家政に関する議題の範疇になる。しかも、八例のうち五例までもが院司公卿に限定して招集されたことが明記されている。このことから、鳥羽殿での公卿会議は、天皇家の家政について院司公卿たちが審議する場であったと考えられる。鳥羽殿は院政が行われたところと言われることもあるが、それは不正確なのである。鳥羽殿はあくまでも天皇家の家政に深く関わる場所であった。京中院御所こそが国政に関わる場所である（美川圭 二〇〇一）。

『扶桑略記』に「近習・卿相・侍臣・地下雑人ら、各屋地を賜り、舎屋を営み造る。あたかも都遷の如し」とあるように、鳥羽殿には少なからぬ貴族たちの宿所が営まれたと考えられる。杉山信三は、それらの宿所が鳥羽南殿や北殿の内部ではなく、その周囲に独立した邸宅として存在したと推測している（杉山信三 一九八一）。実際に史料上、それらの宿所の桟敷から路を見物できる場合が多かったことから、宿所は路に面して営まれた。そうしたことは、のちの京外の院御所であるが、大村拓生が紹介した天龍寺蔵『山城国亀山殿近辺屋敷地指図』における亀山殿とその宿所のありかたからもわかる（大村拓生 二〇〇六）。

しかし、あらゆる貴族が宿所を与えられたわけではなかった。まず、摂関家は特別で、たとえば忠実は鳥羽南殿の北対に宿所をもっていた。しかし、史料的に確認されるものの大半が、白河院か鳥羽院の近臣の宿所なのである。宿所を与えられていない『中右記』著者の藤原宗忠はたびたび院近臣の宿所を借りている。宗忠は堀河天皇の側近で、院とのつながりが薄かったためであろう。摂関家の近臣の高階泰仲も、宿所をもっていたが、これは『扶桑略記』に見える鳥羽殿造営時の奉仕から、特別に与えられたと推測できる。鳥羽殿の中枢は院御所と院近臣の宿所から構成されていたと考えられる（美川圭 二〇〇二）。天皇家の家政に関わる院司公卿の議定が開かれることがあったのは、このような宿所の存在と関係がある。

白河皇統墓所と院庁

院政を確立した白河法皇は、天仁二年（一一〇九）鳥羽泉殿に自らの墓地を定め、そこに三重塔を建立させた。法皇が亡くなったのは大治四年（一一二九）七月七日、京中の三条烏丸西宅においてであった。遺骸は茶毘にふされ、その遺骨はまず仁和寺東の香隆寺に納められたが、その後、天承元年（一一三一）遺言通りに鳥羽殿に移された。さらに、終焉の場であった三条烏丸西宅の西対が、鳥羽殿に移築され成菩提院となる。成菩提院には宿所となる寝殿が付属して、白河法皇の墓所の三重塔を拝する形となった（杉山信三　一九八一）。

当初、遺骨が仁和寺近辺に納められたのは、それまでの天皇陵にならったもので、鳥羽殿との関係は、摂関家の宇治と宇治陵の関係に相似している。しかし、白河法皇は自らが創設した都市である鳥羽殿の中心に、自分の墓をすでに作っていたのである。法皇は生前から墓地と院御所などを一体とする構想を打ち出していたことになる。このようにして、鳥羽院政期の鳥羽殿が出発する。

図52　安楽寿院

鳥羽院政期になると、御所が寺院の造営に先行した白河院政期とは異なり、両者の造営が並行するようになる。天承元年の成菩提院に続いて、保延二年（一一三六）北殿付属の勝光明院（しょうこうみょういん）、翌三年東殿御堂である安楽寿院（あんらくじゅいん）、久安元年（一一四五）安楽寿院御所、仁平二年（一一五二）田中殿、久寿元年（一一五四）金剛心院と造営が行われた。

ここでまず注目したい寺院は、勝光明院である。ここは宇治平等院の阿弥陀堂を模しており、勝光明院経蔵も平等院宝蔵（ほうぞう）を模したといわれる。平等院や勝光明院の宝蔵（経蔵）には、絵巻・典籍・工芸品・奇物とともに、聖教（しょうぎょう）や仏像・仏画・仏具なども納められていた。とくに聖教のなかの「証本（しょうほん）」

は祖師の直筆本を源とした正統的なものと認められ、その貴種性と希少性が正統的権威を生みだしたのである。田中貴子によると、白河法皇が所持してその「王権」を象徴することになる如意宝珠や仏舎利九粒が、この勝光明院経蔵に納められたことは重要である（田中貴子 一九九三）。

また『古今著聞集』巻五には、白河法皇が勝光明院経蔵に、和歌の世界では聖典とされる人麻呂絵を秘蔵したという説話がのこされている。この経蔵は白河法皇死後に建立されたことは間違いないから、これは事実ではない。しかし、そのような「誤解」を生みだす白河法皇と鳥羽殿との結びつきが、白河法皇の墓所として出発した鳥羽院政期の鳥羽殿が「王権神話」を醸成することになったのではなかろうか。

さらに、安楽寿院が供養されたあと、その東に保延五年鳥羽院近臣の藤原家成が三重塔を造進した。天養二年（一一四五）安楽寿院御所が完成すると、その三重塔を院は自らの墓所と定めた。こうして、鳥羽殿は白河・鳥羽二代の院政の主の墓地となる。

これに先立ち、保延七年出家した鳥羽上皇は、その年に女御得子（のちの美福門院）と暲子（のちの八条院）に所領を譲与し、さらに崇徳を譲位させ、立后した得子所生の異母弟近衛を即位させる。このように鳥羽とその皇后得子、その皇子近衛という皇統が確立する。白河法皇から王権を継承した鳥羽法皇は、自らの墓地を確定し、その菩提を弔うための安楽寿院、そして終焉の地としての安楽寿院御所を整備する。

この安楽寿院に膨大な荘園が集積され、天皇家領荘園群の一代中心になっていくのである。そこでめざましい昇進をとげていくのが、皇后得子のいとこで、さきに鳥羽院墓所の三重塔を造進した家成である。家成は長承二年（一一三三）の鳥羽上皇宇治御幸に際し、天皇家・摂関家以外で初めて平等院経蔵への参入を許されており、勝光明院経蔵の造営にも深く関わっている。また、鳥羽殿最大の寺院である金剛心院の九体阿弥陀堂を実質的に造進している。

鳥羽院政発足当初の大治四年八月に「挙げて天下の事一向家成に帰す」（『長秋記』）と記された家成は、鳥羽殿預に任じられた。その職能は、鳥羽殿の納殿や御倉町を管理する「納殿并御蔵沙汰人」の上に立つ存在であった。白河法皇在世中には、得子の父の藤原長実がその地位にあり、法皇死後、家成がそれを引き継いだことになる。

『洞院家六巻部類』によると、保延元年十二月に家成が「今預」であったとされるが、『皇室制度史料』はこれを院庁の「年預」と推定する。橋本義彦は、院別当増加のなかで、一人を選んで院中諸務執行の責任者としたのが、院庁の執事（執行）別当であるが、当初は年預を兼ねて複数の場合もあったとする（橋本義彦 一九七六）。鳥羽院政期において、院庁の実務責任者の地位が、鳥羽殿預も兼ねていた可能性が高い。

すなわち、白河・鳥羽院政期の天皇家の家政を統括する院庁は、実質的に鳥羽殿を中心に運営されていたと考えるべきであろう。その意味で、宇治が摂関家の権門都市であったのと同様に、鳥羽殿はこの時期の天皇家の権門都市であった（美川圭 二〇〇一）。

鳥羽殿から法住寺殿へ

久寿二年（一一五五）近衛天皇は父母である鳥羽法皇と美福門院に先立った。既述のように鳥羽法皇は美福門院の墓所として新御塔を造立していたが、美福門院は遺言で高野山への納骨を望み、法皇の計画ははたされなかった。長寛元年（一一六三）になって、知足院本堂に安置されていた近衛の遺骨が、鳥羽新御塔に納められる。こうして、鳥羽殿には白河・鳥羽・近衛という皇統の墓所が営まれることになったのである。

しかし、後白河院政のもとでは、鳥羽殿はあまり利用されなくなる。美福門院ではなく、待賢門院を母とする後白河上皇は、白河地区の南方に法住寺殿を営んだ。鴨川左岸の北小路末（七条大路末の一町北）から八条大路末に広がる地域である。

永暦元年（一一六〇）に新日吉・新熊野社が勧請され、翌年法住寺南殿が完成する。この院御所は、平治の乱で焼失した信西邸の跡に、藤原信頼の中御門西洞院邸を移築したものであるという。この二人の後白河院近臣は、平治の乱で敵対し、ともに滅びていた。また「件殿四郭に十余町を籠めらる。其内堂舎大小八十余宇を壊ち棄てらる。衆人怨みあり」（『山槐記』）とあるように、周囲の十余町を囲い込み、そこにあった堂舎を立ち退かせたという。

最初の南殿完成と同じ年、早くも七条末の北側に七条殿が作られた。この御所は東御所・西御所と別れていたが、承安四年（一一七四）に建て替えられ統合された。また、南殿も仁安二年（一一六七）に建て替えられた。さらに、長寛二年七条末の南側、南殿の西側に平清盛が造進した蓮華王院（三十三間堂）が完成する（川本重雄　一九八八）。

安元二年（一一七六）高倉天皇の国母建春門院が亡くなり、後白河と清盛の決裂のきっかけとなるが、その遺骸は蓮華王院の東に完成間近だった法華三昧堂の地下に埋葬された。この御堂は後白河の墳墓堂として建築されたらしいが、急遽建春門院陵となった。現在、その正確な場所は確認されていないが、後白河天皇陵の北に並んで存在した可能性が高い。かつて、鳥羽殿に白河天皇陵とともに、

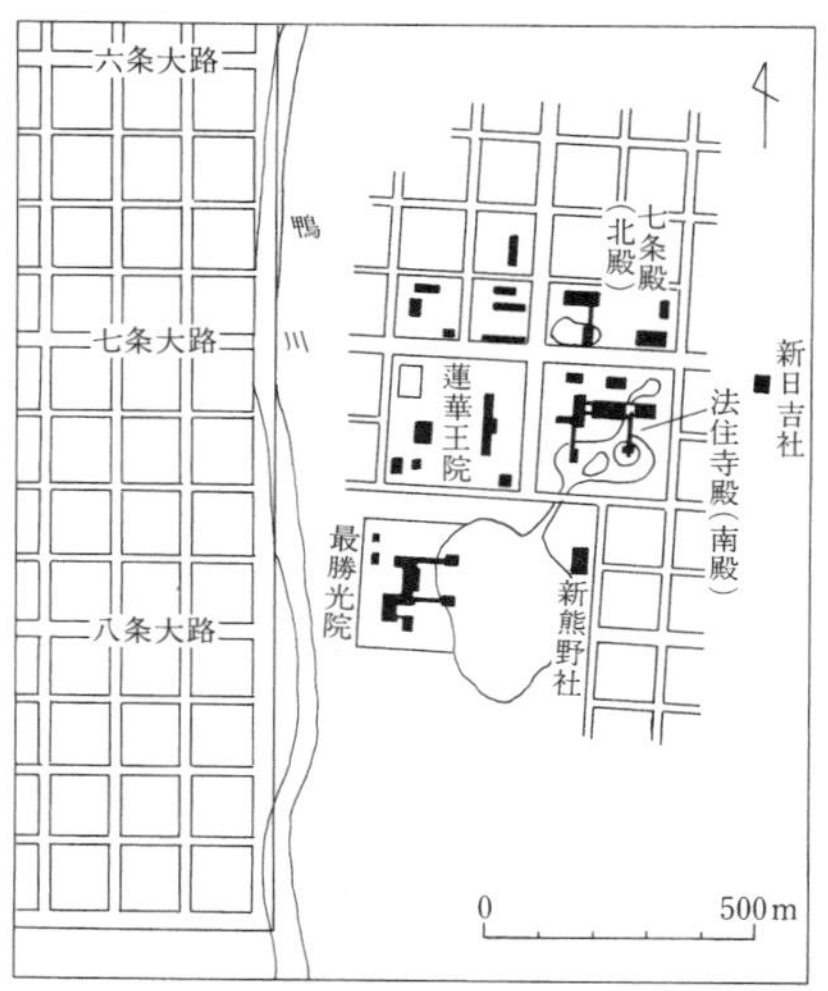

図53　法住寺殿位置　江谷寛「法住寺殿の考古学的考察」（古代学協会編『後白河院』吉川弘文館，1993年）より

図54　蓮華王院三十三間堂

鳥羽天皇陵と美福門院陵が計画されたことを考えると、それを意識して新しい皇統の墓所を作ろうと意図したと思われる。法住寺殿は後白河による新たな権門都市となったと言えよう。

コラム3 熊野御幸の変容

白河法皇といえばさかんに熊野御幸を行ったイメージが強いが、譲位後四年たった寛治四年（一〇九〇）が最初、二度目は二十六年後の永久四年（一一一六）である。その後は一年半に一度の割合で参詣し、全部で九回となる。院政を行った鳥羽・後白河・後鳥羽が定期的に足を運んだのに較べると、特徴的である。白河は当初寛治二年高野山、四年熊野、五年再び高野山、六年吉野金峰山と、熊野参詣だけを特別に行っていたわけではない。いずれも宇多法皇が参詣したところで、その顕彰という意味あいが強い。それがどうして変わったのだろうか。

私は、長く熊野三山検校をつとめてきた園城寺の増誉が亡くなり、行尊が就任したのが大きいと思っている。増誉は典型的な院近臣僧であったが、行尊は母が実仁・輔仁の母基子の妹であるから、白河法皇とは長年の政敵に近い。輔仁の失脚は永久元年であったが、永久三年九月に法皇は輔仁の閉門を解いている。しかも輔仁の子有仁王を猶子として、宥めるのである。

先代の増誉も修験道との結びつきが強い。最初の熊野御幸の先達をつとめた功により、園城寺長吏が熊野三山検校に任じられる慣習をひらいた。しかし行尊の場合、十二歳で園城寺に入り、十六歳になると熊野・大峯を中心に入峰苦行を重ね、それは並大抵の修行ではなかった。そのことが、法皇を毎年のように熊野の山中へ導くという前代未聞のありかたに繋がったのであろう。

政治的な立場の危うさを吹き飛ばしてしまうような、行尊の信仰にたいする情熱。そして、和歌や琵琶（びわ）、書などに長じた当代一流の文化人であったことも、法皇との結びつきを強めることになったのであろう。このように専制君主のまわりには、さまざまな人物が集まり、むしろその人物の意志に法皇が引きずられる場合もあったようである。

六　貴族社会のありかた

1　貴族社会のしくみ

貴族社会のありかたを考える

本章が着目するのは「貴族社会のありかた」である。社会の「ありかた」とは漠然としたものであり、それを考えるためには多角的な視点から、さまざまな分野を扱う必要があると思われる。たとえば、現代社会のある組織の「ありかた」を端的に捉えるためには、その組織がいかに構成・統制されているのか、さらには人事のしくみなどをまずは分析する必要があろう。かかる視点から「貴族社会のありかた」を考えてみたい。

摂関・院政期の貴族社会とは、政治・行政を掌(つかさど)りこの時期の日本社会を支配する組織体である。政務や国家行事に関わる組織構成や財源・運営方法、貴族社会を構成する身分と人事のしくみなどに主たる焦点を当て、貴族社会のありかたを考えることとしたい。また、当該期はイエをはじめとする日本の中世的な社会のしくみが成立する時期でもある。以上を念頭におき、①儀式と政務、②人事のしくみ―叙位(じょい)と除目(じもく)―、③受領(ずりょう)と貴族社会の順で論じる。

貴族の活動の場と身分標識

平安貴族といえば、文学作品からの影響もあり、儀式を繰り返し、恋愛や詩歌管弦に耽るイメージが強いが、一～四章の通り実態は大きく異なっていた。たとえば、藤原実資は公事（朝廷での儀式や政務）の上卿（行事担当責任者である公卿）をたびたび務め、その実務内容や行政上の判断材料となる先例、他人の評価に至るまで、詳細な記録を日記として書き残すなど、忙殺される日々を過ごした。また、道長の栄華も外戚となる偶然のもたらす幸運のみに支えられていた訳でなく、あえて関白にならず左大臣一上、すなわち太政官首班として公卿会議に自ら出席し、国政や人事の重要審議を領導するなど、積極的な政治運営により築き上げられた。つまり、貴族社会は一般にイメージされるような退屈でいい加減な世界ではなく、さまざまなしくみやルールのなかに存在していたのである。

具体的なしくみを見る前に、貴族の主たる活動の場と彼らの身分標識について簡略に示しておこう。貴族が政務を行う場は平安京大内裏の内裏である。なかでも天皇はほぼ一日を清涼殿と呼ばれる建物で過ごしたため、政治を掌る主だった貴族もそこを中心に行動した。貴族の身分は官職と位階（官位）で示され、貴族とは厳密には五位以上の特権階級を指した。三位以上は公卿とも称され、そのなかで大臣、大納言、中納言、参議などの官職を帯びた太政官議政官が政治を掌った。六位以下の有位者は下級官人と総称することとする。

2　儀式と政務

公事の分配

土田直鎮が明言したように、平安時代の政務と儀式とは密接不可分な関係であった（土田直鎮　一九九二）。それを端的に物語るのが清涼殿の「年中行事御障子」である。人事の政務から饗宴に至るまで、年間の恒例公事を両面に記した衝立障子で、太政大臣藤原基経が光孝天皇に献上し、参殿する諸臣に行事の日程を告知し、準備させる機能を果たした。

これらの公事はどのように運営されたのであろうか。恒例行事のうち、元日・白馬など節会は一上（議政官の首班、通常は左大臣）が責任者の任にあたる決まりで、外記政のように当日参加した公卿の上位者を上卿（日卿という）とする公事もあるが、その他多くは上卿を現任公卿に割り当てる「分配」がなされた。公卿分配は前年十二月ごろに陣座で実施され、大部分が大・中納言に、一部は参議に割り当てられた。月次祭など弁官（中・少弁）に分配する公事もあった。

分配成立の背景として、寛和二年（九八六）十二月五日付の宣旨（『類聚符宣抄』）が着目される。公事当日に何かと故障を申し立て、天皇が綸旨で催促しても応じず公事が行えない実状があり、故なく怠ると封戸半年分の収入を停止するという罰則規定がみえる。このように分配は貴族の懈怠による公事停滞を、抑制するための措置だったのである（今江廣道　一九八四）。

図 55 「年中行事御障子」 宮内庁京都事務所提供

行事所による臨時行事の運営

では次に、一代一度の仁王会や大嘗会、また内裏造営や朱雀朝から始まる神社行幸など、臨時の国家的行事の運営方法について、内裏造営を事例に検討しよう。

天徳四年（九六〇）九月二十三日平安遷都後初めて内裏が焼亡した。同月二十八日、「造内裏所別当・行事等を仰せらる。大納言藤原在衡・参議藤原朝忠・藤原重信・左中弁藤原文範・左少弁平善理・右大史秦衆頼・左少史佐伯是海」（『園太暦』貞和二年七月二十一日条）とみえ、天皇の宣旨によって「造内裏所」が置かれ、別当（上卿）や行事が任命された。「造内裏所」とは太政官内に設けられた特定の行事にかかわる政務処理機構であり、行事所ともいい、上卿は正・権中納言以上、行事宰相は参議、行事弁は左右の中・少弁、行事史は左右の大・少史のなかから選任された。

太政官から政務処理機能を分割して特定事業を請け負う行事所は、天皇への上奏手続きを経ずに独断で官使を派遣したり、独自に経費を調達し得るなど、令制の形式主義と煩雑性を排した、政務処理の簡素化と即決性を重視したプロジェクトチームであった（棚橋光男 一九八三）。

上卿に補任された大納言藤原在衡は、文章生から出身し、蔵人・右大弁など実務官僚の経歴を有した。また、道長時代に神社行幸行事所上卿を務めたのも、所謂「寛弘四納言」と称された藤原斉信・同行成・同公任・源俊賢ら故実先例に長けた有能な人物が多い。つまり上卿・行事は、実務家として認められた名誉ある役職といえよう。重職の負担を支えたもう一つの要因として、業務遂行後に実施される位階昇進という褒賞（勧賞）も注目される。話を造内裏に戻すと、翌応和元年（九六一）十二月完成した新造内裏に天皇が避難先の冷泉院から還御し、上卿以下の行事と造営を請け負った国司は勧賞（後述）として昇進機会を得ている。

これ以降、行事所は朝廷の諸行事運営において不可欠な組織として定着していくが、白河院政期になると鳥羽代始めの石清水行幸を画期として、「巡」によって行事所の上卿・行事が補任されたように、巡役化の傾向がみられるようになる（佐古愛己 二〇一二）。つまり、行政能力の有無にかかわらず、役が務まるように変化したことを意味する。この変化の背景には、弁以下のプロフェッショナルな実務官僚の確立が想定される。そこで一部の官職・官司における特定氏族による世襲化という現象をみていこう。

太政官と中世的官司運営

太政官事務部局として、少納言—外記局と並ぶ重要機関の弁官局では、小槻氏が実務を担当し、十二世紀半ばまでに弁官局最上首である左大史（官務）の地位を独占世襲した。太政官の文庫（文殿）が形骸化するなか、同氏所有文庫の文書管理業務が中世朝廷の政務運営を支えたことが知られる。

このような職務と地位の世襲化に加え、十二世紀後半には官職・職務や官司に付随する収入や所領などの利権（職）を取り込み、小槻氏による請け負いが完成した。また、太政官文書の作成を担当する外記局でも、最上首大外記が明経道を学ぶ中原・清原両氏によって世襲されるようになった。こうした特定官司の運営を特定氏族が独占的に代々請け負い、その利権を得る中世官司運営方法を、佐藤進一は「官司請負制」と定義した（佐藤進一　一九八三）。

近年では同説の批判的継承が進められ、すべての官司で必ずしも独占的な請け負いには至らず、総体的にみると太政官を頂点とする官司の統合関係が解体し、業務内容・組織の組み換え、細分化が進むなど、多様なかたちで中世的な再編が進行したことが解明されている。つまり、前述のように業務が合理化され、文書行政の基幹を担保するため、その中枢官司で独占的世襲が生まれたり、逆に必要性が低い官司や利権が成立しない職務は家格を示す身分標識と化し、一方で、内蔵寮・修理職などの経済官司では独占的な請け負いではなく、富裕な院の近臣受領が長官に任ぜられ運営される体制が生じたと考えられている（桜井英治　一九八七、本郷恵子　一九九八、遠藤珠紀　二〇一一、井上幸治　二〇一六）。

図56　官制図　佐々木恵介『天皇と摂政・関白』講談社，2011年より

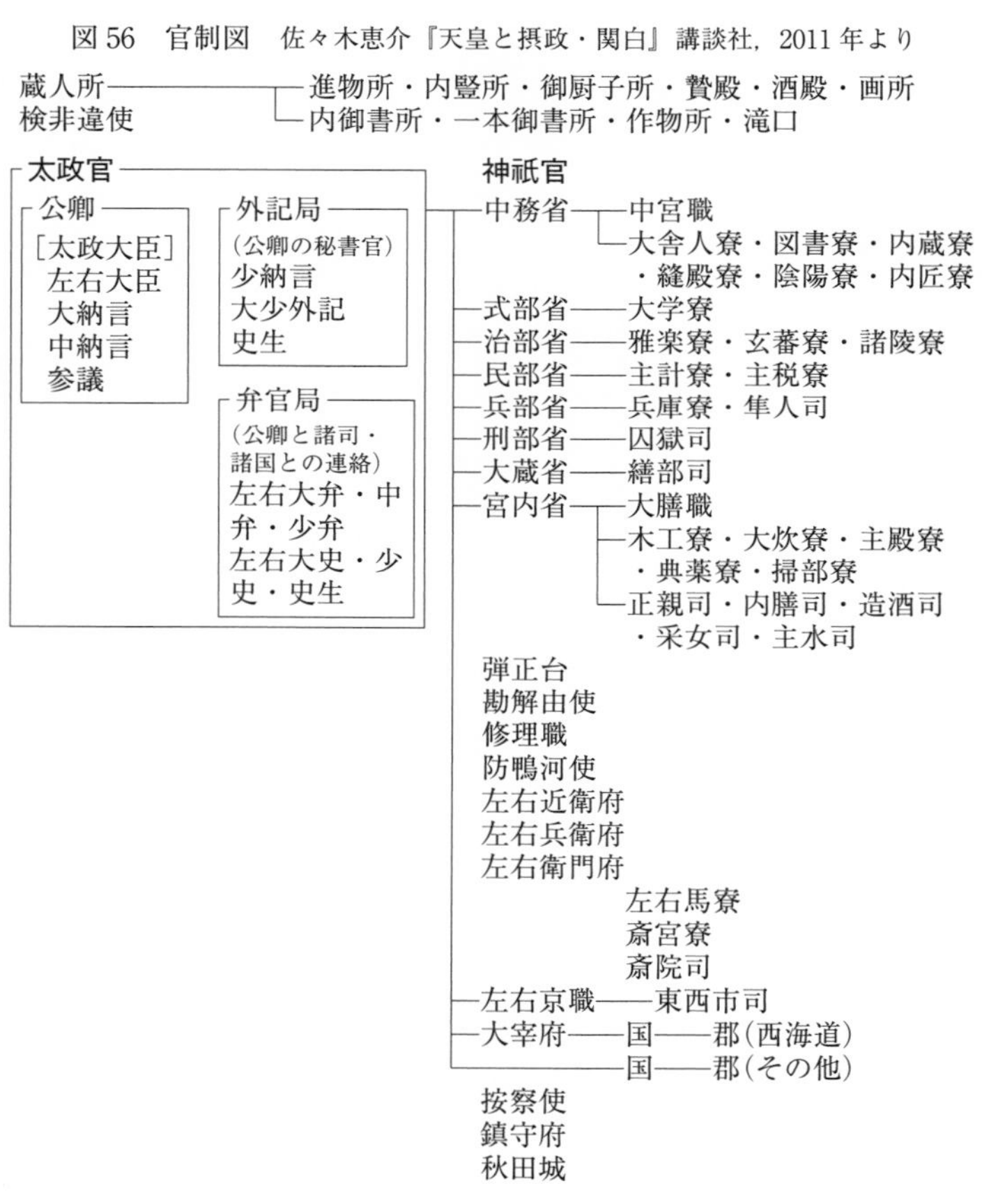

昇殿制と蔵人所の拡充

貴族や官人の多くは蔵人、院司、摂関家家司などの家政機関職員を兼帯していた。まずは天皇家の家政機関であり、平安中・後期にかけて宮廷運営機関の中枢として発展した蔵人所を取り上げたい。

実質的長官である蔵人頭は、嵯峨天皇と兄平城太上天皇（上皇）との間で勃発した薬子の変（平城太上天皇の乱）に際し、弘仁元年（八一〇）三月、天皇が側近巨勢野足と藤原冬嗣に宣旨を以て兼補させたことにはじまる。令の規定では、天皇への上奏や勅旨の伝宣は主に内侍司の尚侍以下の女官の職掌であった。そのため平城の寵臣尚侍藤原薬子を経由すると上皇側に機密漏洩する懸念があり、蔵人頭・蔵人所が創設されたと考えられてきた。

しかし、近年の研究によると、このように恒常的に天皇に近侍して、奏上、伝宣、護衛などを行う蔵人所構成員は、律令制下の天皇と五位以上官人（マヘツキミ）集団とは別の基準、すなわち天皇との個別人格的関係によって選定された天皇の「家人」とも言うべき近侍伺候者集団として捉えられ、このような存在が成立した背景には、古代日本の律令制的な天皇や政治体制からの変容があったと考えられている。つまり、本来「私」を持たないはずの天皇が、嵯峨天皇によって家産制的要素が積極的に導入された結果、中世につながる「天皇の家」・「一権門」としての性格を濃厚にしていくというのである（佐藤全敏 二〇一五）。蔵人所はさらに、天皇の食事や服飾調度の調進にも関与し、宮廷経済を掌る内蔵寮とも関係を深め、宇多朝には御厨子所など諸所と呼ばれる多数の部署を管轄下に置き、家政機関の中枢として機能を拡充し、頭二人のもと、五位蔵人、六位蔵人、非蔵人、雑色、所衆、出

図57　殿上の間　宮内庁京都事務所提供

納、小舎人、滝口、鷹飼などの職員を擁する大組織となった。

蔵人所と時を同じく発展したのが昇殿制である。昇殿とは天皇の居所である内裏清涼殿南廂にある殿上の間に伺候することで、天皇の許可を要した。親王と公卿以外では、蔵人頭・五位と六位の蔵人、そして四位・五位の中からとくに許可された者（殿上人）だけが昇殿を許された。蔵人頭の指揮のもと、蔵人・殿上人は陪膳（天皇の食事の給仕）をはじめ殿上の庶事に奉仕する義務を負い、殿上の簡に名を付され、勤務状況が管理（上日＝日勤と上夜＝宿直を記録）、毎月天皇に奏上され（月奏）、過失や懈怠があると除籍された。当時、名簿を捧呈することは主従関係の締結を意味したのである。

菅原道真ら文人貴族を登用した宇多天皇の政治構想のもとこれらの制度が整備されたが、寛平九年（八九七）譲位の際、宇多は筆頭公卿大納言藤原時平を蔵人頭の上に新設した別当に任命し、時平を以て第一の臣としてその輔導に従えと『寛平御遺誡』の中で醍醐新天皇に諭している。昌泰二年（八九九）二月、左大臣に昇った時平が天皇家の家政機関と国政機関の二つの支配権を併せて掌握して以降、蔵人所別当は天皇との私的関係の頂点にあるミウチの藤原氏によって独占されるようになった。道長も左大臣と蔵人所別当を兼ね、太政官系統の政務（官方）と蔵人所系統の政務（蔵人方）双方を領導した。以上のように、蔵人や殿上人は代替わりごとに宣旨で昇殿の許可を要したことから、官位制度とは異なる天皇との私的、主従制的関係に基づく身分秩序といえる。

朝賀と小朝拝

ここで着目したいのが年頭儀礼の朝賀と小朝拝である。朝賀とは律令制下において毎年元旦に天皇が朝堂院の大極殿に出御し、文武百官から拝賀を受ける行事であったが、一条朝の正暦四年（九九三）を最後に廃された。

一方、同日に行われる小朝拝は遅くとも清和・陽成朝には成立、皇太子以下の王卿と蔵人・殿上人のみが内裏清涼殿東庭に列立し、殿上倚子に着座した天皇に対して拝舞する儀式で、朝賀廃止後に盛行し、幕末まで実施された（古瀬奈津子　一九九八）。朝賀が律令国家の支配機構を象徴する儀式であるのに対して、小朝拝は天皇と貴族との個別人格的関係にある政治機構を表象する儀式といえ、政治体制の変化を象徴的に示しており興味深い。

つまり、律令制的な官僚機構が相対的に地位を低下させ、天皇との主従関係や家政機関を通じた私的関係にある政治機構が優勢になるという貴族社会の変化を示している。

摂関家の家政機関

「養老家令職員令」には親王・内親王および現職の三位以上は、家政を執らせる職員が朝廷から支給される規定があり、公卿の場合、家令・扶・従・書吏の四等官制の職員が給された。

しかし、延喜二十年（九二〇）九月、右大臣藤原忠平家が発給した文書に、令外の諸機構の長を意

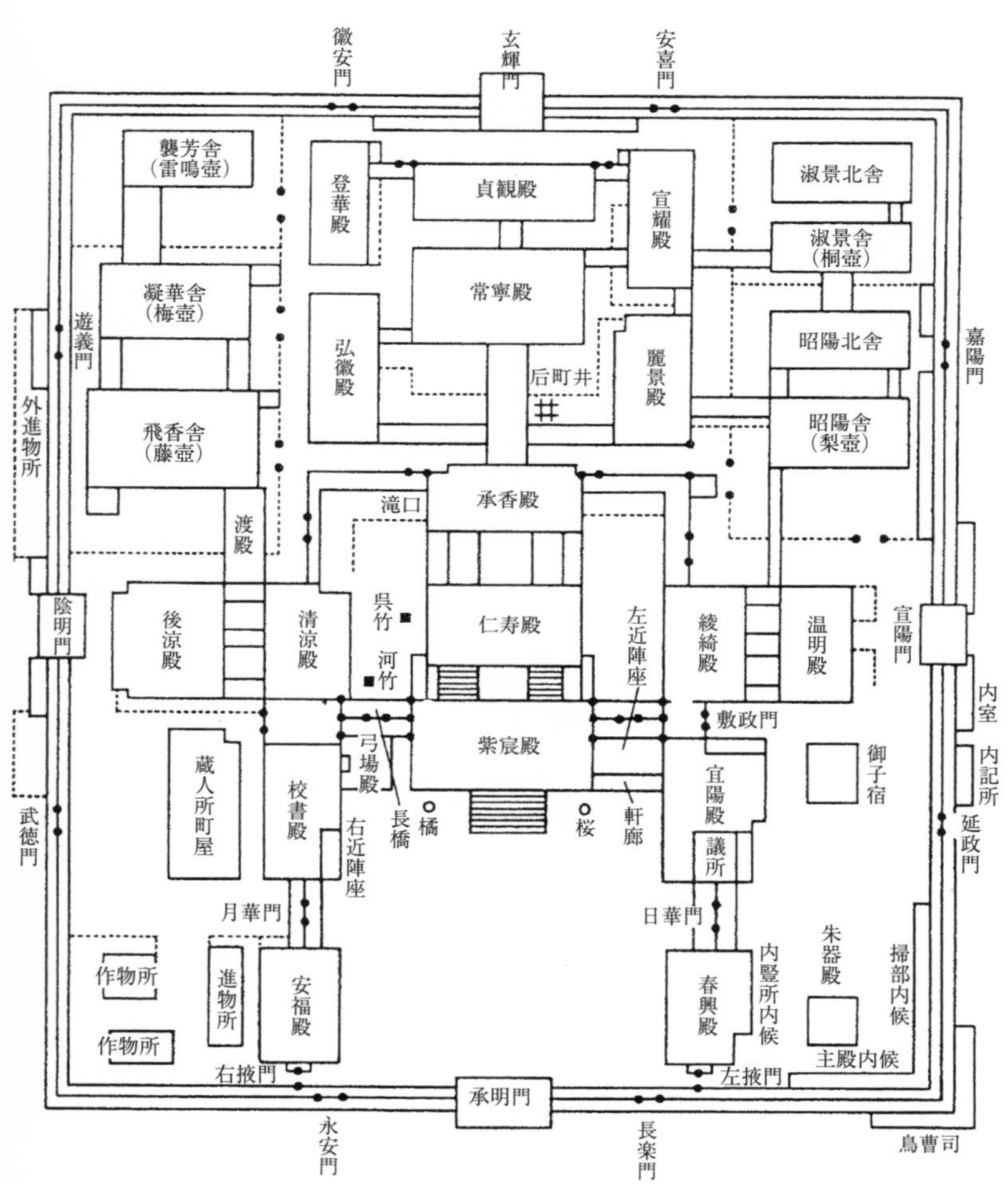

図58　平安宮内裏　『岩波日本史辞典』1999年より，部分

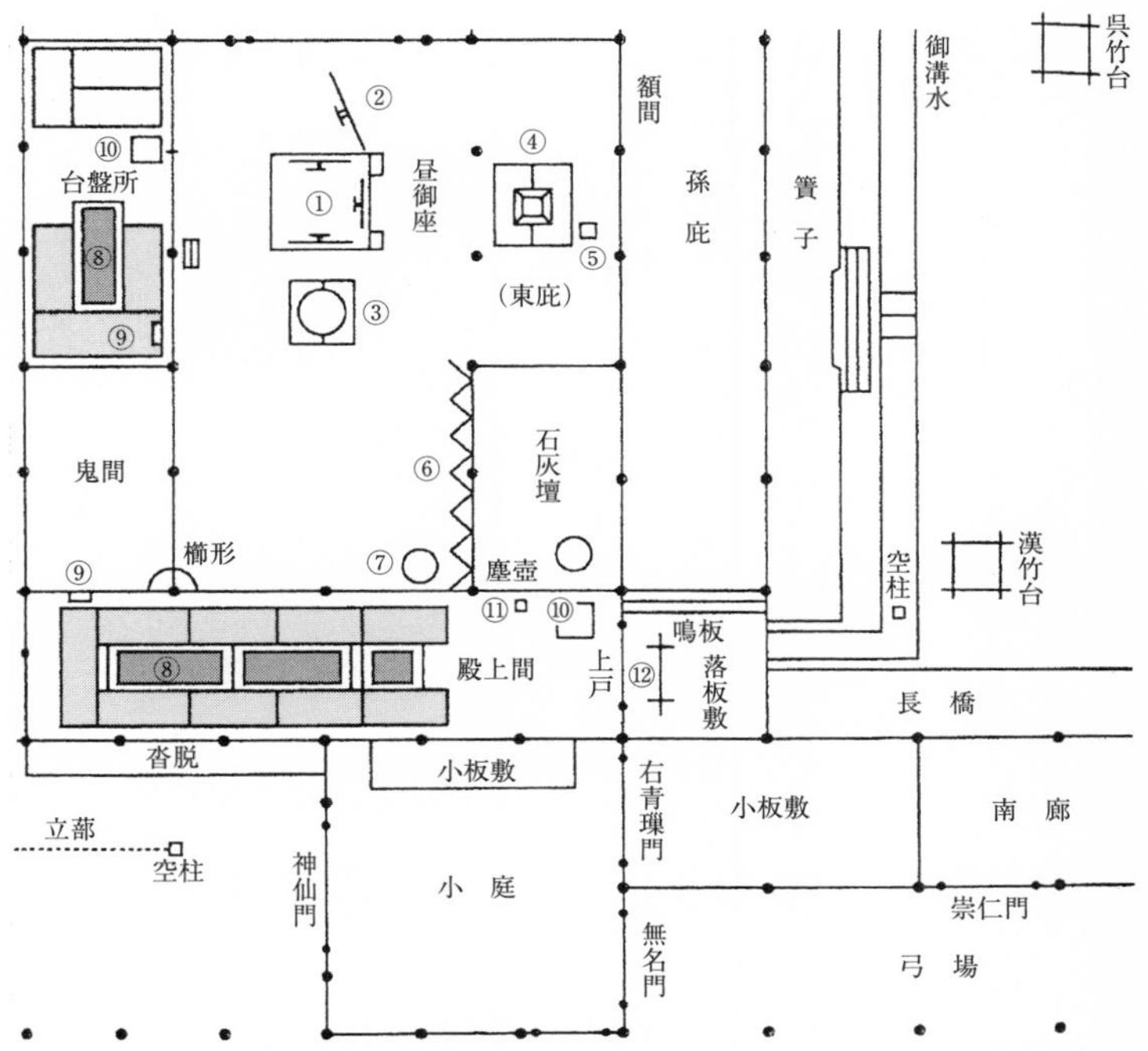

図 59　平安宮清涼殿（南東）『岩波日本史辞典』1999 年より，部分
①御帳台，②三尺御几帳，③大床子御座，④平敷御座，⑤御硯筥，⑥四季御屏風，⑦陪膳円座，⑧台盤，⑨日給簡，⑩御椅子，⑪文杖，⑫年中行事障子

味する「別当」がみえることから、令制とは異なる新たな家政機関が成立していることがわかる。その中核は政所(まんどころ)であり、最上層の職員として四・五位クラスの別当がおり、家司として家政全般にわたり指導的な役割を果たした。他にも知家事(ちけじ)や令制の系譜をひく令(れい)・書吏(しょり)・従(じゅう)・案主(あんじゅ)などと呼ばれる職員がいるが、彼らも主君の命を伝える私的な文書「御教書(みきょうじょ)」で補任された。上家司(かみけいし)である別当・家令が五位以上なのに対して、知家事以下の職員は六位以下の下級官人の身分で、十一世紀初期以降は下(しも)家司(けいし)と総称された。

摂関政治期の国政は摂関家の政所で行われたとするかつての政所政治論が否定されているように、政所は家政を扱う機関である。摂関家が荘園領主権門(しょうえんりょうしゅけんもん)として成長する十一世紀後半以降、荘園からの収取、物資の調達、政所下文(まんどころくだしぶみ)等の文書発給を担当する機関として拡充し、毎年八月に行われた所宛(ところあて)という政務において、摂関家の年中行事が別当以下の職員に割り当てられた。とくに下家司は実務担当として荘園からの用途調達に重要な役割を果たした。

侍所と家政機関の拡充

これら職員の出仕を管理したのが侍所(さむらいどころ)である。ここは摂関就任とともに蔵人所と改称する慣例があるように、内裏清涼殿の殿上の間と類似した機能を有した。備品も密接に関連し、大(台)(だい)盤(ばん)、日給簡(につきゅうのふだ)と名簿唐櫃(からびつ)があった。前者は饗所(きょうしょ)としての性格を、後二者は宿直を含む職員の出欠を管理し、行動を監視する役割を果たし、摂関家の主従関係の中枢を担った。侍所の職員は別当である職事(しきじ)という五位以上と、六位の侍の二つの階層からなり、家政全般を取り仕切った。

頼通期には、職員らの諸行事への出仕要請と出欠管理（見参招集・着到記入）や賜禄に携わる所司という職員も現れた。摂関家の家政機関の拡充は、橋本義彦や元木泰雄によると政治的に斜陽の院政期にこそ進んだことが知られる。つまり政治の実権が上皇に移ると、経済活動を担っていた受領家司が離反し、摂関家の経済基盤が変質して荘園等へ依存度を高める必要性が生じたため、十二世紀前半、藤原忠実は摂関家領の集積に奔走し、荘園からの調進を主要な機能とした政所を拡充させる一方、受領以下の離反に対応するため、侍所による家政機関職員の統制強化や主命違反者への私的制裁の強化を図った（橋本義彦　一九七六、元木泰雄　一九九六）。家政機関の拡充は、摂関家の政治的立場の変化と大きく関係したのである。

院政と公卿会議

摂関政治から院政へという変化は、天皇の父方である父院や皇族・源氏と母方の母后と外戚双方のミウチが共同で政治を行う政治形態から、父院が専制的権力を行使し、単独で皇位継承者を決定する独裁的な政治形態への移行として捉えられる。その政治過程は四章の通りであり、院政開始直後には、白河上皇は家長として天皇家やミウチ内部の家政に関連する事柄への関与にとどまっていた。しかし、五歳の孫鳥羽を即位させ、唯一の親権者として政権の中枢に立つと、天皇・皇太子・摂関以下の人事権を独占し、寺社関連の人事への関与も強化した。さらに、天皇家の荘園領主権門化、荘園領主権門間の対立の激化、悪僧の強訴や軍事的危機の増加など、社会状況の変化のなかで緊急事態への迅速な対応が迫られ、天皇家家長（治天の君）として白河上皇は、国政全般に対して独裁的な権力を行使するようになった。

安原功によると摂関・院政期の「国家大事」と認識された事項は、南都北嶺の強訴・騒乱、新嘗会・大嘗会などの宮廷祭祀儀礼、叙位・除目という人事、改元、最高の国家祭祀である伊勢神宮関連事項という。嘉承二年（一一〇七）の白河院政確立後は、強訴・騒乱などの「国家大事」は院御所議定で審議されることが多くなるが、宮廷祭祀、改元、伊勢神宮関連は陣定で、叙位・除目など人事関係は天皇の御前定（幼帝のときは摂政直盧＝内裏内の宿所）で審議されており、治天の君の権力が確立した後も、国政の中心は太政官すなわち公卿会議であり続けた（安原功　一九九三）。

ただし、院の専制権力のもとで開催される公卿会議では、院の意向を慮って、公卿らはその意向に沿った内容の発言を行い、摂関もそれに従わざるを得ず、結果として院の恣意を貴族社会全体の意見として押し通す機能を果たしたと美川圭は評価している。また、高齢や病気、物忌みのために公卿会議に出席できない際に、現任公卿が一堂に会することなく蔵人頭が個別に在宅のまま諮問する方法（在宅諮問）が行われるようになり、たとえば摂関家では関白基実ではなく大殿忠通にというように、白河院政末期ごろから現任公卿すなわち太政官議政官よりも、家長が諮問対象になった。つまり官位よりも有職故実にたけた年長者が重要な存在とみなされ、治天の君、摂関家の大殿のように、家長が政治を主導する傾向が強まっていったのである（美川圭　一九九六、二〇一八）。

このように院政期には、太政官議政官を中心とする公卿会議は存続するが、院（治天の君）の専制権力の支配下に置かれ、またイエの原理が政治に入り込み、官位よりも家長の立場が優先されるように実態は大きく変質していった。

院庁の構成

院庁は院政開始に伴い拡充強化され、後白河院政以降は国政運営の一端も担うようになった。上皇は譲位直後に、また女院は院号宣下直後に、在位時の蔵人所や后妃時の職員を中心に、別当、判官代、主典代などの院司が補任され、後日開催する院庁始や院殿上始において、院司の増員、院の殿上人や蔵人などが任命された。院庁機構は後嵯峨院政期ごろに完成するが、院庁を統括する別当は公卿別当と四位別当があり、なかでも執事と呼ばれる院庁主催行事における遂行責任者の役を務める立場は知識・先例が求められた。執事二名のうち一人は年預といい、経営責任者として用途調達を行う経済力のある大国受領や内蔵頭・大蔵卿の歴任者などの四位別当から任ぜられた（橋本義彦 一九七六、白根靖大 二〇〇〇）。

別当の下で院中の実務を処理する判官代は四位〜六位が中心である。一方、主典代以下の実務部門は地下官人層が担い、卑姓氏族から任命された。主典代は文書行政や雑務に従事し、庁官（下級の職員）や物資調達を行うさまざまな「所」を統率した。上首は年預・庁年預といい、院庁の総責任者という意味から「庁務」と呼ばれ、安倍氏の「資」を通字とする一族による独占世襲が後鳥羽院政期に確定した（本郷恵子 一九九八）。このほか、平正盛・忠盛父子に代表されるように上皇の警備や御幸の供奉などを担う北面の武士が白河院政期に置かれ、「上ハ諸大夫、下ハ衛府所司允オホク候」（『愚管抄』二）とある通り、諸大夫以上の家柄の上北面と、衛門尉・兵衛尉・馬允等を多く含む下北面との別があった。

さて、院司として活躍した院の側近公卿や近臣について今少し検討しよう。実務官僚系と大国受領系、大きく二つの系統がある。

院の側近と近臣

前者は、藤原顕隆が白河院御所に夜な夜な伺候して事実上政務決裁を担い「夜の関白」(『今鏡』二)と称されたように、重要政務の諮問や取次を行う奏事に従事した。緊急事態に際して迅速な政務決定を可能にした奏事という重責を担えたのは、彼が弁官・五位蔵人・蔵人頭など実務官僚の重職を歴任した文書行政のプロフェッショナルだったからである。実務官僚系近臣の多くは正四位参議として公卿に昇進して国政運営を支え名家という家柄を築いた。白河院政期には為房・顕隆・顕頼など高藤流藤原氏の一族や、摂関家家司としても活躍した平信範らを輩出した高棟王流平氏、内麿・貞嗣流藤原氏などがいた。

一方、大国受領系の近臣とは収入の多い大国の受領を歴任し、任国で得た富をもとに経済的奉仕につとめ、白河・鳥羽院政期の大規模造営を支えた近臣である(4節で後述)。白河院の乳母(藤原親子)子藤原顕季にはじまる末茂流、堀河天皇の乳母(藤原家子)子基隆・忠隆父子らの道隆流、藤原清隆らの良門流、摂関期以来の受領の家である高階氏などの家柄があり、いずれも諸大夫層に属した。破格の抜擢により公卿へ昇進する者もいたが、多くは非参議・従三位として公卿の末席に留まり、公卿会議に出席した事実は確認されず、専ら経済的奉仕が期待される存在だった。

以上のように、院政を支えた院の近臣の多くは、院に登用された一族である。それはまた伝統的な貴族社会の慣習を破る新たな家格形成にもつながった。そうした変化を支えていたのが当時の人事のしくみである。

3　人事のしくみ――叙位と除目

人事は国家政務の枢要であり、貴族社会の統制においても人事権の掌握は必要不可欠であった。貴族の身分標識は官位によって表される。位階とはランクで、儀式の場における天皇との距離を指し、令制では正一位から少初位下まで三十階に分けられた。厳密には五位以上を貴族といい種々の恩典を有する特権階級で、六位以下とは身分的に隔絶していた。はじめて従五位下になることを「叙爵」といい、平安時代になると六位以下の下位は形骸化した。

叙位と除目

官職とはポストで、太政官には議政官や少納言、外記、弁官などの事務官僚のほか、太政官の下には中務・式部・治部・民部・兵部・刑部・大蔵・宮内の八省の四等官などがおかれた。こうした京内の官職すなわち京官だけでなく、国司などの地方官（外官）もあり、さまざまな官職への任命は位階と関連付けられていた（官位相当制）。

なお、議政官とは現任の左大臣・右大臣・内大臣・大納言・中納言（それぞれ権官を含む）・参議を指し、国政運営の中核である太政官議政官会議に出席できる立場である。一方、公卿とは三位以上と四位参議をいうが、これには議政官のみならず名誉職的な太政大臣、摂政関白、前官（議政官を辞任した者）および非参議（三位以上の位階のみを有し官職のない散位）も含まれる。

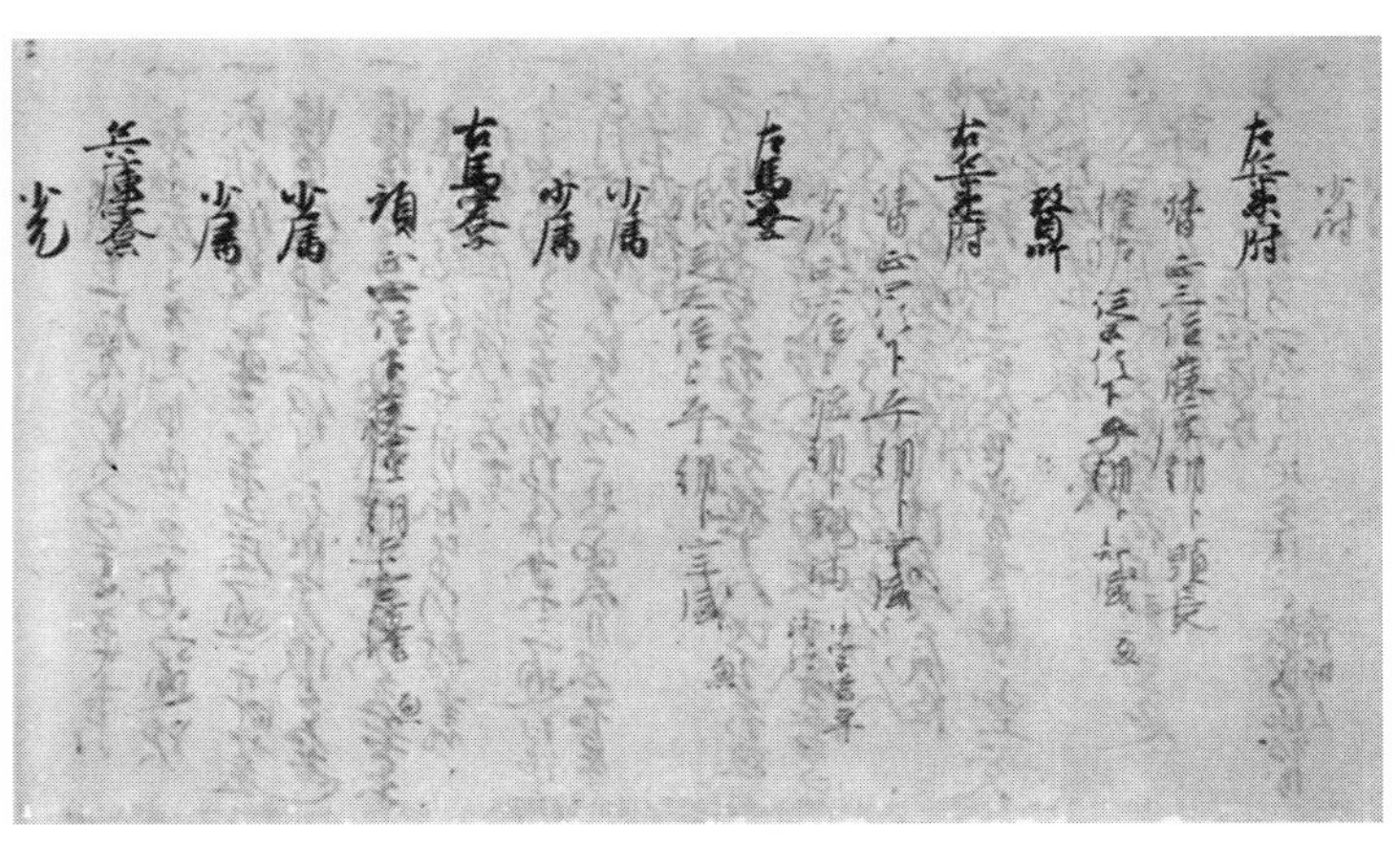

図 60　「大間書」　九条道家筆，宮内庁書陵部所蔵

位階と官職を授ける儀式をそれぞれ叙位・除目という。令外官のうち摂政・関白、蔵人・検非違使は、除目ではなく天皇の詔や宣旨で任ぜられた（宣旨職）。

除目の次第

儀式書や貴族の日記（古記録）によると、除目は毎年正月中下旬に三日間（初夜・中夜・竟夜）の日程で実施される外官除目（春除目・県召除目）と、本来は二月初旬、ただし院政期ごろになると実施日程が遅れて秋以降、年末近くに一〜二日間で行われる京官除目（秋除目・司召除目）があった。

いずれも清涼殿の天皇の御前（幼帝の際は摂政直盧）で実施されるが、それに先立ち公卿は内裏宜陽殿南廂の議所という控室から、さまざまな文書を持って御前に着席した。欠官帳（京官や外官の欠員を書き出した文書）に、関係文書や前例を考慮して執筆（叙位・除目を統括する筆頭大臣＝一上）が天皇の許可を得つつ、候補者の名前等を書き入れる「大間書」を作成した。天皇の奏覧を経て清書の上卿に付され、清書が天皇に奏上、許可されると、任

図61　叙位　『年中行事絵巻』個人蔵

官者を招集するための下名が作成された。その後、下名は式部・兵部二省に下され、それを読みあげて任官伝達の儀が終了する。

叙位の流れ

一方、叙位は令の規定では、定められた上日（出勤日数）をクリアすると、考選法つまり毎年の勤務評定（「四善」という四つの徳目的基準と、「最」という各官職の職務達成基準との総合評価）を一定年数分総合して、叙位の可否および階数が決められるものであった。ただし、この勤務評価の結果が直接反映されるのは六位以下の奏授や判授のみであり、本章で扱う五位以上は勅授といい、天皇の意志で決定されるため、勤務評価の結果は機械的には反映されず、天皇に上奏されるだけだった。

十二世紀成立の儀式書『江家次第』によると、恒例の叙位は正月五日を式日とし、主な儀式の場や参加者は除目と概ね同様である。はじめに清涼殿の日華門北掖に設けられた議所に公卿が参集し勧盃を行い、外記がさまざまな文書を準備する。その後、天皇の御前に公卿らが集まり、まず十年労帳という文書が天皇に奏覧され、外記と蔵人が準備した文書類が、天皇の側に座す執筆に下給された。執筆はそれらの文書（外記勘文や中文など）に基づき、叙爵（従五位下）、その後加階（従五位上以上）を決定し、結果と年月日を続紙に記し、天皇に奏覧して終了する。その後、執筆は叙位の結果を叙人に伝える位記という文書を内記に作成させた。勅授である五位以上の位記は天皇御璽（内印）を捺す請印の儀を経て、正月七日節会の際に紫宸殿の庭に列立した親王以下の叙人に授与された（吉川真司 一九九八）。

人事決定の経緯

以上のように、人事決定の場である叙位・除目は、清涼殿の天皇御前に現任公卿全員招集して実施され、天皇と執筆によって決定された。幼帝のときは、摂政の直盧で天皇に代わって摂政が人事を決定し、成人天皇の場合は、関白が天皇と執筆の間に座して決定に関与した。

このように叙位・除目における人事権は、天皇（摂政・関白）と執筆が掌握し、御前に着座している公卿は文書や叙人・任官者の名前が読み上げられるのを聞き確認するのみで直接議論することはなかった。ただし、その場に参加し、聞くことで人事に同意したと見なされたのである。これは太政官議政官会議の「政」の方式を継承した形式だと考えられている（美川圭 二〇一八）。人事決定という国家枢要の政務は以上のような次第に沿って実行され、さまざまな文書と複雑な手続きを要する煩雑なものであり、政務と儀式が不即不離の関係にある平安時代の公事の実態をよく表している。

次に人事を決定する際に用いた資料（文書）に着目して、平安貴族社会の人事評価の内実を、叙位を事例に検討しよう。

年労制―昇進事由― 儀式書に見える叙位決定資料は外記勘文と中文の二種類に大別される。ここに記される内容が人事決定に必要な情報ということになる。

外記勘文には候補者の官職の在職年数を示す「労」が記されていた。つまり、官職ごとに昇進に必要な一定年限の労があり、その労を積んだ官人が外記勘文に登録され、叙爵や加階の対象になったのである。中文とは、個人もしくはその所属官司から提出される推薦書であり、労や功績が記された。このように労を基本的要素とする叙爵および加階方式を年労制と呼ぶ。

玉井力の研究によると、年労叙爵は九世紀後半ごろに成立し、六位官職のうち、①式部丞・民部丞・(兵部丞)・外記・史・衛門尉(以上、顕官)、蔵人・近衛将監などは、毎年おのおの一人ずつの叙爵枠が割り当てられ、年労の高い順から叙された(巡爵)。顕官とは平安時代にとくに顕要と考えられた官職である。次いで②内記・大蔵掾・検非違使などは、一定年限を決めて外記の勘申に基づいて叙爵し(年労叙爵)、③それ以外の諸司(文官)・諸衛(武官)に在職する官人は、諸司と諸衛でひとまとめにしてそれぞれの中で最上臈者をそれぞれ一～二人叙爵した(諸司労・諸衛労)。つまり①が昇進に最も有利で、③が最も不利である。年労加階とは官職別に昇進に必要な労が設定され、それに従い従五位上以上へ昇進する方法である(玉井力 二〇〇〇)。

労が短く設定された官職は昇進に有利なため、特権的な官人が要職を独占し、十世紀の前半には侍従―兵衛佐―近衛少将―中将―参議という昇進コースが生み出された(笹山晴生 一九八五)。以上の通り、年労制とは官職の在職年数に基づく年功序列的な昇進制度である。

しかし、昇進の事由はこれだけではない。儀式書では執筆が「院宮御給乃簿（いんぐうごきゅうのぼ）」や「院宮御給申文（いんぐうごきゅうのもうしぶみ）」なる文書を奏上、勅許を得て叙位が行われている。これは年給（ねんきゅう）の一種年爵（ねんしゃく）という方式である。

年給制度のしくみ

年給制度には年官（ねんかん）と年爵とがあり、前者は毎年除目の際に、所定の官職に所定人員を申任（しんにん）（後述）、後者は毎年叙位の際に、所定人員の叙爵を申請する権利を与える制度である。年官年爵の権利が与えられた者を給主（きゅうしゅ）という。給主は官位の希望者を募り叙任料を得ると考えられてきた。つまり、年給制度は律令制下の食封（じきふ）（官位に応じて国家から支給された給与＝封戸（ふこ））制が崩壊したのち、それに代わる封禄（ほうろく）として叙任料を給主の収入源とする「反律令的封禄」の一種で、売位売官だと理解されてきた（時野谷滋 一九七七）。しかし近年の研究によって、給主の近親者や家政機関職員への叙任という年給の昇進制度としての意義が注目されるようになった（永井晋 一九八六、尾上陽介 一九九三、佐古愛己 二〇一二）。

年給、なかでも年爵の権利を有する給主とは院宮、つまり上皇・女院・三宮（さんぐう）（皇后・皇太后・大皇太后）、東宮、准后（じゅごう）（准三宮（じゅさんぐう））である。年爵叙位の史料上の初見は仁和三年（八八七）陽成院御給で叙爵した例であり、当初は名称の如く叙爵のみであったが、十世紀前半に加階が始まり、十二世紀半ば後白河（ごしらかわ）院政期には三位以上の上階（じょうかい）も年爵で叙されるようになる。院政期以降、院号宣下が増えるなど給主の増加傾向が続き、叙位全体に占める年爵の割合が増加した。しかも加階という重要な人事へも影響するようになった。

年爵は年功序列的な年労制とは異なり、給主の近親者や家政機関職員など、院宮と人的関係を有する者に有利な特権的な昇進方法である。つまりミウチ政治や家政機関の拡充と連関して発展した人事制度といえよう。

摂関子弟の昇進

天皇のミウチという立場から政治の実権を掌握する摂関政治が展開していく良房（よしふさ）以降の摂関子弟は、前述の有利な昇進コースと天皇や院宮との密接な人間関係を利用して年爵などの恩典を得て、破格の昇進を果たした。その典型が元服叙爵（げんぷくじょしゃく）である（服藤早苗 一九九一）。その濫觴（らんしょう）は十六歳の藤原時平が内裏仁寿殿（じじゅうでん）で元服し正五位下に叙された仁和二年（八八六）である。光孝天皇より賜った神筆位記に「名父の子、功臣の嫡」（『朝野群載』巻一二）と記される通り、有功公卿の子息が父の功績を理由に叙爵した。これは「臣、君に事（つか）え、忠を尽し、功を積み、然る後に爵位を得る」（『令集解』巻第一）という令制下の授位原則から大きく懸隔しており、出仕経験のない人物が父祖の功績のみによって、元服と同時に五位という高位を得る特権で、位階制の歴史において大きな画期と位置づけられよう。

そもそも日本は科挙（かきょ）を採用せず、また唐令（とうれい）では一品（いっぽん）の子は正七品下という恩蔭（おんいん）に比べ、日本令の蔭（おん）位（い）制では一位の嫡子は二十一歳になると五位という非常に高位が与えられる規定があり、身分の再生産と天皇との親近性が重要視される性格が当初より顕著だが、その傾向がさらに強化されていった。

昇進の格差拡大

先に述べたとおり、官職により昇進の有利不利に格差が設けられ、天皇や院宮との親疎が昇進に大きく影響する傾向が九世紀末以降一段と強まった。結果、有利な昇進コースを辿りつつ殿上人を経て公卿に昇進する公達(きんだち)、昇殿が許可されない地下(じげ)の四位・五位止まりの諸大夫(しょだいぶ)、基本的には六位止まりの侍という三つの階層が成立し、中世貴族社会へ引き継がれていった。

さらに藤原兼家(かねいえ)を初例として、摂政・関白の子息が三位中将(さんみちゅうじょう)等から参議を超越して、権中納言に直任される慣例も生まれた。官位が急激に上昇し、摂関の父子直系継承の傾向が強まり、道長期には他の貴族を超絶する地位を実現させた。元木泰雄によると、その結果ごく一部の公卿を除き女子の入内(じゅだい)が困難となり、藤原北家(ふじわらほっけ)の外戚が断絶する可能性を高めミウチ政治は破綻する。ミウチである公卿が著しく減少、つまりミウチ以外の公卿が必然的に増加することになるが、彼らは蔵人頭・弁官などを経て、外戚関係とは無関係に代を重ねて公卿の地位を保持する昇進慣例を形成した。そして、道長嫡流の摂関家（頼通・教通(のりみち)兄弟）が外戚関係を喪失して政治的権威を後退させると、彼らは天皇に接近し、後三条(ごさんじょう)親政や白河院政を支えた。ミウチによる政治中枢の独占的体制が崩壊し、家産と家職（特定の官職などの地位）を世襲する貴族の家が分立するという貴族社会の構造的変化をもたらしたのである（元木泰雄 一九九六）。

院政期の人事の特質　道長は左大臣一上（筆頭公卿）として執筆を務めることで人事に直接関与した。その効果は次節で触れる受領人事で最も発揮されたが、通常の叙位除目は外記勘文と中文に基づき基本的には粛々と進められた。このあり方が根本から覆されるのが院政期である。

治天の君の権力の源泉は、天皇の直系尊属（父院）の立場から皇位継承者を独断で決定し得る人事権にあるが、一般貴族の人事も重要である。如何にして関与したのだろうか。嵯峨上皇以来の不文律で、内裏で天皇と同居できない上皇の場合、道長のように叙位・除目の場に直接参加し主導することは不可能である。白河院政開始当初は院と天皇と関白の間を使者が何度も往復し調整を図ったが、親政を目指す堀河天皇と関白師通の時期には、院の意見はあまり反映されなかった。

しかし堀河死後、鳥羽が即位すると除目の様相は大きく変化し、摂関自ら参院して任人の実質的な決定を行う「任人沙汰」が行われるようになった。天永二年（一一一一）正月の除目では、殿下忠実が院の御前で転任者を書き留め除目に臨み、その事実を知った貴族は「是すなわち入眼と謂うべし」（『除目部類記（実行公記）』天永二年正月二十三日条）との感想を漏らしている。つまり、除目以前に院の許で事実上、人事は決定していたのである。このことが除目の手続き上の変化としてあらわれるのが「任人折紙」である。除目は恒例以外に臨時の小除目や除目の召名（新任官者の名簿）の誤りを修正する直物と呼ばれる関連儀式もあるが、いずれも院が記した「任人折紙」が蔵人を通じて執筆にもたらされ、最終的にはそれに基づき除目の正式決定書「下名」が書き込まれた。

叙位も同様の変化がみえ、承元元年（一二〇七）正月の叙位で五十人余りの人事が行われた際、摂政近衛家実は「叙位勘文を取り忘れ参内」し、「今年の叙位は勘文無」く行われたという（『明月記』承元元年正月五・六日条）。本来、叙人の決定に不可欠な資料である外記勘文は十三世紀初頭までに役割を

図62　朝覲行幸　『年中行事絵巻』個人蔵

果たさなくなり、折紙が実質的な決定資料だった実態を如実に物語る（玉井力 二〇〇〇、佐古愛己 二〇一二）。「叙位折紙」の出現は除目のそれより遅れて後白河院政期だとみられるが、その理由を勧賞に着目して考えてみたい。

院主催行事での勧賞による昇進

前述の通り、内裏造営や神社行幸等では準備・運営を担う行事所の上卿以下の行事は、儀式当日の最終段階で勧賞に預かり一階昇級の機会を得た。また、院政期には院が主催する儀式が急増するが、そこでも類似の勧賞が行われ、院司ら多くの貴族が昇進した。院政期に年中行事化した朝覲行幸を素材として検討しよう。

朝覲とは天皇が父母の御所に行幸して、拝舞（本来、臣下が天皇に対して行う最高礼）を行う年頭儀礼であるが、院政期には拝舞の対象が「世を知らしめす院・国母」（『後三条相国抄』）、つまり天皇家家長たる本院（治天の君）と母后とに限定された。皇位の直系相承を目指し、家父長的秩序を明確化する儀礼として重視されたことを示唆する。ここでは儀礼自体ではなく勧賞に注目し、人事制度としての機能を恒例叙位との比較を行いつつ検討する。

仁安二年(一一六七)正月に実施された恒例叙位と六条天皇代始めの朝覲行幸における勧賞叙位とを比較すると、前者では例年同様に外記が進める十年労帳・外記勘文と、蔵人持参の各種中文と目録が整えられた。前述の通り実質的に有効な情報は院の折紙に記されているが、労帳以下一連の叙位関連文書は原則必ず揃えられる。叙位の結果を記した聞書から内訳をみると、加階が十六人、叙爵は十二人に加えて「この外諸司・諸衛卅人。記録する遑あらず」(『兵範記』仁安二年正月五日条)と記されているので四十二人とみられ、叙人総数は五十八人にのぼる。叙位事由と割合を示すと、加階は約二八%で、その内訳は年爵七件、臨時一件、賞一件、年労六件(うち策労一件)、簡一一件となる。叙爵は約七二%で、その内訳は氏爵四件、年爵五件、巡爵三件、諸司・諸衛労三十件。つまり叙爵の割合が七割強と高く、昇進事由としては年労制的な要素(労と巡爵)が約七割(六七%)を占めている。これに対して後者、同月二十八日の朝覲行幸勧賞の叙人総数は二十六名。すべて加階で、うち三位以上が十三名(五〇%)だった。そして叙位事由は「臨時」一件の他はすべて、「院司(後白河院)」「中宮御給(六条天皇養母・藤原育子)」「摂政家司(藤原基房)」「女御殿御給(平滋子)」とみえ、当然ながらすべて朝覲行幸に関わる勧賞として昇級している(『兵範記』同月二十八日条)。

王権との人的関係による昇進

両者の比較から、恒例叙位では九・十世紀に成立した叙位制度に関わる事由、なかでも年労を評価基準とする昇進が中心となり、その多くが叙爵だったのに対して、加階は勧賞に大きく比重を移していることが窺知される。この現象は貴族社会の人事において恒例叙位の意義が相対的に低下したことを示している。

さらに着目したいのは、勧賞の尻付（叙人・任人の位階姓名の下に付す叙任理由等）である。「○○院御給」や「○○院分」など、勧賞の「給主」（授賞の権利を有する者を便宜的に「給主」と記載する）を主体とした書き方と、受賞者を主体として「給主」との関係を記す「院司」「○○院別当」「○○院判官代」「摂関家司」「皇后宮権大夫」のようなものがあり、記載方法は一様ではないため、一見すると年爵と混同しそうな感があるが、年爵とは異なり、勧賞には年間の実施回数、叙人数、位階等に制限はない。

また、歴代朝覲行幸の勧賞「給主」を調査すると、本院（天皇の父・祖父の院）、母后（天皇の母・祖母）、天皇の准母・養母・（同母）兄弟姉妹・妻后、父院の妻后・准母、東宮、新院、摂関・大殿・北政所などである。年爵の給主とおおむね一致するが、年給（年爵・年官）待遇が院号宣下・后宮冊立時に朝廷から付与される待遇・権利であるのに対して、勧賞の「給主」はそのような性格のものではない。臨幸する天皇や行事主催者たる院との関係において王権の構成者とみなし得る人物が、行事に臨席した際に授位を行う慣例があったといえるのである。

つまり彼らに共通する特徴は、中世的なイエとしての天皇家、王権の構成者という点である。すなわち擬制的な親子関係を含めた天皇の父母・妻、父方の祖父母、兄弟姉妹、さらに王権の構成者として位置づけられる摂関家の家長（大殿）・摂関とその北政所であった。

一方、受賞者は院司をはじめ、全員「給主」と人的関係を有する者である。つまり官行事所の上卿・行事とは異なり、朝覲行幸のように院庁主催行事の場合、勧賞の対象とされる所以は必ずしも行事運営に関与したからではなく、臨席した「給主」との日常の人間関係に基づき、日常の奉仕を評価して推挙されたと考えられるのである。

また受賞者本人が受賞時に昇級せず、昇進機会を保留し権利を譲与（多くは子息に譲与もしくは後日自身が使用）する場合もあった。勧賞は儀式の場である行幸先の院御所の広廂に正月の恒例叙位宛らの舗設が整えられ実施された。ただし、勘文・申文などはなく、院の仰せもしくは院が記した「叙人交名」「折紙」に基づき叙人の名を摂政が読みあげ、それを執筆が書き留めて「叙位」が作成された。つまり叙位折紙は勧賞において先行して出現していたのである（佐古愛己 二〇一二）。

治天の君に人事権が収斂

以上のように、院政期には九・十世紀に成立した叙位方式に基づく恒例叙位よりも、頻繁に実施される院主催行事での勧賞において、加階という重要人事が行われ、また、主従関係や近親関係など王権との人的関係にもとづく叙任が大量に実施されるようになった。しかもその人事のあり方は、「給主」の構成、勧賞の譲与などに着目すると、中世的イエの論理に適合的だとも評価できよう。

ただし問題もある。年労に基づかない昇進は官位下臈が上臈を超えて昇進する「超越」という現象を頻りに誘発した。超越される者（被超越者）は旧賞（権利未行使の勧賞）を利用したり、給主に働きかけて未給（給主が保有する権利未行使の年爵）を得るなどして同時に昇進することで超越を免れたが、最も有益な対処法は治天の君による調整である。すなわち被超越者が摂関家など家格の高い者や院の側近公卿・近臣の場合、治天の君が年爵や勧賞とは無関係に特別に昇進させ、超越の発生を防いだ。これが尻付にみえる「臨時」という事由である。つまり年爵や勧賞の多用は給主に人事権が分散するかにみえるが、最終的には治天の君に集約されたのである。

ただし白河院から後白河院政期では家格が流動的であり、治天の君の介入は限定的だったが、官職が身分標識化して摂関・清華・羽林・名家という家格が固定化する後鳥羽院政期以降になると、家格の乱れを懸念する貴族らは些細な超越にも過敏に反応するようになり、不測の昇進をもたらす年爵や勧賞自体が抑制され、治天の君による調整が望まれた。結果として、鎌倉中期以降には治天の君の許に叙任権が収斂され、ほぼすべてが「臨時」という事由による恒例叙位が定着するのである(百瀬今朝雄 二〇〇〇、佐古愛己 二〇一二)。

4 受領と貴族社会

地方社会の変容と受領の登場

本節では財政をめぐる京と地方の関係に目を向けたい。国司は原則として四年任期で都から派遣され、守介掾目の四等官制で連帯責任制のもと国務を担った。しかし、九世紀ごろから四等官制は有名無実化し、諸国統治の責任と権限が現地に赴任する国司の首席(通常は守)に集中し、それ以下の国司は国務から疎外されるようになる。現地赴任の首席を、職務引継ぎ完了の証明書を後任から前任が受け取ることを表す「受領」と呼んだ。

国家が受領に期待したものは、円滑な国内運営、なかでも諸国財政の健全化と中央政府の財源である調庸等の完納である。そのため九世紀末には、政府は累積未納分の弁済責任を免除する代わりに、単独責任で四年間の国務を全面的に請け負わせた。このような徴税請負人としての受領誕生の背景には次のような地方社会の変容があった（大津透　一九九三）。

税制と地方支配の変化

私挙出などで住民を支配し富を得た「富豪輩」と呼ばれる有力農民は、国司や郡司の支配から逃れるべく、院宮王臣家すなわち中央の有力者と結託し、その権威を笠に彼らの支配に抵抗したため、律令制下で地方支配の実務を担った伝統的な郡司制は崩壊へ向い、徴税業務にも支障が出た。

そこで九・十世紀にかけて税制や地方支配のしくみが大きく転換したのである。令制下では戸籍・計帳を作成して国家が人を把握し、田租と課丁（成人男子）に賦課する調庸・雑徭などの人頭税が中心であったが、九から十世紀にかけて人身把握から田地把握を基礎とする新しい徴税方式に転換していった。すなわち、公田を名と呼ばれる徴税単位の土地に編成し、「堪百姓（税負担に堪える百姓）」を納税責任者（負名）として租税徴収する負名体制である。

これにより郡司に依拠せず受領が直接負名を掌握して徴税するシステムに再編された。そして律令税制が変質し租庸調の区別がなくなり、田地からの貢納物を「官物」と称するようになり、十世紀末には公田に官物を賦課する基準として公田官物率法が受領の主導で国ごとに成立した。賦課基準は前司（前任国司）の率法を継承したり時々の事情で変更されたが、米で換算することで令制よりも単純で、総体把握しやすい制度であった。また、造内裏役など労働力は臨時雑役や万雑公事とも呼ばれた。

官物と臨時雑役が平安中後期の二大税制となり中世の年貢・公事へ繋がった（佐藤泰弘 二〇〇一）。

任国支配を支えた人々

受領は任国支配を全うするため国衙機構を整備した。とりわけ検田による国内田地の掌握・管理と徴税機能を担う田所と税所が重要である。他にも検非違所・健児所・出納所・調所・細工所など「所」という業務ごとの分担組織が十世紀後半ごろに拡充していった。これら所の運営に携わったのが都から下向した受領の郎等と現地採用の在庁官人である。受領は国務遂行のため一族のほか多数の郎等を都から率いて下向した。郎等には警護や追捕、徴税のために武勇に長けた者、書算に優れた下級官人、任終の受領（受領経験者）、巡任者（受領補任待機者）などがいた。後三者の多くは、秘書官の役割を果たす目代に任命された。

また、受領は在地有力者の取り込みにも励んだ。先に述べたように、受領以外の任用国司は十世紀後半になると、任命されても赴任せず国務もとらず公廨稲という給与のみ預かる者が出る一方で、在地有力者の中から任用国司や国衙雑色人に補任される者も現れた。令の規定では、地方出身者は郡司クラスに補任され、国司は中央から派遣される原則があり、史生クラスの雑任国司ですら現地採用は認められなかった。加えて柵の多い出身地本国での採用を認めない「避任の制（本籍廻避）」もあった。ところが受領や院宮王臣家の推薦権（国請・年官）により、在地有力者が任用国司に補任され国務に携わる例が十世紀にまでに出現したのである（渡辺滋 二〇一三a）。

さらに郡司の立場も大きく変化し、伝統的な郡司制が崩壊した後、令制にはない検校・郡老などの職名を帯びた新しい郡司が十世紀ごろに登場する。従来の郡司は国司が国内の伝統的な家柄や能力あ

図 63　受領の下向　『因幡堂薬師縁起絵巻』東京国立博物館所蔵，出典：ColBase（https://colbase.nich.go.jp）

る人物を中央に推薦し、式部省の試験によって選抜、最終的に天皇の承認を経て任命されたが、国司が在地有力者の利権を認めつつ、彼らを採用する方法に変更された。その結果、国司配下として新しいタイプの郡司（擬任郡司）になったり、国衙雑色人に採用され、郡務や国務を担うようになった。このようにして在地有力者を媒介とした国郡行政の一体化が進展していくのである。

こうした在地勢力と受領直属の京下の郎等との軋轢が、「尾張国郡司百姓等解文」に代表される国司苛政上訴として、十世紀後半から十一世紀前半にかけて顕現したとみられる。やがて在地勢力は「在庁官人」と呼ばれ、彼らが国務運営の中心となる体制が定着する。そのため十一世紀後半になると、受領は在京することが多くなり、目代を留守所と呼ばれた国衙に派遣し、その指揮のもと在庁官人によって国務の実権が掌握されるようになった（山口英男 二〇一九）。

年官の機能

さて、前節で保留した年官について言及しておきたい。年官と年爵との相違は推挙権をもつ給主が院宮のみならず公卿も含まれること、任意の者を京官三分（判官）や諸国の掾・目または一分官（史生など）などの下級官に推薦できる点である。従来は被推薦者から任料を取得する「反律令的俸禄制」と考えられてきたが、近年では年爵同様、給主と被推薦者との人的関係の構築・維持の側面が重視されている。すなわち受領が仲介者となり、在地有力者が権門の年官を得て任用国司などへ任用される場合や、公卿クラスの従者を務める庶人や刀禰などが揚名（名ばかりの）国司に補任される事例が多数みられるように、令制の試験や「避任の制」の適用に基づく厳格かつドライな任用制度ではなく、年官は人的関係に基づくコネクションを利用した任用制度として機能していたと考えられるのである（渡辺滋 二〇一三b）。

年官を通じて、中央の院宮・公卿らと受領を介した地方有力者の間にネットワークが形成され、荘官などに任命して荘園の管理を任せる例もあり（手嶋大侑 二〇一七、佐藤早樹子 二〇一八）、権門の立荘や荘園管理という側面でもそのネットワークが有効に機能したことが想定される。

受領と国家財政

国家の主要支出は貴族官人の給与と国家行事運営費である。令制では全官人の給与として年二回の季禄があったが九世紀後半以降に形骸化し、節会において天皇が賜与する節禄など、行事での禄という形に代わっていった（山下信一郎 二〇一二）。

一方、五位以上には位田と位分資人、四・五位の殿上人には位禄、三位以上には位封、大納言以上の官職には職封など身分に応じた給与もあり、それらは実施されたが、太政官から支給する令制本来の集権的な財政構造は変質し、地方財源に依存する形に変化していた。すなわち本来、大蔵省に納められた調庸を財源として貴族官人の給与や行事運営費に充てられたが、未進が拡大して不足したため、貯蓄を原則としていた諸国の租穀にまでその財源を転嫁し、諸国に定められた量の租穀を別納させる年料別納租穀などの制度が設けられたのである。また行事運営などの恒常的財源は、永宣旨で諸国に料物を割り当てる「永宣旨料物制」、大蔵省と大炊寮などが行事費用を徴収する「切下文」、内廷官司を中心に諸国から直納させる「料国制」などの方法で賄われた。

一方、大嘗会や内裏造営のような臨時の経費は「召物」という方法で賄われた。これは受領に賦課するもので、賦課を命じる主体によって「行事所召物」「蔵人所召物」「院宣召物」などと呼ばれ、総称して「臨時召物」という。

以上を要するに、徴収した租税が中央政府に備蓄されて支出分配された令制下と異なり、摂関期の国家財政のありかたは、必要に応じて諸国に割り当てる方法（国宛）がとられた。つまり、政府の要請に応じて受領が任国から徴収した物資を随時提供したのである。そのため受領は都とその周辺に私的な倉庫（京庫・納所）を置き、管理人として受領が雇った私的従者（弁済使）を使って政府への租税弁済業務を行わせた。京庫で保管している任国で徴収した物資は租税として納入されたが、残りは受領の私富となる、きわめて公私混然としたしくみでもあった（佐藤泰弘 二〇〇一、寺内浩 二〇〇四）。

受領の任命と受領功過定

受領は租税を朝廷や貴族・寺社などに対して請け負うきわめて重要な存在だったため、彼らの監査や人事は中央政府にとって大きな関心事だった。受領の任命方法は、受領挙（ずりょうのきょ）と受領巡任という二種類があった。

前者は恒例除目で、公卿が各々推薦書（挙状（きょじょう））を奏上し、そのなかから受領が選ばれる方法である。しかし、実際には公卿の意見が反映されず、挙状提出以前に天皇と執筆の間で任官者が確定するなど、十一世紀半ばには形骸化した。

一方後者は、臨時除目（小除目）で受領希望者から提出された申文のなかから公卿らが陣座で合議によって複数の候補者を選んで奏上するという方法で、公卿らの意見が尊重されることが多く、十一世紀以降も実質的な意味を持ち続けた。

この受領巡任では、希望者（候補者）は新叙と旧吏の二つに大別された。新叙とは、蔵人・検非違使や式部丞・民部丞・外記・史など要職をつとめて巡爵によって叙爵した受領未経験者をいい、彼らを労などの基準に応じて任用することを新叙巡といった。それに対して、旧吏とは受領経験者で任期終了時の文書監査をパスした人をいう。そのなかでも、任期中にパスした「任中（にんちゅう）」と、任終年から二年以内に勘済した「得替合格（とくたいごうかく）」とに分け、成績優秀な「任中」の方が優先的に受領に任用された。つまり、新任受領は「新叙巡」、受領経験者は任期中の成績を基準とする「旧吏巡」によって任命されたのである（玉井力 二〇〇〇）。

任期終了時に受領は成績審査を受ける必要があった。これを受領功過定（ずりょうこうかさだめ）という。延喜十五年（九一五）に始まったこの定では、調庸惣返抄・雑米惣返抄など、四年間の調庸、米穀の中央への完納証明書がチェックされ、十世紀後半には新委不動穀・率分などの審査項目が次々と加増された。

陣座にて開催される受領功過定では、議政官全員が参加し、各項目で受領が中央へ納入を済ませているかを審査した。そして、「無過（咎なし）」か「過」か、つまり合格か不合格かの結果が天皇に奏聞された。「過」の場合は、その件について受領は補塡を行わなければならず、「無過」の場合は褒美として治国の加階が行われ、位一階昇進した。これは受領が赴任前に天皇にその由を報告する罷申の際に、禄とともに賜る「部内を粛静し、任国を復興させ、貢調や造宮の事に怠が無ければ賞進する」（『侍中群要』第九所収「村上御記」）という勅語に対応している。そして合格者は旧吏として受領に再任されるのを待つのである（佐々木恵介 二〇〇四、寺内浩 二〇〇四）。

図 64　申文の案を練る貴族　『直幹申文絵詞』模写，国立国会図書館所蔵

受領審査の運用実態

以上のように十世紀後半以降、受領からの納入物を前提に国家財政が再編され、受領功過定

で受領が厳しく審査された。功過定に提出された文書の種類と審査項目の加増と内容の複雑さは、国家財政や公卿たちの経済基盤確保において受領が果たした役割の大きさを明示している。他の官僚の考課制度が放棄されるなかで、受領は唯一厳格な勤務評定を受けていた。

しかし、ここで注意すべきは運用実態である。寛仁元年（一〇一七）八月の受領功過定について、藤原実資は日記に「右兵衛督公信、信濃国勘解由勘文を読む。極めて便ならざるなり。満座属目す。定あるに似たりと雖も、還りて定なきがごとし。公則朝臣、前摂政の近習の者なり。仍りて諸卿、合眼して云う所なしと云々」（『小右記』寛仁元年九月一日条）と記し、前摂政道長の近習信濃守藤原公則について不審な点があっても、諸卿はみな道長に遠慮して追及せず、見てみぬふりをしたという。

受領任命に関しても、長和五年（一〇一六）四月の除目では長門守を希望する申文が七通出され、うち奏上された三通に名が見えない高階業敏という人物が最終的に補任された。彼はのちに頼通の家司となった人物であり、実資は「任意に似たり」（『小右記』長和五年四月二十八日条）と批判している。他にも道長が天皇に対して「懇切に任ずべきの人有るの由を申」（『小右記』長和三年十二月二十日条）しており、要国の受領に任ずべき人を予め強く要請するなど、恣意的な人事が断行された様子がうかがえる。

このように道長父子の介入により、その家政機関職員が受領に任命され、功過定でも審査が甘く、合格して治国加階を受け、受領再任を狙い得る実態もあった。さらに道長らの家司受領は大国と呼ばれる実入りの良い国の受領に優先的に補任される傾向もみられ、源頼光が、道長の新造土御門殿の調度品一切を献上した（『小右記』寛仁二年六月二十日条）ように、受領の私富を用いた権力者への経済的奉仕（「訪」）が頻繁に行われた（中込律子 二〇一三、寺内浩 二〇〇四）。

このように一部は恣意的な人事が行われていたものの、摂関期では受領功過定による受領統制を堅持しようとする動きや一定の拘束力はあった。しかし、院政期には崩壊し、大きな変化を迎える。

院政期の受領と大規模造営

大治四年（一一二九）七月十五日、白河法皇が七十七年の生涯を閉じたその日、老練な政治家藤原宗忠が書き記した白河院政批評の一節に「受領功万石万疋進上の事。十余歳の人受領に成る事。卅余国定任の事。我身より始め、子三・四人に至り同時に受領に成る事」（『中右記』大治四年七月十五日条裏書）とある。受領成功や年少受領の出現は、すでに摂関期から見られたが抑制されていた。ところが院政期には受領成功が格段に増加し、大国・上国を中心に、日本六十六ヵ国中の半数以上の国が、重任・遷任・相博（同国受領を再任、他国に転任、他の受領と任国を交換）を繰り返す院司受領によって占められるようになったというのである。

摂関期以降、内裏造営は諸国が請け負う国宛によって実施された。後三条朝の延久度の内裏造営において、荘園・公領を問わず臨時賦課する一国平均役が採用され、これ以降、造内裏や伊勢神宮式年遷宮時の役夫工米、大嘗会役等の重要な国家行事遂行の際に用いられた（上島享 二〇一〇）。

一方、院政期になると御願寺や院御所などの大規模造営も次々と実施された。それらは受領成功すなわち受領が私財を投じて造営を引き受け、見返りとして落慶供養や完成した御所へ主人が移徙（家移り）する際に勧賞を受けるしくみであった。

大規模造営と受領の任期

院政期に誕生した新しい成功形態の特徴として、天皇や院が一方的に造営を命じる「賦課成功」と、多大な負担が一方的に強いられた受領への優遇策として重任・遷任、さらに加階を含む「複数勧賞」が実施されると指摘されている。

しかしながら、「賦課成功」と受領みずからの申請による成功との判別は、同一事例であっても記主の表現に左右されるため不明確な場合が多いなど、疑問も呈されており、先行研究では見解の一致をみていない（寺内浩 二〇〇四、上島享 二〇一〇）。

紙幅の関係で分析の詳細は記述し得ないが、強制か申請かではなく、成功を行う時点での受領の残りの任期と造営請け負い・完成時期との関係に着目したい。つまり、工期の長い大規模造営の場合、造営途中に現任の任期を迎えることは当然あり得る。しかし造営を請け負うためには受領身分は必須である。ゆえにまず任終年の除目で重任か遷任して身分を保証し、造営を完了した御願寺・院御所の供養・移徙当日、「重任宣旨（ちょうにんのせんじ）」を得てもう一期重任（もしくは他国へ遷任）が約束される――つまり一度の請け負いで受領二期分を保証される――という非常に優遇された恩典が得られたと理解できるのである。一方、任期はじめ（任初）に造営を請け負い任期中に造営を完了した場合は、供養・移徙当日には「重任宣旨」を得ることなく、じきに迎える任終年の除目の際に直接重任や遷任が行われる。そうすると二期分保証された前者に比べて一期分褒賞の内容に差が生じるようだが、この場合は、供養当日に加階の賞を受けるのである。

以上を要すると、院政期は一度の成功で基本的に二つの勧賞を受けるという特徴が究明できる。すなわち①任期終了間際の受領が造営を請け負う場合、まず任終年の除目で重任もしくは遷任して、造営中の受領身分を保証する（一つ目の賞）。そして、完成後の御願寺落慶供養や院御所への移徙当日、「重任（遷任）宣旨」が下され任終年の除目での重任が約される（二つ目の賞）。②任期初期の受領が造営を請け負い、任期中に完成して落慶供養・移徙日を任終年近くで迎えた場合は、当日の加階の賞（一つ目の賞）と、じきに迎える任終年の除目で重任または遷任された（二つ目の賞）と考えられるのである（佐古愛己 二〇一二）。

法勝寺造営と受領の負担軽減

また、「承保の比、法勝寺金堂・阿弥陀堂造作の程、皆臨時召物を免ぜらる」（『中右記』嘉保二年五月二十一日条）とあるように、白河天皇御願の法勝寺造営に際し、成功を行う受領の任国における臨時召物が免除され、任国からの経費調達が許可された。つまり成功による造営用途を受領の「私物」ではなく、任国から拠出する行為を合法化したことを意味している。

これは受領の負担を軽減する措置として評価されるが、臨時召物の免除が即、受領の負担軽減に繋がるという考え方が公にされた点に注目するならば、実質的には同質化していた受領の収益（私物）と済物・官物とを区分してきた摂関期以来の朝廷の見解（建前）を否定し、両者が不可分に創出されるという財政構造の現状を政府自らが追認したことの現れだと理解される（寺内浩 二〇〇四、上島享 二〇一〇）。

受領層の再生産

さて、白河院の近臣藤原顕季は、「受領卅年相続不断」（『中右記』長治元年正月二十九日条）といわれた院政期を代表する院司受領の一人である。院政期には受領功過定は完全に形骸化するが、受領は在京してさまざまな行事で院に奉仕するため、旧吏の再任や治国功に依拠せずともさまざまな勧賞で昇進することが可能となり、大規模造営を何度か請け負い、大国受領の重任・遷任を繰り返して、数十年にわたり受領の立場を相続し、公卿にまで昇進する階層、所謂「受領層」が誕生したのである。そして一時期に複数の造営を請け負う場合もあり、その勧賞を子弟に譲って受領任官や重任に利用して、受領層の再生産が図られている。

院の近臣の大国受領の中でも最も格が高いのが、播磨守と伊予守である。そもそも国の等級は『延喜式』では大上中下という律令制的な四等級あるが、摂関・院政期になると変化する。十二世紀初頭に藤原基隆が播磨守になって以降、播磨と伊予両国が最も格が高い等級の国と位置づけられ、両国守経験者は大半が非参議・従三位に昇進し公卿の最末に加わった。しかし鳥羽院政末ごろになると、知行国制が定着して知行国主の意向により守が補任されるため、播磨・伊予両国が四位上臈任国という原則が崩れていった。さらに天皇家領荘園の集積が進み経済基盤が変化するのに伴って、受領への依存度も低下していくことになるのである（元木泰雄 一九九六）。

大規模造営の時代到来の背景

最後に白河・鳥羽院政期を中心に、大規模造営の時代を迎えた背景について考えたい。院政期の主要な大規模造営とは、天皇や院宮による御願寺などの造寺・造塔・造仏などの仏教建築と院御所などの御所造営である。前者については、北宋など東アジア情勢に影響を受けた白河ら上皇による仏教都市平安京の構築という壮大な背景も指摘されている（上川通夫 二〇一五）が、それと同様に頻繁に実施される御所造営とそこへの移徙も併せて考えると、この異常ともいえる建設ラッシュの背後には何があったのか、別の角度から追究したい。

上皇は受領成功という方法を用いて、諸国の富を京に回収して、院御所や御願寺などの大規模造営の財源を確保した。近臣を受領という重要ポストに採用して院政の基盤強化を図ろうとする院の思惑によって、成功に対する勧賞が特に優遇されていたため、院司受領等は院御所や御願寺の造営を競って請け負った。受領等にとっては、経済的負担は莫大であっても、重任や遷任によってポストの確保や維持が図られるため、次々に造営し任期終了間際にさらなる請け負いにより再任を目指したり、その権利を子弟に譲与して受領身分の再生産に腐心した。

このようにポスト獲得を目指す受領による過剰な造営請け負いは、結果として建設ラッシュを招き、いわば供給高の状況をもたらしたとさえいえる。その新造物を院宮の関係施設と確定して勧賞を実施するために、上皇らは落慶供養や新御所への移徙の儀式を頻繁に実施して受領の期待に応えたのである（佐古愛己 二〇一二）。

本郷恵子が「院政期には、〝必要に応じて経費を調達する〟のではなく、財貨が進上されるから事業が立案される構造になった（中略）つまり院政の一面は、地方から中央へと流れ込んでくる富を蕩尽するための装置とみることができる」（本郷恵子 二〇一三）と評されたように、院政期の国家財政制度、大規模造営のシステムと受領の人事制度との相関関係に注目すると、院御所／御願寺・塔等の造営→移徙／落慶供養→造営を請け負った受領への勧賞＝受領の再任・子孫のポスト確保→さらなる請け負い……という循環構造が浮かび上がる。無論、受領成功による過剰な造営は地方の富を蕩尽し、巨視的にみれば国家財源の多大な損失に繋がりかねないものの、院にとっては京中や周辺地域で絶え間なく大規模造営が繰り広げられることにより、自身の権威と権力を人々に誇示・演出する機会となり、受領にとってはポスト確保の機会が得られるという、双方の利害が一致する行為であった。

そして利権がらみの造営ラッシュが、結果として京中のみならず白河・鳥羽などの開発を進め、古代都城平安京を変質させ、中世都市京都の構築に資する側面も有していたと言えよう。

人的ネットワークの力

本章では主として人事や社会のしくみに焦点を当て「貴族社会のありかた」を概観してきた。律令制下のシステムの立て直しが九世紀後半から十世紀に図られ、多くの新しいしくみが誕生したが、その中でも王権との近親関係や主従関係などの人的関係に基づく諸制度が摂関期に重要度を高め、白河院政期にそれらが有機的に結合し、社会全体に影響を及ぼすようになった。人的ネットワークは先例を打ち破り新しい社会階層を出現させたり、中央と地方とを緊密に結び付け、古代社会から中世社会へと転換する大きな原動力になったと考えられる。

一方で、口入（くにゅう）やコネに深く依存ずる社会システムという負の側面もあった。院政期の京都で生まれた人事や政治システム、それらが生み出す政治風土や慣例が、各地にそして後世に与えた影響についてさらに考察する必要があるだろう。

七　京都と芸能

十一世紀から十二世紀にかけては、京都の都市的成長を経て民衆の芸能が目立つようになる。また荘園公領制（しょうえんこうりょうせい）の展開とともに、地方との文化的交流も盛んになった。その結果、貴族たちが残した史料には、民衆の芸能、地方の文化に関する記述が増えていく。さらに貴族たち自身も、そうした芸能を自ら行うようになっていく。身分による制約が多い時代に、貴族たちはどこでどうやって民衆や地方の芸能に触れたのだろうか。本章では身分や地域を越えた芸能の混交について、京都という場に着目しつつ考えたい。

1　祭礼の場

この時期、民衆の芸能は主として祭礼の場で花開いた。人々が神仏を喜ばせるために、当時の流行芸能を奉納したためである。とくに御霊会（ごりょうえ）は注目される。密集する人口と頻発する洪水は衛生環境を悪化させ、たびたび疫病（えきびょう）を引き起こした。人々は疫病の原因を御霊の祟りにもとめ、これを歌舞によって慰めようと、御霊会に多くの芸能を奉納した。疫病は身分の区別なく襲い来るため、御霊会には広範な都市民衆に加えて、貴族たちの関与も見られる。祭礼の場における貴賤の交流は、芸能の混交をもたらす一つの回路となったのではないだろうか。本節では、祭礼と関係の深い田楽と猿楽を取り上げ、貴族との関係を探ってみたい。

狂騒の風流田楽

十二世紀の『年中行事絵巻』には、祇園御霊会の行列にしたがう田楽の一行と、貴族邸宅の門前で田楽踊りを演ずる一座、そしてそれを見守る民衆たちが描かれている（図65）。

田楽はもともと田植えを囃す楽に由来するともいうが、十世紀末には専業芸能者が関わってショウ化され、楽器構成を含めて芸態が大きく変化した。祭礼に奉納されたのはこのショウ化された職業的な田楽であり、腰鼓・びんざさら・笛・鼓などを奏しつつフォーメーションを次々に変えていく田楽躍りと、高足・一足・刀玉・品玉などの曲芸とによって構成された。中心をなすのは田楽躍りであり、集団による動きの変化の面白さに特色があった（山路興造 二〇一〇）。

この時期の田楽で興味深いのは、専業芸能者ではない一般の民衆たちがこぞってこれを真似ようとしたことである。素人による田楽の模倣を「風流田楽」と呼んでいる。風流田楽はしばしば大規模化し、乱闘や暴動に繋がった（守屋毅 一九八五）。

たとえば長治二年（一一〇五）六月十四日の祇園御霊会では、祇園社神人たちによる風流田楽が、天皇・院によって調進される馬長童とトラブルになり、神人側の下人が抜刀した。居合わせた検非違使中原範政の郎等が下人を捕縛しようとしたところ、神人たちは四、五十人で郎等に襲い掛かり、範

図65　貴族門前の田楽踊り　『年中行事絵巻』，谷文晁による写し，国立国会図書館所蔵

政にも暴力行為を働こうとした。範政は走って逃げたが、夜になると神人たちが二百人ほどで朝廷に押しかけ範政の処分を訴えた（『中右記』）。

嘉承元年（一一〇六）六月には、京中の下人たちが毎日風流田楽を催した。彼らのある者は高価な錦繡（きんしゅう）をわざと切り破った異様な風体（ふうてい）で、ある者は武器を身につけ、数千人で徒党（ととう）を組んでのし歩き、果ては闘争に及んで命を落とす者もあったという（『中右記』六月十三日条）。

風流田楽が異様な熱気の中で演じられ民衆たちを深く魅了していた様子がうかがえよう。

こうした熱気は貴族・官人をも包み込み、彼らを熱狂の渦に巻き込んでいった。

風流田楽と貴族・官人

嘉保元年（一〇九四）五月二十日の夜、少納言源家俊が配下の青侍十余人を率いて田楽を行い、裸形、あるいは烏帽子を外して髻をあらわにした異様ないでたちで京中を歩き回った。関白藤原師通の従者が宴会をしているところに通りがかった家俊は、気にくわなかったらしく、青侍たちに命じてその家に瓦礫を投げ込ませ、飛び出してきた者にけがを負わせた（『中右記』）。首謀者の家俊は、このとき従五位上。れっきとした貴族であり、清涼殿への昇殿も許されていた。彼が風流田楽の一団を結成するとき、青侍・兵衛府生など身分の低い従者や官人たちを基盤としたことに注目したい。その二年後に起こった永長の大田楽でも、当初下部や童、青侍などが行っていた田楽を貴族たちが取り込み模倣するという流れがみられるからである。

永長元年（一〇九六）、祇園御霊会を目前にした五月末から六月にかけて、京都の雑人、とくに諸宮・諸家の青侍・下部などが田楽を行い、制止できない状況となった。文人大江匡房はその様子を「一城の人みな狂えるがごとし」と表現している。人々は地域や職場ごとにチームを組んで石清水・賀茂・松尾・祇園などの諸寺社に参り、街衢に満ちた。その装束は錦繡をまとい、金銀で飾り立てた豪奢なものであったという。六月十四日、祇園御霊会の当日には、五十ほどのチームが街に繰り出している（『中右記』、『洛陽田楽記』）。

当時の記録で雑人といった場合、貴族に仕える私的な従者や、朝廷諸官司の下部（下級職員）たちを指している。こうした人々は官衙・権門に従属しているとはいえ、一般庶民と同じ階層に属しており、民衆側の人間と考えてよい。民衆たちが「神は田楽を好む」と称して京都周辺の寺社を繰り返し訪れたのは、この夏に起きた疫病や旱魃に関連して神々を慰撫しようとしたためである（片岡耕平 二〇〇七）。官衙・権門の下級従属者たちも京都に暮らす民衆の一員として、天災から生活を守るため、風流田楽の渦にその身を投じたのである。

この年の田楽騒ぎは祇園御霊会が終わった後も終息する気配がなく、七月ごろには次第に様相を変え始める。上層の貴族たちが田楽に関与するようになっていくのである。十二日には堀河天皇の仰せによって内裏の殿上人たち三十人が田楽を行い、白河院とその娘の郁芳門院を訪れた。十三日には内裏や院の殿上人らがそれぞれ数十人の田楽チームを組んで、院御所、内裏、冷泉院、太皇太后宮御所などを忙しく行き来した。十九日にも郁芳門院殿上人や院文殿衆・儒者などの田楽があった。三位以上の公卿たちは九尺の高扇を捧げ、頭にかぶるべき平藺笠を両脚に着け、藁尻切（かかとのない草履）を着すといった格好をしていたが、四位五位の殿上人たちはさらに過激で、裸で紅の布を腰に巻き付けただけの者、髻を放ってザンバラ髪に田笠をかぶった者など異形を極めた（『中右記』、『洛陽田楽記』）。

注目すべきは、公卿・殿上人たちに交じって、「緇素（僧と俗人）」「仏師・経師」「郷々村々」といった庶民層の田楽も召されていることである。貴族たちによる風流田楽が、五月末以来の民衆の田楽を取り込み、模倣する形で起こっていることがわかる。先に挙げた源家俊の事例を考え合わせると、貴族たちは祭礼の場で民衆たちと交流することによって初めて田楽を行うことが可能になったのだと考えられる。

さて、永長の大田楽において貴族たちが風流田楽を行ったのは、おそらく白河院の意図による。この年の祇園御霊会には院の従者が四百人ほど供奉したほか、院が馬長（美しく扮装を凝らして行列に参加する童）を七十余人調進している。天皇の馬長は三十余人であるから、倍以上である。これは、院が祇園御霊会に積極的に関与し始めたことを意味しており、次第に院は天皇に替わって祇園会の事実上の主催者となっていく（五味文彦 一九八四）。院殿上人を中心とする貴族たちに風流田楽をさせたのも、その一環と考えられる。

その後の田楽と貴族社会

たまたま直後の八月七日に郁芳門院が夭折したため、田楽を不吉として避ける傾向が生じ（『長秋記』大治四年五月十日条）、貴族たち自身による風流田楽は行われなくなっていった。そのかわり、より身分の低い侍層以下の人々を派遣して風流田楽を行わせるやりかたが定着した。

大治四年（一一二九）の祇園御霊会では白河院・鳥羽院の若宮・姫宮に仕える侍、および院の武者所が風流田楽を行った（『長秋記』）。院文殿や北面輩による歩田楽は南北朝期まで行われている（能勢朝次 一九三八）。また長承二年（一一三三）には田楽が神幸行列を離れ、鳥羽院と待賢門院の御覧に供された（『中右記』）。院主導で調進された田楽は本来の祭礼から独立し、院の統制下に置かれるようになっていくのである（五味文彦 一九八四）。

時代が下ると、祇園御霊会以外の場でも院が田楽を鑑賞する例が見える。たとえば後白河院は文治三年（一一八七）五月二日、田楽御覧のために政務を滞らせている（『玉葉』）。後白河院は、田楽・散楽の一種である一二（ジャグリング）に長じた鼓判官平知康を寵愛するなど（延慶本『平家物語』巻八）、田楽を好んだのである。

摂関家の場合、宇治離宮祭に奉仕した田楽との関係が深い。とくに藤原忠実の例が注目される。仁平三年（一一五三）、忠実は宇治白川座の田楽法師に装束六十余具を賜り、また平等院の僧や摂関家に仕える侍・従者に風流田楽の奉納を命じた。この年が忠実の物忌に当たっていたために宇治離宮明神への供奉を企てたもので、郷々の刀禰・所々の下部などを無理やりに徴発して昼夜を問わず奉仕させ、忠実も連日これを見たという（『兵範記』四月十五日条裏書・二十一日条）。

平清盛も田楽との関係が深い。久安三年（一一四七）六月十五日の祇園臨時祭では、清盛が宿願を果たすために田楽を調えて祇園社に発遣した。その際、武装した者たちを多数警護につけたため祇園社の下部との間でトラブルとなり、刃傷沙汰に発展している（『本朝世紀』）。治承二年（一一七八）十一月十日には、清盛の二女中宮平徳子の平産祈願のため、産所である六波羅泉殿の内にあった常光院惣社に田楽が奉納された。この田楽は中宮に仕える侍たちが女装して、厳島社の巫女である厳島内侍の田楽を模したもので、彼らは髻を解いて髪を乱し化粧をした姿で、中宮がいた寝殿の南庭にまで移動したとある（『山槐記』）。翌治承三年六月、清盛らが福原や厳島社を訪れた際には本物の厳島内侍たちが水干・大口という男装で「女田楽」を行っており（『山槐記』）、治承四年高倉院厳島御幸の際にも、院の御前で女田楽が行われた（『高倉院厳島御幸記』）。

このように、十二世紀には院や上級貴族による田楽鑑賞が定着していった。

猿楽と稲荷祭

猿楽もまた、祭礼で人気を博した芸能だった。

十一世紀半ば、文人藤原明衡によって書かれた『新猿楽記』には、稲荷祭（稲荷御霊祭）における猿楽の様子が詳しく描かれる。それによれば猿楽は、呪師（後述する）、侏儒舞（小人の舞）、田楽、傀儡子（操り人形）、唐術・品玉（幻術）、輪鼓（ディアボロ）、八玉（ジャグリング）といった曲技・幻術に加えて、さまざまな物真似を行う芸であった。

列挙される物真似には不明なものも多いが、内容が推測できるものをいくつか挙げてみる。独相撲・独双六は、本来二人で行う相撲や双六を一人で行う滑稽芸。「蝦漉舎人の足仕ひ」は、どじょうすくいのように海老をすくう様子を真似たもの。「福広聖の袈裟求め」は、女の家などに袈裟を忘れて慌てる僧侶の様子。「妙高尼の繦褓乞い」は、本来子を持たないはずの尼がオムツを求める様子を揶揄したもの。「東人の初京上り」は、東国から上洛して来た田舎者の様子を笑い飛ばすもの。簡単な人物設定・状況設定がある点で寸劇風の物真似芸であり、その内容はいずれも滑稽さを売りにしている。優れた猿楽の要件として、しぐさ・見た目の面白さ（「愛敬」「猿楽の態」）と言葉・洒落の面白さ（「秀句」「嗚呼の詞」）が挙げられていることからも、猿楽が演劇的な芸能であったことがうかがえる。

注目されるのは、演者側に「拍子男」がいたとされる点である。囃し言葉や囃し歌は演者の芸を引き出すもので、おそらく演者と拍子男との間には簡単な対話・掛け合いがあったと見られる（能勢朝次 一九三八）。最近の研究では、歌謡の形で対話がなされた可能性も指摘されている。今様の中に、猿楽と関わる歌詞が見られるのである。

海老漉舎人はいづくへぞ　小魚漉舎人がり行くぞかし　この江に海老なし下りられよ　あの江に雑魚の散らぬ間に（『梁塵秘抄』三九五）

右の歌は『新猿楽記』の「蝦漉舎人の足仕ひ」と関連する可能性が高く、「海老漉舎人はどちらへ」「小魚漉舎人のところへ行くのですよ」といった対話形式の歌詞になっている。このように猿楽は、歌謡をも含み込んで演劇的な物真似を繰り広げたものと見られる（植木朝子 二〇一五）。

同じく藤原明衡によって編纂された文例集『雲州消息』にも稲荷祭の情景が詳しく描かれる（第十九・二十状）。見どころの一つとして挙げられた猿楽の内容は、演者が年老いた夫と若い妻に扮してなまめかしい会話を交わし、後には交接に及ぶという猥雑なもので、見物の都人士女は皆大笑いをしたという。ここに示される芸態は、単なる掛け合いにとどまらず演者二人が役を演じている点で、『新猿楽記』よりもさらに演劇的なものに近づいている。

新しい猿楽を担った人々

「新猿楽」という言葉に注目したい。猿楽はもともと、中国から伝来した「散楽」に由来し、演劇歌舞・曲芸軽業・幻術など雑多な要素を含む芸能であった。このうち、演劇歌舞の要素は十世紀ごろには日本風にローカライズされ、滑稽な物真似芸になっていった。「猿楽」の語は、本来の中国的な散楽とは異なる滑稽芸の部分を指して用いられたようである。十世紀後半ごろ成立の『うつほ物語』には、貴族たちが余興として行った猿楽が見えているが、それは鍛冶に扮して「これは打ちやすそうな黄金の太刀じゃ」といいながら屏風を押し倒したりするもので、基本的に一人で行われ、掛け合いを必要としない、即興的な物真似芸であった

（「菊の宴」、「嵯峨の院」）。十一世紀に明衡の目を驚かせた「新しい猿楽」は、掛け合いと歌謡、あるいは複数名の配役によってより複雑なストーリーとおかしみを表現できるものになっていた点で、それまでの猿楽とは異なるものと認識されたのだろう。

では、この新しい猿楽を担ったのはどういった人々であろうか。『新猿楽記』には十名の猿楽者とその芸評が列挙されるが、そのうち「県井戸の先生」は春宮坊の帯刀先生であり、下級官人であろう。「世尊寺の堂達」の堂達とは呪願文を捧げる役僧のことであるから世尊寺に属する僧侶であることは間違いあるまい。「坂上の菊正」「還橋の徳高」「大原の菊武」「小野の福丸」は京都周辺の地名が冠せられ、名字を持たないことから、その地に住む庶民とみられる。猿楽者たちは下級官人・僧侶・庶民など多様な都市民衆から輩出されていたのである。

先生・堂達といった役職名を持つ者があること、また『長秋記』大治五年（一一三〇）十二月十九日条で浄信という山伏が猿楽者として貴族たちに知られていたことなどからして、彼らの中には別に職業を持ち、祭礼のときに京周辺から集まって芸を披露していた素人役者が多かったようである。

猿楽の観客もまた、都市の住民たちであった。『新猿楽記』は道俗男女、貴賤上下が稲荷祭を見物していたこと、彼らから猿楽者に多数の褒美が与えられたことを記述している。

猿楽と貴族・官人

猿楽を担ったのは下級官人を含む都市の民衆たちであったが、見物人に貴族や官人が交じっていることは注目される。『新猿楽記』は見物人として六位以下の侍層である右衛門尉一家を登場させている。『雲州消息』では、藤亜相（大納言）・源拾遺（侍従）・

参議・大蔵卿など、公卿を含む貴族たちが稲荷祭を見物したことになっている。祭礼の猿楽は、貴族・官人にとっても興味関心の的であったことがわかる。

おそらくこうした見物を通して、民間の新しい猿楽は貴族社会にも影響を与えた。その影響が最も早く及んだのは、儀式での芸能や余興を担う近衛陪従たちであったろう。『宇治拾遺物語』七四には、十二世紀前半の猿楽名人として、陪従藤原家綱・行綱兄弟の逸話を載せる。彼らが神楽の場で披露した猿楽は、「あれは何だ」という囃しに合わせて動物の物真似をする演目、あるいは袴の裾をからげて脚をむき出し、寒そうな様子で焚火の周囲を走り廻りながら「よりによりに夜の更けて、さりにさりに寒きに、ふりちうふぐり（陰囊）を、ありちう炙らん」とつぶやくという、やや下品な演目であった。興味深いのは、彼らの芸に、囃しによる掛け合いや「よりによりに」「さりにさりに」といった歌謡らしき部分がみられる点である（能勢朝次 一九三八）。先にみたような「新しい猿楽」の特徴が採り入れられつつあることがみてとれよう。

貴族たちが院などの御前で芸能を繰り広げる五節淵酔は、年中行事の中でも注目度の高い行事であったが、そこでは一〇八〇年代以降、貴族たちが散楽を繰り広げるようになった。この場合の散楽は今様や即興的な舞の要素が強いものであったが、そこで謡われる歌は滑稽でからかいに満ちており、当時の猿楽と密接に関わるとされる（沖本幸子 二〇〇六）。

鹿ケ谷の山荘で後白河院が近臣たちと猿楽に興じた逸話はよく知られている。大納言藤原成親が酒を入れた瓶子を倒したのを「平氏倒れ候ぬ」と洒落たところ、興に入った院が近臣たちに猿楽を命じる。下北面の平康頼が「平氏があまりに多いので酔ってしまった」というと、俊寛が「どうしてくれようか」と応じ、西光が「頸をとるのがよい」といって瓶子の首をとってしまったという話である（覚一本『平家物語』巻一「鹿谷」）。ここには歌謡や物真似がないものの、掛け合いによって猿楽が進行する。後半に出てくる平康頼は「サルガウクルイ物（猿楽狂）」（『愚管抄』巻五）といわれるほど猿楽に堪能であり、後白河院の周辺では実際に下北面がたびたび猿楽を行っていた。崩御に際して「ツネハ舞・猿楽ヲコノミ、セサセツ、ゾ御覧ジケル」という評語がみられるように（『愚管抄』巻六）、後白河院の猿楽好きはよく知られていた。建永元年（一二〇六）に起きた後白河院の託宣事件で、院の周辺に「ミコ（巫）・カウナギ（覡）・舞・猿楽ノトモガラ」が近侍していた様子が想起されていることから（『愚管抄』巻六）、後白河院は身分の低い地下の猿楽者をも召していたようである（秋山喜代子 二〇〇三）。

その後、後鳥羽院や順徳天皇もたびたび地下の猿楽者を招いた。十二世紀には、猿楽が貴族社会に定着していたとみてよいだろう。

呪師と猿楽

院や貴族が猿楽と接する場としては、神社の祭礼と並んで寺院の法会も重要である。法勝寺などの寺院では、正月に修正会という法会を催す。その場には呪師と猿楽が出演するのが恒例であり、院や貴族たちの賞玩の対象となっていた。

呪師は剣などを手にもって「走り」をみせる芸能で、飛鳥の如き軽妙さと華麗な衣裳とに面白さがあったらしい。剣手・武者手・大唐文殊手などの演目が史料に見える。『新猿楽記』にも挙げられていたようにもともとは散楽の一部であったが、寺院の修正会に参加する中で次第に独立した芸能とみなされるようになり、演者の集団も猿楽とは別に形成された。

修正会では魔を払い場内を結界する法呪師という僧侶がいるが、結界の様子は目にみえない。そこで呪師が龍天・毘沙門・鬼などに扮して走り回り、結界の様子を見物の諸人にわかりやすく示したと考えられている。呪師の後には、さらに猿楽がその様子を面白おかしくもどいてみせたので、呪師・猿楽はセットで記されることが多い。

院政期には、修正会への御幸に関する記事がおびただしく残されており、その中には呪師の芸に言及するものも少なくない。興味深いのは、修正会の後、院御所などに呪師・猿楽を招いて芸を演じさせる「昼呪師」という催しがたびたび行われていることである。白河院は天永三年（一一一二）院御所に呪師・猿楽を招いて女房たちと見物しているし、鳥羽院、鳥羽皇后藤原泰子、崇徳院などにも同様の例がみられる。とくに後白河院は昼呪師を好み、ほぼ毎年昼呪師を行った（『参軍要略抄』）。天皇として初めて昼呪師を行ったのも後白河のときであり、以後、高倉天皇・後鳥羽天皇・後堀河天皇と内裏での昼呪師が継承された（秋山喜代子 二〇〇三）。

後鳥羽院も呪師・猿楽を好み、建暦元年（一二一一）には法勝寺の呪師小禅師丸を召したほか（『業資王記』正月十一日条）、正治二年（一二〇〇）二月には院御所で修正会の真似事を行って近臣たちに鬼役、つまり呪師の真似をさせていた。牛王杖などで鬼役の近臣を打って遊んだものと思われる（『明月記』）。

昼呪師のほとんどが正月か二月に行われており、寺院の修正会は院や貴族にとって、呪師・猿楽と出会う機会になっていたことがうかがえる。

田楽・猿楽の媒介者

これまで、田楽や猿楽といった民衆の流行芸能が祭礼の場を通して貴族社会に流入していったことをみてきた。とくに官人層や下級貴族層に属する人々がその先駆けとなっており、彼らは民間の芸能を貴族社会に伝える媒介者としての役割を果たした。

貴族層・官人層出身の僧たちもまた、同様の役割を果たしていた。『宇治拾遺物語』七八ノ二は、一乗寺僧正増誉の房に田楽・猿楽などがひしめいていたことを伝えている。増誉は藤原道隆の曽孫で、園城寺長吏や天台座主を歴任した高僧である。増誉はまた「小院」という呪師童を寵愛し、「鳥羽の田植」を手伝わせていた。以前は杭に乗って田植を囃していたが、増誉の指示によって近年の流行を取り入れた肩に立つ演出に変え、見物人たちを驚かせたという。『梁塵秘抄』三五二番歌に「呪師の小呪師の肩踊」とあることから、「肩に立つ」というのは肩踊りをさせたという意味に解される。ここでいう「鳥羽の田植」は、康和五年（一一〇三）以降白河院の主催でたびたび催された鳥羽殿の田植興を指す可能性が高い（植木行宣 二〇〇九）。増誉は白河天皇の護持僧であり、譲位後も篤い信任をうけていた。その関係で、白河院の田植興に自分の召仕う呪師童を参仕させ、流行を取り入れた新趣向で場を盛り上げたと考えられる。

増誉が園城寺長吏をつとめていた時期には園城寺八幡宮の祭礼で田楽が行われ、以後恒例化している（『寺門高僧記』四）。また増誉の弟子の増智は、自らに仕える恪勤法師（下級僧）から八人を選んで田楽法師としたが、この八人が宇治離宮祭に奉仕する白河田楽の祖となったという（『寺門高僧記』四）。増誉や増智は田楽法師との人脈を活かして祭礼・催事の興隆を行った。媒介者たちは祭礼の場で民衆芸能を学ぶだけでなく、祭礼の芸能に影響を与える場合もあったのである。祭礼は、貴賤が影響を与え合う文化的な交流の場であったといえよう。

2　郊外の遊興

京都の郊外は、貴族たちにとって遊興の空間であった。

貴族はどこで遊んだか　『雲州消息』には、十一世紀半ばの貴族たちが日常的なやりとりに用いた手紙が二百十三通ほど収載されている。そのうち最も多いのは、イベントへの誘いなど遊興関係の手紙で、五十八通、全体の四分の一強を占める。それらを通覧すると、貴族たちは多くの場合、郊外に出かけて遊興を楽しんだことがわかる。とくに桜や紅葉(もみじ)の時期や極熱(ごくねつ)のころには、洛北の雲林院(うりんいん)や紫野(むらさきの)、洛東の白河、洛西の嵯峨・遍照寺(へんじょうじ)・円融寺(えんゆうじ)など、京近郊の景勝地を訪ねることが多く、酒肴を持ち寄っては、詩歌・連句(れんく)・管絃・蹴鞠(けまり)などを催していた。

事情は十二世紀に入っても変わらない。『本朝無題詩(ほんちょうむだいし)』には、藤原周光(ちかみつ)・忠通(ただみち)・敦光(あつみつ)・茂明(もちあきら)、蓮禅(れんぜん)(藤原資基(すけもと))など十二世紀の作者を中心に漢詩が七百七十二首収載される。同書でもやはり郊外における詠詩が目立つ。主な地名を拾ってみるだけでも、洛北の雲林院・世尊寺、洛東の白河・禅林寺(ぜんりんじ)・長楽寺(ちょうらくじ)・六波羅蜜寺(ろくはらみつじ)・清水寺(きよみずでら)・法性寺(ほっしょうじ)、洛南の宇治・平等院、洛西の遍照寺・大井川(おおいがわ)・法輪寺(ほうりんじ)・円融寺などが挙げられ、その多くは『雲州消息』と共通する。

こうした遊興では、京洛を離れて憂いを忘れ精神の自由を得るために、詩酒・管絃が重視された（『本朝無題詩』巻八「遊長楽寺」など）。とくに別業（別荘）における詠詩には、遊興の雰囲気が濃い。巻六「別業」には、城北・東山・粟田・白川・城南・宇治・河陽・常盤・桂などの別業が登場し、「酒有り、詩有り、楽未だ央きず」「詩を吟じ、酒を酌み、好みて遊ぶ」「詩歌絃管なほ終はり無し」といった文言が多くみられる。なお、「亭」「別業」には、崇仁坊（左京八条）・陶化坊（左京九条）・西院なども含まれる。左京南部や右京も郊外に準じた認識だったのだろう。

このように平安後期の貴族たちは郊外の空間で遊興を楽しむことが多かった。この時期、院によって盛んに催された鳥羽殿や水無瀬殿での遊興も、同じ意識によるものだろう。

さて、郊外の遊興では作文・和歌・管絃・蹴鞠が催されることが多かったが、こうした場では、参加者として優れた「能」を有する者が求められた。このため、地位は低いながらもその道に優れた者たちが召し加えられ、高位者と同席できた。彼らは「能」によって有力貴族に仕えるきっかけを得られ、また仕えて以後も主人と同じ交遊空間に召し加えられることにより、主人との関係をより親しいものにできた。身分の高い公卿・殿上人の場合も、多才な「能」があればそれだけ多種多様の交遊活動に参加する機会が生まれたという（野田有紀子 二〇〇九）。郊外の遊興空間は、芸能を通して異なる身分の者たちが交流する場となっていたのである。以下本節では、蹴鞠と今様を例としてその具体的な様相に迫りたい。

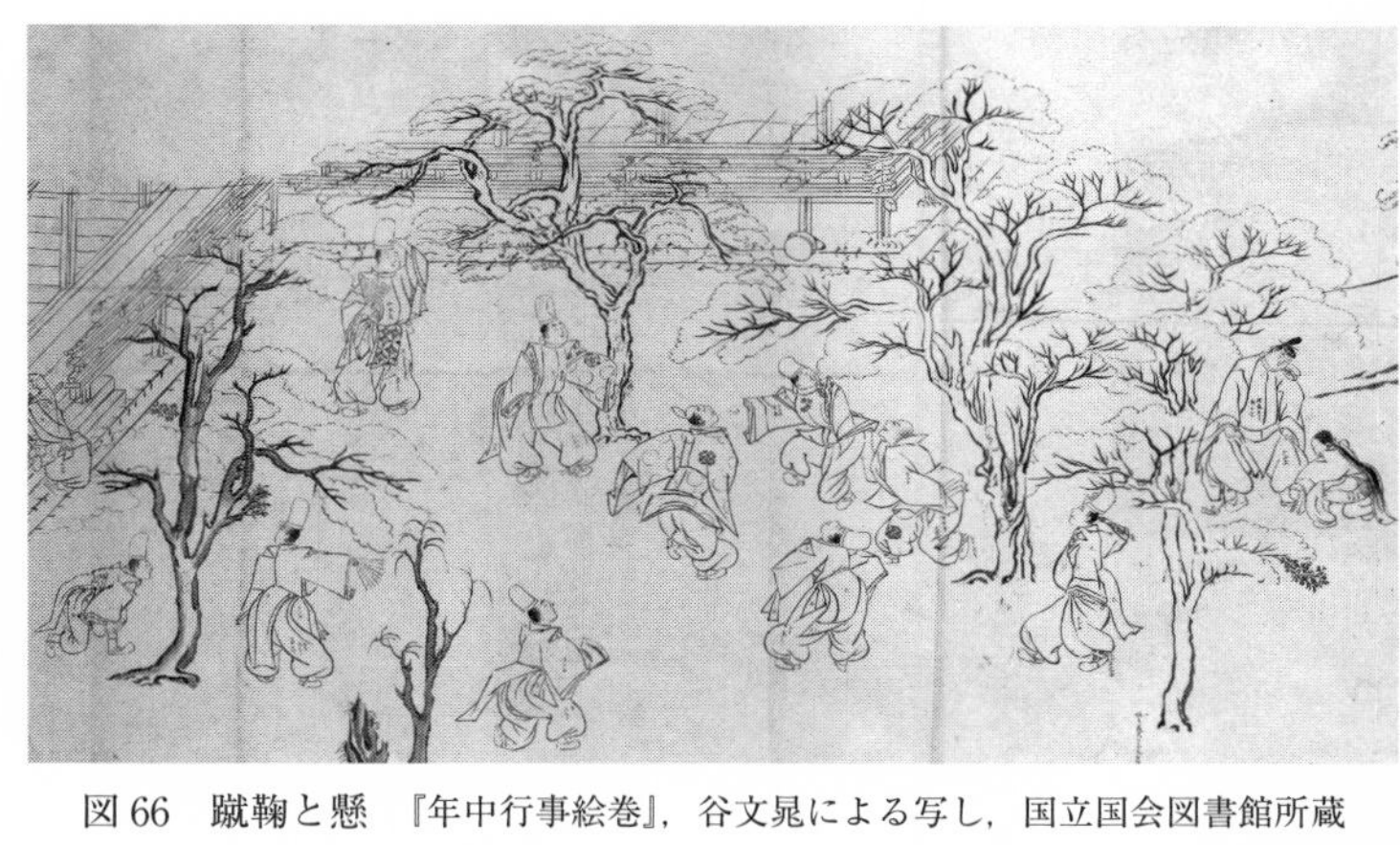

図66　蹴鞠と懸　『年中行事絵巻』，谷文晁による写し，国立国会図書館所蔵

蹴鞠と民衆

蹴鞠は中国から伝わった遊びで、鞠を落とさないように蹴り上げ続けるものである（図66）。日本ではゲーム性を高める工夫として、十世紀後半以降、「懸」という木を用いるようになった。鞠が枝に当たることで複雑な変化をもたらすのである。また、桜や楓に鞠が当たると花や紅葉がはらはらと散る。その風情も楽しまれた（『革匊要略集』四など）。懸の木が重視されるようになると次第に蹴鞠のフィールドそのものも懸と呼ばれるようになった。

十～十二世期前半ごろには懸の木に自然木を利用することが多く、蹴鞠は基本的に郊外で行われた。『宇津保物語』「国譲・中」では、桂にある藤原兼雅の別荘で蹴鞠が行われ、青楓が懸に用いられたことが見える。『雲州消息』第三・四通では、貴族たちが春、「花林の下を尋ねて蹴鞠の興を成」そうとしている。実際に、藤原頼通たちが桜の名所である洛北の雲林院に出かけて蹴鞠をしている記録もある（『小右記』長元二年三月二日条）。十二世紀後半に編まれた『蹴鞠口伝集』には有名な懸として、洛北の五辻町にあった尊重寺の懸や、仁和寺辺りの安井の懸、賀茂にある雲分の懸、白河の法勝寺・尊勝寺・最勝寺・成勝寺の懸などが挙げられるほか、白河善勝寺の懸、嵯峨釈迦堂の懸もみえている。

さて、懸の木に当たってどこに飛んでいくかわからない鞠に対応するためには、俊敏な動きが要求される。このため初期の蹴鞠ではアクロバティックな技術が重視された。たとえば建物の高欄や縁側に鞠が飛んだ際には躍足（ジャンピング・キック）で対応することが通例であり、激しい跳躍で沓が脱げる心配をしなくてすむよう、裸足や片裸足での参加が好まれた。このため初期の蹴鞠はあまり品の良い遊びとはみなされておらず、紫式部は「様よく静かならぬ乱れ事」（『源氏物語』「若菜上」）、清少納言は「様悪しけれど鞠もをかし」（『枕草子』二〇一「あそびわざは」）と評している。当時の蹴鞠は民衆に基盤を置く文化であり、高位の貴族にふさわしい遊びではなかったのである（村戸弥生 二〇〇二）。

そのことは、参加者の顔ぶれからもうかがわれる。十世紀にはたびたび内裏での鞠会が催されているが、その際には殿上人以外に、近衛将監や番長、帯刀、下部など、地下官人や下級職員が召されることが多かった。このころの名人には、近衛府の下級官人とみられる「春府生〔掌〕」や、九条住人「春近」などの名前がみえる（『蹴鞠口伝集』下上二）。両者は同一人物の可能性も高いが（『二中暦』「鞠足」「双六」、『今昔物語集』巻二四―四）、少なくとも当時、下層身分に名人がいたことは間違いない。天慶六年（九四三）五月二十九日の鞠会で、京中の庶民から蹴鞠に優れた者二十余人が召されたことを踏まえると（『吏部王記』）、背景には、庶民層において蹴鞠が親しまれていた実態があったに違いない。

十一世紀から十二世紀にかけても、蹴鞠の名人には身分の低い者が少なくない。賀茂社の社家（神職）であった賀茂成平は十二世紀前半を代表する蹴鞠の名人であった。彼の祖父成助・父成継も蹴鞠との関係が深い。小野忠資・資方父子はそれぞれ監物、右京進をつとめており、侍層に属する。資方はその子にも蹴鞠を継承させており、蹴鞠の家意識を持っていたようである。西行の外祖父として知られる源清経も、監物や蔵人所衆をつとめた下級官人であり、蹴鞠書に名を残している。源基経、通称「源九」は藤原長実の小舎人童というから、もう少し下の階層に属する。彼は「蜻蛉返り」（オーバーヘッドキック）が得意で、アクロバティックなこの時期の蹴鞠を代表する人物である。

蹴鞠における貴賤混交

このように蹴鞠の名人は下層身分者に多かったから、貴族たちが蹴鞠をするときには彼らをメンバーに加えることが多かった。小野忠資・資方父子のもとには貴族たちが牛車で迎えに来て取り合いになったという（『蹴鞠口伝集』下下六七）。白河院近臣で公卿層の藤原長実が白河の善勝寺で蹴鞠をした際にも、賀茂成継が参加している（『蹴鞠口伝集』下下六六）。

下層身分者と蹴鞠を楽しむために貴族たちが目指したのは郊外の懸であった。たとえば公卿層の藤原成通は、若く蹴鞠に熱中していたころ、東山の僧や童部が鞠を蹴っているところに行って蹴鞠に交ぜてもらっていたという。上達しようと思えば下層身分者の鞠会に交じることが早道だったのであろう（『蹴鞠口伝集』下下九四）。また先に触れた尊重寺の懸は貴賤が集まる場所であった。ここには地下の小野忠資・資方父子や安藤近実らが集まっていたほか、藤原顕季などの公卿・殿上人も日参していたという（村戸弥生 二〇一五）。

こうして身分を超えて築かれた蹴鞠のネットワークは、そのまま院や上級貴族によって利用された。とくに白河院は尊重寺に集った人々を内裏蹴鞠会に奉仕させているほか、賀茂成平の推薦した人々を鞠会に召したり（『蹴鞠口伝集』下下七五）、鞠足（プレーヤー）を鳥羽殿に連れてくるよう藤原忠通に命じたりと（『殿暦』天永元年四月十四日条）、臣下の人脈を活用して多様な人々を召している。白河院は地下から摂関家に至る蹴鞠を掌握したとされているが、その背景には郊外の懸を中心にした貴賤の交流があったのである。

今様を謡う場所

今様は十一〜十二世紀の流行歌である。曲は部分的にしか伝わらないが、「長うて癖づきたる」歌であったらしい（『枕草子』）。今様ではＴＰＯに合わせて当意即妙に歌い替えることが推奨され、一人称として「われら」が多用されるなど、歌い手と聴き手がその場を共有し共感しあうことが重視された。宴会など、人々が絆を強める場にふさわしい歌謡であった。

ただ今様は、目を細めて頭を後ろに傾けながら高音で謡うものだったらしく、見た目はあまりよろしくない（『狭衣物語』巻三上など）。また猿楽のところで紹介したように、滑稽な所作を伴う場合もあったらしい。そのせいだろうか、初期の今様は車夫などの庶民や、せいぜい若公達が謡うもので、年長者や高位者にはふさわしくない歌とみなされていた。もともと下層身分者を中心に流行した歌謡だったのである（沖本幸子 二〇〇六）。

しかし今様は次第に貴族たちにも受け入れられ、十二世紀には今様を謡わないものはないとまでい

図67　貴族と遊女の遊興　『餓鬼草紙』写本，国立国会図書館所蔵

われるようになっていく（『文机談』）。このように身分を超えて今様が伝播する際、どのような場で貴賤の交流が行われたのかについて以下考えてみたい。

今様の担い手として重きをなしたのは、地方の遊女や傀儡子たちであった。遊女は淀川の河口付近に、傀儡子は東海道の宿に集住しており、もともとは参詣や任国下向で旅をする貴族たちが、通るついでに遊女の歌を楽しむ場合が多かったようだ。しかし今様が流行する十一世紀半ば以降、貴族や官人が京近辺に遊女・傀儡子を召し出して遊ぶ例が増えてくる（図67）。その際注目されるのは、彼女たちが召される場所に郊外が目立つ点である。

たとえば長元六年（一〇三三）四月二十二日には、斎院の侍たちが遊女を召して歌を謡わせた（『日本紀略』）。場所は明示されないが、洛北紫野の斎院であった可能性が高い。長久元年（一〇四〇）五月三日、右大臣藤原実資をはじめとする小野宮家の人々が桂の別業に赴いて終日遊興にふけった際には、どこから聞きつけたのか傀傀儡子がやって来て謡い遊んだ（『春記』）。この時期には藤原定頼も、石清水八幡宮に参詣して「きのもと」に宿泊した際、美濃国青墓の小三という傀儡子を召し出している（『四条中納言定頼集』三九二）。

十一世紀後半から十二世紀にかけては貴族社会での今様流行が本格化し、今様や遊女・傀儡子と積極的に関わる貴族たちが出現するようになる。源経信・源政長・橘俊綱らのグループはその典型である。彼らは仲間内で誘い合って源政長の八条亭（八条水閣）や橘俊綱の伏見亭などに赴き、頻繁に遊興を催した。遊興は管絃・歌謡などの芸能を中心にすることが多く、楽人の藤原博定や遊女、呪師・散楽など芸の専門家が召し出された。経信らは遊女たちを通じて今様を吸収していったのだと思われる（辻浩和 二〇一七）。

伏見亭では、経信の息子で橘俊綱の猶子となった源俊頼も遊女の今様を聴いている（『散木奇歌集』一六一三）。小三の孫にあたる傀儡子四三が伏見に来ていることを知って、呼びに行かせたこともある。四三は伏見に宿所を借りて滞在していたようだから、他の貴族の遊興にでも招かれていたのであろう（『散木奇歌集』一六〇〇）。

この時期、今様に熱心な貴族たちは遊女や傀儡子を交えて「今様談義」を行った。実際に今様を謡いながら批評し合い、今様の故事や旋律・歌唱法などについて議論を行うのであるが、その開催にも郊外の別業が使われた。十二世紀初頭、白河院近臣の修理大夫藤原顕季が、桂川下流の樋爪にあった山荘で墨俣・青墓の傀儡子たちを多数呼び集めて今様談義を催したのがそれである（菅野扶美 一九八九）。この会には目井・乙前などの傀儡子に加え、源清経のような地下官人たちも参加した（『梁塵秘抄口伝集』巻一〇)。今様を介して異なる身分の者たちが集い、議論し、人間関係を築く。その場として選ばれたのが郊外の別業であった。

今様と貴顕

今様に習熟した貴族たちは、さらに上層の摂関や院に対して今様を奉仕する。一方で専門家としての遊女・傀儡子への評価は依然として高く、今様に関心を持った摂関や院が直接彼女たちを召すことも多かった。その際にはやはり郊外の空間が多く用いられている。

摂関家の場合には、宇治殿での事例が目につく。『雲州消息』には右京大夫藤原某が殿の御供で宇治に行ったときたまたま聞いた遊女の今様が忘れられないため、江口(淀川中流域にあった遊女の拠点)に出かけようと誘う手紙が収められている(第一一七通)。「殿」は時期的にみて藤原頼通であろう。頼通の曽孫、忠実もまた宇治の別業に遊女を召して歌わせ、宿所をあてがって貴族たちや女房たちとの遊興に供している(『殿暦』長治元年九月十八―二十五日条)。忠実は自身も歌謡の名手であり、遊女・傀儡子から今様を学んでいた可能性が高い(沖本幸子 二〇〇六)。永久三年(一一一五)に白河院が富家殿に御幸した際、遊女が宇治川に舟を浮かべて謡ったのも、遊女との人脈を活かした演出と思われる(『今鏡』四「宇治の川瀬」)。

白河院の場合には鳥羽殿が用いられた。鳥羽殿は遊興のための空間として造営された京外御所で、政務を行う京内御所とは明確に区別されていた(美川圭 二〇〇二)。院は嘉承二年(一一〇七)に鳥羽殿の北面で密々に行った小御遊の際、今様に堪能な貴族たちを召し出して謡わせている(『中右記』)。白河院は今様の歌い替えを命じ、「歌近藤」(芸能者か)に今様を謡わせるなど、今様に強い関心を寄せていた(『體源鈔』一〇ノ下)。大治四年(一一二九)二月六日に鳥羽殿で「遊女会」を催しているのも、今様に関連した催しであったろう(『長秋記』)。

後白河院が今様に熱中したことはよく知られている。院自身の手になる『梁塵秘抄口伝集』によれば、院は「上達部・殿上人はいはず、京の男女、所々の端者・雑仕、江口・神崎の遊女、国々の傀儡子」といった多種多様な人々と接することで今様の上達を図った。なかでもとくに重視したのが、美濃国青墓の傀儡子たちが伝える今様の伝承である。

後白河院が毎年五月・九月に催した法住寺の供花会では、法会の終了後に今様談義が行われるのが恒例になっていた。今様談義には貴族・官人・北面の輩に加えて江口・神崎の遊女、美濃国墨俣・青墓の傀儡子などが参会し、貴賤入り交じって今様の歌唱と相互批評が行われた(菅野扶美 一九八九)。『梁塵秘抄口伝集』には、院の師であった乙前の正統性を示すために、供花会での議論が具体的に書き記されているが、傀儡子たちが貴族や院に向かって積極的に発言している様子に驚かされる。会場となった法住寺殿は七条大路末に位置する京外御所である。別業ではないが、法住寺供花会と先に述べた樋爪での藤原顕季今様談義との類似を考えると、法住寺殿が郊外に位置していたことはやはり重要であったと思う。

後鳥羽院もまた今様に強い関心を示し、京南郊の水無瀬殿にしばしば遊女を召し出した。記録に残るだけでも計三十回ほど遊女を召して謡わせている。水無瀬殿はもともと源通親の別荘があった風光明媚な土地であり、遊女以外にも白拍子女や猿楽者が召され、近臣たちとの蹴鞠・乱舞などが盛んに催されるなど、遊興の空間としての性格が強い。興味深いのは、水無瀬御幸に際しては院をはじめとする全員が水干という下層身分者の装束を着用することで身分規制の緩和が図られた点である。水無瀬殿は身分の違いを超えて遊興にふけることが求められる場所であり、だからこそ遊女や白拍子女、猿楽者などの下層身分者も頻繁に参入できたのだろう。

以上、摂関・院と遊女・傀儡子との関わりを概観した。郊外の御所や別業に地方の遊女・傀儡子を召すことが多いのは、地理的なアクセスのしやすさといった実際的な理由ももちろん関係しているだろう。しかし同時期における貴族たちの遊興のあり方を踏まえるならば、より重要なのは、郊外では身分規制がさほど強く働かないため、多様な身分の者と交わりながら芸能を楽しみやすかったという点ではないだろうか。

3 貴族住宅の変容

身分規制の緩い空間

ここまで、院政期の貴族たちが当時の流行芸能に触れるため、祭礼の場や郊外の別業で下層身分者や地方の芸能者たちと接触したことを述べてきた。ただし、祭礼はその機会が限定される。また郊外の別業に出かけるのは政務や行事の少ない時期でなければならない。貴族たちはいつでも自由に下層身分者と交流できたわけではないのである。しかし院政期には、こうした制約を乗り越えて恒常的に下層身分者と交流することを可能にする場が次第に整備され、拡充されていった。最後にこの点に触れておきたい。

中世の人々の行動は身分秩序によって強く規制されており、「表」の空間で天皇や院などの高位者が地下の者に接することは原則として禁じられる。一方、日常生活を送る「奥」の空間は比較的身分規制が弱く、主人の裁量で地下の輩(ともがら)を召し出すことも可能であった。このため主人によっては芸能に堪能な地下を近臣として召し抱え、奥の空間でうちとけた内々の遊びに興ずることがあった。さらに奥の空間は、身分の低い芸能者などを召す際にも用いられ、主人と遊女・傀儡子・猿楽などとの接点になっていた(秋山喜代子 二〇〇三)。こうした奥の空間は院政期に拡充・発展したことが明らかにされており、貴族たちは住宅内に下層身分者と接することのできる場を増やしていったと考えられる(藤田勝也 二〇〇二)。

修正会のあと呪師・猿楽を招いて催す昼呪師は、寝殿の北面=奥の空間で行われた。たとえば鳥羽院は皇后宮藤原泰子の御所の北面で呪師走りを見物し(『長秋記』長承四年正月二十九日条)、後白河法皇は最勝光院(さいしょうこういん)の北壺(きたつぼ)で呪師・散楽などを見物している(『吉記』承安四年二月七日条)。祭礼・法会で出会った芸能者は、奥の空間に招き入れられたのである。

2節で、嘉承二年(一一〇七)に白河院が鳥羽殿の北面で今様を謡わせたことに触れた。肉声で謡われ、かつ多様でくだけた歌詞を持つ今様はくつろいだ私的な雰囲気の中、奥の空間で謡われることが多かった(沖本幸子 二〇〇六)。長治二年(一一〇五)三月七日、藤原忠実が「密々」に遊女を召した際に「北面方」が用いられ(『殿暦』)、保元二年(一一五七)正月、後白河天皇が初めて傀儡子乙前を召し出した際に高松殿の常御所が用いられるなど（『梁塵秘抄口伝集』巻一〇）、遊女・傀儡子を召し出すのもやはり奥の空間であった。

また院政期には、本来「表」に属する空間の中にも、下層身分者との交流を可能にする新しい空間が形成されていく。その典型である弘御所は、ある程度身分秩序を維持した状態で下層身分者を召し出すことのできる、公私の中間的な性格を持つ空間であった。

『梁塵秘抄口伝集』巻一〇には、法住寺殿の弘御所で今様の会が催され、青墓から招いた小大進のほか、さはのあこ丸・延寿・たれかは・あこ丸の娘など多数の傀儡子が参会したことがみえる。また同書には、法住寺の広所（弘御所）で後白河院が今様を謡っているところに乙前がやってきて対面するという夢が記される。いずれの場合も弘御所は今様の場として用いられている。水無瀬殿でも弘御所に遊女を召して謡わせた例がある。このように弘御所には遊女・傀儡子・白拍子女・猿楽者といった芸能者が召されることがあり、やはり院や天皇と下層身分者との接点になっていた（藤田勝也 二〇〇二）。

中世京都文化の基調

さて、これまで述べてきた奥の空間や弘御所は、郊外の別業と密接に関連して成立する。たとえば奥空間の展開を象徴するとされる萱御所は、その名の通り萱葺きを特徴とする建物で、都市貴族たちが自然を求めて建てる数寄的な草庵の系譜に位置付けられる。最初期には鳥羽殿や法住寺北殿（七条殿）などの京外御所に建てられていたが、次第に六条殿や高陽院など京内の御所にも建てられるようになり、遊興などに用いられた。また弘御所は先に示した法住寺殿での今様事例を初見とし、その後六条殿・二条殿・京極殿・高陽院・五辻殿などの京内御所に広まっていった。鳥羽殿・法住寺殿などの京外御所が持つ遊興的な性格が、萱御所や弘御所を通じて京内御所に取り入れられていったとみることが可能であろう。

院政期の貴族たちが祭礼の場や郊外の別業を利用して取り組んだ下層身分者・地方芸能者との交流は、奥空間の拡充や弘御所の成立によって、京内の住宅でより頻繁に、かつ日常的に行われるようになっていく。中世の京都は、身分・地域を超えた人々の交流と、貴賤・都鄙の文化の混交が常に行われる場所として成立したのである。

仏教と中世王権――エピローグ

専制君主である白河法皇にも、「賀茂川の流れ」「双六の賽」「山法師」という意のままにならないものがあり、これが『源平盛衰記』などにのっている「三不如意」とよばれるものである。これがもっともよく知られている。だが『古事談』には、

法皇がさらにもとめるもの

法勝寺の「金泥一切経」供養が雨のために何度も中止になり、それに怒った法皇が、雨水を獄につないだ「雨水の禁獄」という荒唐無稽な話もある。ただかつて個人的には、なんだかピンと来ない話だと思っていたものだ。

法皇葬送の日の『中右記』大治四年（一一二九）七月七日条つまり、藤原宗忠の日記に、年来の善根として「絵像五千四百七十余体」をはじめ「金泥一切経書写」、さらに晩年二、三年の「諸国の殺生禁断」も大善根としてとりあげられている。絶大なる権力を手に入れた法皇であったが、その裏付けとなる権威をさらにもとめようとしていた。そこでは仏教との関わりが重視された。

欽定宋版一切経の伝来

一切経とは、仏教聖典を集大成したもので、奈良時代以降、官営・私営の書写所で書写された。寛和二年（九八六）に東大寺僧の奝然が、建国間もない宋の皇帝の欽定宋版一切経五千四十八巻を日本に伝えた。奝然は京都北の愛宕山に寺院の建立を

計画したが果たせず、没後に弟子たちが嵯峨に清涼寺を建てて、そこにこの宋版一切経が納められたのである。

寛仁二年（一〇一八）道長にこの一切経が献上され、二条殿西廊に安置される。さらに土御門邸を経由し、治安元年（一〇二一）法成寺の経蔵に移されるのである。上川通夫の推定によると、道長はこの一切経の書写を独自に進めたが、生前には完成せず、長元七年（一〇三四）頼通が高陽院で盛大な一切経供養を行った。このように、奝然によってもたらされた、宋皇帝欽定の一切経は、道長と頼通の関わりによって、厚く信仰されていくのである。

摂関家にとっての一切経

欽定の宋版一切経は、高麗（九八九年など）や西夏（一〇三〇年など）に贈られるなど、成立当初の宋皇帝が外交手段にもちいていたものである。奝然が宋皇帝に献上した日本の「職員令」や「王年代記」などは、宋であれば書物輸出禁止令に触れるほど重要な書籍であったから、それに感激した皇帝から欽定一切経が日本にもたらされたのである。それを手中にした道長にとっては、外交権を掌握したに等しい意味をもっていた。だが、この欽定一切経自体は、天喜六年（一〇五八）の法成寺全焼によって、焼失した可能性が高い。

頼通によって、治暦二年（一〇六六）平等院に「一切経供料」が設定され、僧二口による毎日の一切経読経が開始される。延久元年（一〇六九）五月二十九日には、平等院一切経会がはじめられる。この仏事は、のちに三月三日の恒例行事となり、藤原氏の氏長者による経蔵開検、衆僧による読経、舞楽上演といった盛大なものになっていった。

さらに、寛治四年（一〇九〇）十一月晦日には、毎旬一〇口の興福寺僧がつとめる春日社頭一切経転読が開始された。主催者は関白師実であろう。翌年六月二十八日には、師実が三条殿で一切経転読を行い、十一月二十七日に結願している。初日と結願日には、興福寺・延暦寺・園城寺・東大寺の僧たちが番論義を行った。

摂関家が直接主催したわけではないが、嘉保三年（一〇九六）三月十八日、慈応上人という勧進聖が「京中上下万人」に一日のうちに一切経を書写させた。結縁の人々は自宅で書写し、供養した経典を慈応のもとに送った。慈応は法成寺内に居住しており、寺中の一切経と校合したのである。関白師通も六十巻の華厳経の外題を記し、僧延真らを召して論義・供養させた。そして、三月二十一日にこの一切経が吉野の金峯山に送られる際、師通と息忠実は人夫と浄衣を給付する。この写経はたんなる一勧進聖の行為ではなく、摂関家の強い支援があったのである。このように、頼通、師実、師通、忠実と続く摂関家当主は、一切経会にきわめて積極的だったのである。

一切経をめぐる院と摂関家

承暦元年（一〇七七）十二月十八日、白河天皇のもとで完成した法勝寺の供養が行われたが、その講堂では学侶が一切経を転読した。翌年十月三日には、天皇が法勝寺の大乗会を開くが、このとき供養した金字五部大乗経は、のちに白河院の命令で書写を命じられた金泥一切経の一部になるものであった。摂関家が伝来していた一切経をしのぐ権威を、自らのもとで書写させたものに持たせようとしていたのである。だが、その権威はきらびやかな装丁をもってしてもなかなか凌駕することはできなかった。一度に一セットしか下賜できないのだから、宋勅版の系譜を有した摂関系の一切経には、容易にたどりつけなかった。

師通と師実があいついで亡くなり、摂関家の衰えが顕著になった康和三年（一一〇一）白河法皇は、平等院と法成寺の経蔵開検を機会に、摂関家が継承してきた法成寺本を忠実から借りだしたらしい。翌年には平等院蔵の一切経を一部書写したという。こうして、ともかく、天仁三年（一一一〇）白河法皇による法勝寺紺紙金泥一切経が完成する。そこにいたる道程は、専制権力への道と整合する、摂関家にまさる王家の権威を確立しようとする政治過程である。奝然によって輸入された欽定宋版一切経の写本としての法成寺本や平等院本を底本としつつ、それを凌駕する荘厳な金字の一切経が生みだされた。そこから「雨水の禁獄」伝説も派生したのであろう。ただ、それでも権威の追求はおさまらなかったらしい（上川通夫 二〇〇八）。

「鯨珠」とはなにか

法皇が亡くなる二年前の大治二年（一一二七）十二月二十七日から三日間にわたり、如意宝珠法という密教法会が行われた。これが行われるきっかけは、あらたに一つ如意宝珠が発見されたためであるという。その経緯が大外記中原師遠の日記逸文である『鯨珠記』というものに記されている。

それによると、この年、王家領である肥前国神崎荘に打ち上げられた鯨の腹中から発見された「珠」が、法皇に献じられたという。五月二十六日、師遠に調査が命じられ、即日それを「明珠」とする結果に法皇は感激した。法皇は「鯨珠」の実物を師遠に下して確認させるとともに、居並ぶ廷臣の前で、これを「御護」にすると語った。しかも、その取次をしたのが越前守平忠盛、つまり清盛の父だったのである。

六月一日には、忠盛が奉ずる院宣で、師遠は院御所の忠盛の宿所に呼び出された。そこで、忠盛は師遠に限るという法皇の言葉を伝えて、「年来御修善目録一巻」を見せた。これに対して師遠は、法皇の修善が隋の煬帝やインドの阿育王に劣らぬもので、この修善目録は秘蔵すべきものではなく、公にされて「貴賤上下」の模範とすべきである、と述べた。法皇は、これを聞いて大いに悦び、自分が「本朝帝王」として空前絶後であると自賛したという。

法皇にとっての如意宝珠

六月七日には、院近臣石見守藤原資盛の奉ずる院宣で、師遠に院御所への参入が求められた。さらに資盛の取次で、待賢門院のもとに導かれ、養父にあたる法皇と相対することになる。法皇の言には、末世となりもはや宝珠が出現しないのではないかと恐れていたところ、「鯨珠」が「宝珠」であるという師遠の調査結果にいたったため、錦袋に入れていたが、去年忠盛が進上していた銀筥があったのでそれに納め、さらに糸で結んで大切にしている。そのうえで、これほど貴重なものを、側らに置いておいてよいか、と師遠に下問があった。師遠は、法皇の発布した殺生禁断令によって、海で発見されたものであり、自然の「瑞物」ではなく、法皇の「帝徳」が出現させた「珠」である。ゆえに法皇の側らに置いてあっても何ら問題はない。その「如意宝珠」の効力は有限なものではなく、「如来舎利」と同じものと答えた。

こうして、十二月二十七日新たに発見された「鯨珠」のために如意宝珠法が行われることになった。本尊とされた如意宝珠は、代表的な院近臣僧である範俊が献上した空海自筆の遺告をともなう「珠」

図68 『仏舎利相承系図』より（原文の註は漢文）

仏舎利の相承

前白河院　育王山より一千粒これを渡さる
雁塔山より一千粒これを渡さる

姉 祇園女御殿　此の御舎利を以って御最後の時女御殿に奉られ了んぬ

妹 女房　院に召されて懐妊の後、刑部卿忠盛に之を賜い、
忠盛の子息となし清盛と言う、仍て宮と号せず

太政大臣平朝臣清盛　女御殿清盛を以って猶子となし
併しながら〔全部〕此の舎利を渡し奉る

観音房　主馬の判官〔平〕盛国の子息なり、南無仏と号す。此御舎利の預なり、然るに大相国〔清盛〕早世の後、内大臣平宗盛卿に渡し奉るといえども、尚観音房之を預かる。内大臣鎮西に随却するの間、観音房之を奉持す云々

で、もともと宇治宝蔵にあったが、その後盗み出されて、成尊から範俊の手をへて、法皇の手に入ったものである。

かつて、法皇が在位中の承暦四年（一〇八〇）六条内裏で範俊が修した如法愛染法という法会が、如意宝珠を本尊とする修法として創出された。天仁二年（一一〇九）には如意宝珠を本尊とする如法尊勝法が行われた。しかし、白河法皇に奉仕された性格をもった法会でありながら、範俊が天永三年（一一一二）に死去したこともあり、その後継承されていなかった（美川圭 二〇一二）。久しぶりに、新たな如意法珠法が行われたことになる。

平家にとっての仏舎利

高橋昌明によると、範俊と忠盛の父正盛は、相携えてかつての東大寺雑役免田の一部を自領とし、東大寺との厳しい相論を戦い抜くとともに、範俊死後その所領西吉助荘の大部分がその弟子範延、実は正盛の子に譲られ、正盛の所領東吉助荘も忠盛に伝領されたという（髙橋昌明　二〇〇四）。

また、胡宮神社所蔵の『仏舎利相承系図』に、王権と関わりの深い「仏舎利」が、白河法皇から祇園女御ないしは清盛の実母である院周辺の女房を通じて、清盛に伝えられたという伝承が記されている。これが『平家物語』で有名な、清盛の白河法皇落胤説と関わっている。さらに、白河法皇、院近臣僧範俊、平正盛・忠盛らが「仏舎利」＝「如意宝珠」とみなされた王権を権威づける宝物の「創出」ないしは「作為」に深く関与することを示唆する（美川圭 二〇一二）。こうして、白河法皇死後、鳥羽院、後白河院、院近臣平忠盛、清盛を主人公とする時代に入っていく。

参考文献

一～四章

石井　進　一九六九「中世成立期軍制研究の一視点」(『史学雑誌』七八―一二)

石井　進　一九七〇「院政時代」(歴史学研究会・日本史研究会編『講座日本史二　封建社会の成立』東京大学出版会)

石母田正　一九六四『古代末期政治史序説』未来社

磐下　徹　二〇一七「除目」(大津徹ほか編『藤原道長事典―御堂関白記からみる貴族社会―』思文閣出版)

上島　享　二〇一〇『日本中世社会の形成と王権』名古屋大学出版会

上原真人　二〇〇六「院政期平安宮―瓦からみた―」(髙橋昌明編『院政期の内裏・大内裏と院御所』文理閣)

海上貴彦　二〇二〇「藤原頼通の関白辞任―『古事談』説話の検討から―」(『日本歴史』八六六)

上横手雅敬　一九八一「院政期の源氏」(御家人制研究会編『御家人制の研究』吉川弘文館)

上横手雅敬　一九八五『平家物語の虚構と真実』上、塙書房

大津　透　一九九五「摂関期の陣定」(『山梨大学教育学部研究報告』四六)

大津　透　二〇〇一『道長と宮廷社会』(『日本の歴史』〇六)講談社

上川通夫　二〇〇七『日本中世仏教形成史論』校倉書房

川尻秋生　二〇一四「陣定の成立」(吉村武彦編『日本古代の国家と王権・社会』塙書房)

川端　新　二〇〇〇『荘園制成立史の研究』思文閣出版

倉本一宏　二〇〇三『一条天皇』吉川弘文館

栗山圭子　二〇一二『中世王家の成立と院政』吉川弘文館

黒羽亮太　二〇一九「平安貴族社会の役と文書の変容」（『日本史研究』六七九）
今　正秀　一九九七「摂政制成立考」（『史学雑誌』一〇六―一）
佐伯智広　二〇一六「鳥羽院政期の公卿議定」（『古代文化』六八―一）
坂本賞三　一九八五『荘園制成立と王朝国家』塙書房
佐藤泰弘　二〇一三「反転する平安時代史―上島享著『日本中世社会の形成と王権』について―」（『古代文化』五九

二）

清水　擴　一九九二『平安時代仏教建築史の研究』中央公論美術出版
下郡　剛　一九九九『後白河院政の研究』吉川弘文館
曽我良成　二〇一二『王朝国家政務の研究』吉川弘文館
髙橋昌明　一九八四『清盛以前―伊勢平氏の興隆―』平凡社
竹内理三　一九五八『律令制と貴族政権』第Ⅱ部、お茶の水書房
土田直鎮　一九六五『王朝の貴族』（『日本の歴史』五）中央公論社
戸田芳実　一九七〇「国衙軍制の形成過程」（日本史研究会史料研究部会編『中世の権力と民衆』創元社）
戸田芳実　一九七九『中右記―躍動する院政時代の群像―』そしえて
戸田芳実　一九九一『初期中世社会史の研究』東京大学出版会
中野渡俊治　二〇一七『古代太上天皇の研究』思文閣出版
野口　実　一九八二『坂東武士団の成立と発展』弘生書林
野口　実　二〇一二『源義家―天下第一の武勇の士―』山川出版社
橋本義則　一九九五『平安宮成立史の研究』塙書房
橋本義彦　一九七六『平安貴族社会の研究』吉川弘文館
橋本義彦　一九八六『平安貴族』平凡社

樋口知志　二〇一一　『前九年・後三年合戦と奥州藤原氏』高志書院
福田豊彦　一九八一　『平将門の乱』岩波書店
服藤早苗　二〇一九　『藤原彰子』吉川弘文館
藤本孝一　二〇〇九　『中世史料学叢論』思文閣出版
前田禎彦　一九九七　「検非違使庁の〈政〉―その内容と沿革―」（『富山国際大学紀要』七）
槇　道雄　一九九三　『院政時代史論集』続群書類従完成会
美川　圭　一九九六　『院政の研究』臨川書店
目崎徳衛　一九九五　『貴族社会と古典文化』吉川弘文館
元木泰雄　一九八四　「摂津源氏一門―軍事貴族の性格と展開―」（『史林』六七―六）
元木泰雄　一九九四　『武士の成立』吉川弘文館
元木泰雄　一九九六　『院政期政治史研究』思文閣出版
元木泰雄　二〇〇〇　『藤原忠実』吉川弘文館
元木泰雄　二〇〇五　「藤原頼通」（『古代の人物六　王朝の変容と武者』清文堂）
元木泰雄　二〇〇四　『源満仲・頼光』ミネルヴァ書房
元木泰雄　二〇一一　『河内源氏　頼朝を生んだ武士本流』中央公論新社
安原　功　一九八九　「昼御座定と御前定―堀河親政期の政治構造の一断面―」（『年報中世史研究』一四）
安原　功　一九九四　「中世成立期の権力関係―天皇・摂関・院と公卿議定―」（『ヒストリア』一四五）
吉江　崇　二〇〇二　「陣定成立に見る公卿議定の変容」（『ヒストリア』一七八）
吉川真司　一九九八　『律令官僚制の研究』塙書房
吉川真司　二〇〇二　「平安京」（吉川真司編『日本の時代史五　平安京』吉川弘文館）
米谷豊之祐　一九九三　『院政期軍事・警察史拾遺』近代文芸社

五章

網　伸也　二〇一〇「平安京の構造」（西山良平・鈴木久男編『古代の都三　恒久の都平安京』吉川弘文館）
井上満郎　一九八一「院御所について」（御家人制研究会編『御家人制の研究』吉川弘文館）
上島　享　二〇一〇『日本中世社会の形成と王権』名古屋大学出版会
上村和直　一九九四「院政と白河」（古代学協会・古代学研究所編『平安京提要』角川書店）
大津　透　二〇〇一『道長と宮廷社会』講談社
大村拓生　二〇〇六『中世京都首都論』吉川弘文館
川本重雄　一九八八「法住寺殿の研究」（稲垣栄三先生還暦記念論集『建築史論叢』中央公論美術出版）
北村優季　二〇一〇「都の民衆と災害・都市問題」（前掲『古代の都三　恒久の都平安京』）
黒羽亮太　二〇一五「円融寺と浄妙寺―摂関期のふたつの墓寺―」（『日本史研究』六三三）
杉本　宏　二〇〇六『宇治遺跡群』同成社
杉山信三　一九八一『院家建築の研究』吉川弘文館
平　雅行　一九九二『日本中世の社会と仏教』塙書房
髙橋昌明　一九九九『武士の成立　武士像の創出』東京大学出版会
髙橋昌明　二〇〇六「大内裏の変貌―平安末から鎌倉中期まで―」（『院政期の内裏・大内裏と院御所』文理閣）
田中貴子　一九九三『外法と愛法の中世』砂子屋書房
西山良平　二〇〇四『都市平安京』京都大学学術出版会
橋本義則　一九九五『平安宮成立史の研究』塙書房
橋本義彦　一九七六『平安貴族社会の研究』吉川弘文館
福山敏男　一九六八『日本建築史研究』墨水書房

渡辺直彦　一九七八　『日本古代官位制度の基礎的研究』増訂版　吉川弘文館
山本雅和　二〇一〇　「都の変貌」（前掲『古代の都三　恒久の都平安京』）
山田邦和　二〇一二　『日本中世の首都と王権都市』文理閣
山田邦和　二〇〇九　『京都都市史の研究』吉川弘文館
山田邦和　一九九四　「左京と右京」（前掲『平安京提要』）
山岸常人　一九九八　「法勝寺の評価をめぐって」（『日本史研究』四二六）
美川　圭　二〇〇一　「鳥羽殿の成立」（上横手雅敬編『中世公武権力の構造と展開』吉川弘文館）

六章

井上幸治　二〇一六　『古代中世の文書管理と官人』八木書店
今江廣道　一九八四　「公事の分配について」（『国史学』一二三）
上島　享　二〇一〇　『日本中世社会の形成と王権』名古屋大学出版会
遠藤珠紀　二〇一一　『中世朝廷の官司制度』吉川弘文館
大津　透　一九九三　『律令国家支配構造の研究』岩波書店
尾上陽介　一九九三　「年爵制度の変遷とその本質」（『東京大学史料編纂所研究紀要』四）
上川通夫　二〇一五　『平安京と中世仏教―王朝権力と都市民衆―』吉川弘文館
桜井英治　一九八七　「三つの修理職」（『遙かなる中世』八）
佐古愛己　二〇一二　『平安貴族社会の秩序と昇進』思文閣出版
佐々木恵介　二〇〇四　『受領と地方社会』山川出版社
笹山晴生　一九八五　『日本古代衛府制度の研究』東京大学出版会
佐藤早樹子　二〇一八　「年官制度における郡司の任用」（『日本歴史』八四七）

佐藤進一　一九八三『日本の中世国家』岩波書店
佐藤全敏　二〇一五「蔵人所の成立と展開—家産官僚制の拡張と日本古代国家の変容—」（『歴史学研究』九三七）
佐藤泰弘　二〇〇一『日本中世の黎明』京都大学出版会
白根靖大　二〇〇〇『中世の王朝社会と院政』吉川弘文館
棚橋光男　一九八三『中世成立期の法と国家』塙書房
玉井　力　二〇〇〇『平安時代の貴族と天皇』岩波書店
手嶋大侑　二〇一七「平安中期の年官と庄園」（『日本歴史』八三〇）
寺内　浩　二〇〇四『受領制の研究』塙書房
土田直鎮　一九九二『奈良平安時代史研究』吉川弘文館
時野谷滋　一九七七『律令封禄制度史の研究』吉川弘文館
永井　晋　一九八六「十二世紀中・後期の御給と貴族・官人」（『国学院大学大学院紀要文学研究科』一七）
中込律子　二〇一三『平安時代の税財政構造と受領』校倉書房
橋本義彦　一九七六『平安貴族社会の研究』吉川弘文館
服藤早苗　一九九一『家成立史の研究—祖先祭祀・女・子ども—』校倉書房
古瀬奈津子　一九九八『日本古代王権と儀式』吉川弘文館
本郷恵子　一九九八『中世公家政権の研究』東京大学出版会
本郷恵子　二〇一三「院政論」（『岩波講座日本歴史　中世一』岩波書店）
美川　圭　一九九六『院政の研究』臨川書店
美川　圭　二〇一八『公卿会議—論戦する宮廷貴族たち—』中央公論新社
元木泰雄　一九九六『院政期政治史研究』思文閣出版
百瀬今朝雄　二〇〇〇『弘安書札礼の研究—中世公家社会における家格の桎梏—』東京大学出版会

安原　功　一九九三「中世王権の成立―『国家大事』と公卿議定―」(『年報中世史研究』一八)
山口英男　二〇一九『日本古代の地域社会と行政機構』吉川弘文館
山下信一郎　二〇一二『日本古代の国家と給与制』吉川弘文館
吉川真司　一九九八『律令官僚制の研究』塙書房
渡辺　滋　二〇一三a「日本古代の任官における親族廻避の制」(『延喜式研究』二九)
渡辺　滋　二〇一三b「請人・口入人の持つ力―地方有力者が任用国司の地位を獲得する過程から―」(井原今朝男編『富裕と貧困―中世社会における富の源泉と格差―』竹林舎)

七章
秋山喜代子　二〇〇三『中世公家社会の空間と芸能』山川出版社
植木朝子　二〇一五「『梁塵秘抄』に見る流行と聞き手への意識」(『芸能史研究』二一〇)
植木行宣　二〇〇九「田楽とその展開」(『中世芸能の形成過程』岩田書院)
沖本幸子　二〇〇六『今様の時代』東京大学出版会
片岡耕平　二〇〇七「永長の大田楽の動向」(『ヒストリア』二〇六)
五味文彦　一九八四「馬長と馬上」(『院政期社会の研究』山川出版社)
菅野扶美　一九八九「「顕季、ひつめにて」考」(『梁塵　研究と資料』七)
菅野扶美　一九九五「後白河院の供花の会と仁和寺蔵紺表紙小双紙」(『東横国文学』二七)
辻　浩和　二〇一七『中世の〈遊女〉』京都大学学術出版会
能勢朝次　一九三八『能楽源流考』岩波書店
野田有紀子　二〇〇九「平安貴族の招待状」(『お茶の水女子大学人文科学研究』五)
藤田勝也　二〇〇二『日本古代中世住宅史論』中央公論美術出版

美川　圭　二〇〇一「鳥羽殿の成立」（上横手雅敬編『中世公武権力の構造と展開』吉川弘文館）
村戸弥生　二〇〇二『遊戯から芸道へ』玉川大学出版部
村戸弥生　二〇一五「公家鞠形成期」（扶桑社・霞会館編『蹴鞠』霞会館）
守屋　毅　一九八五『中世芸能の幻像』淡交社
山路興造　二〇一〇『中世芸能の底流』岩田書院

エピローグ

上川通夫　二〇〇八「一切経と中世の仏教」（『日本中世仏教史料論』吉川弘文館）
髙橋昌明　二〇〇四「平正盛と六波羅堂」（『増補改訂　清盛以前』文理閣）
竹内理三　一九六五『武士の登場』（『日本の歴史』六）中央公論社
美川　圭　二〇一二「後白河院政と文化・外交―蓮華王院宝蔵をめぐって―」（『立命館文学』六二四）

略年表

西暦	和暦	事項
八八七	仁和三	8 光孝天皇没(58)、宇多天皇践祚。閏11 阿衡の紛議
八八八	仁和四	6 藤原基経、関白となる。
八九一	寛平三	1 藤原基経没(56)。
九〇一	延喜元	1 菅原道真、大宰権帥に左遷される。
九〇九	延喜九	4 藤原時平没(39)。
九三〇	延長八	9 醍醐上皇没(46)。
九三一	承平元	7 宇多法皇没(65)。
九四九	天暦三	9 陽成法皇没(82)。
九六〇	天徳四	9 平安京内裏が初めて炎上。
九六一	応和元	11 村上天皇、冷泉院から新造内裏へ遷る。
九六九	安和二	8 円融天皇践祚。
九七六	貞元元	5 内裏が焼亡。7 円融天皇、堀川殿を里内裏に定め遷御。
九七七	貞元二	7 円融天皇、新造内裏に遷御。
九八〇	天元三	11 内裏焼亡。
九八一	天元四	10 新造内裏に天皇遷御
九八二	天元五	この頃、慶滋保胤『池亭記』が成立。
九八三	永観元	3 御願寺の円融寺を供養する。
九八四	永観二	8 花山天皇践祚。
九八六	寛和二	6 一条天皇践祚。藤原兼家、摂政となる。

西暦	和暦	事項
九九〇	永祚二	1 藤原定子入内。5 藤原道隆、関白ついで摂政となる。7 兼家没(62)。
九九一	正暦二	2 円融法皇没(33)。
九九五	長徳元	3 藤原伊周、内覧となる。4 道隆没(43)。5 道兼没(35)、藤原道長、内覧となる。6 道長、右大臣となる。
九九六	長徳二	1 伊周・隆家兄弟、花山法皇襲撃事件をおこす。4 伊周・隆家、失脚する。7 道長、左大臣となり、一上の地位を得る。
九九九	長保元	11 藤原彰子入内。敦康親王生まれる。
一〇〇〇	長保二	2 定子を皇后、彰子を中宮とする。12 定子没(25)。
一〇〇一	長保三	閏12 東三条院詮子没(40)。
一〇〇五	寛弘二	10 道長、木幡の地に浄妙寺三昧堂を建立。
一〇〇六	寛弘三	12 道長、法性寺に五大堂を再建。
一〇〇八	寛弘五	2 花山法皇没(41)。9 敦成親王生まれる。
一〇一一	寛弘八	6 三条天皇践祚、敦成親王立太子。6 一条法皇没(32)。
一〇一四	長和三	2 内裏北側の登花殿から出火、内裏の殿舎がほぼ焼失。3 内蔵寮の不動倉などが焼失、多くの宝物が失われる。
一〇一六	長和五	1 後一条天皇践祚。道長、摂政となる。敦明親王立太子。7 道長の土御門第焼亡。
一〇一七	寛仁元	3 藤原頼通、摂政・氏長者となる。5 三条法皇没(42)。8 敦良親王立太子。
一〇一八	寛仁二	1 彰子太皇太后。6 土御門第再建完成。10 藤原威子が中宮に、妍子が皇太后となり、一家三后の状態となる。
一〇一九	寛仁三	3 道長、出家する。
一〇二〇	寛仁四	3 道長、無量寿院を建立、落慶供養を行う。
一〇二二	治安二	7 無量寿院を法成寺と改称し金堂を供養する。

西暦	和暦	事項
一〇二五	万寿二	7 藤原寛子没（27）。8 藤原嬉子没（29）。
一〇二七	万寿四	12 道長没（62）。
一〇二八	長元元	6 平忠常、東国で反乱をおこす（平忠常の乱）。
一〇三六	長元九	4 後一条天皇没（27）、後朱雀天皇践祚。
一〇四五	寛徳二	1 後冷泉天皇践祚、後朱雀上皇没（37）。
一〇五一	永承六	前九年合戦はじまる（一〇六二年まで）。
一〇五二	永承七	3 頼通、宇治の別業を寺とし平等院とする。
一〇五八	天喜六	2 法成寺焼亡、また大極殿・朝堂院（八省院）・内裏・中和院も焼亡する。
一〇六八	治暦四	4 藤原教通、関白となる。後冷泉天皇没（44）、後三条天皇践祚。
一〇六九	延久元	2 延久の荘園整理令発布。閏10 記録荘園券契所設置。
一〇七〇	延久二	8 再建された内裏が完成する。12円宗寺が完成し、供養される。
一〇七二	延久四	4 後三条天皇により大極殿が再建される。12 後三条天皇譲位し、白河天皇践祚。
一〇七三	延久五	5 後三条法皇没（40）。
一〇七四	承保元	2 藤原頼通没（83）。10 彰子没（87）。
一〇七五	承保二	9 教通没（80）。10 藤原師実、関白となる。
一〇七六	承保三	12 白河天皇、六条院（里内裏）を営む。
一〇七七	承暦元	12 法勝寺の落慶供養が行われる。
一〇七九	承暦三	6 延暦寺衆徒千余人が強訴を敢行する。
一〇八一	永保元	4 延暦寺衆徒、園城寺を襲い合戦となる。
一〇八二	永保二	7 内裏焼亡。
一〇八三	永保三	9 後三年合戦はじまる（一〇八七年まで）。10 法勝寺八角九重塔が完成。

西暦	和暦	事項
一〇八六	応徳三	11 白河天皇、堀河天皇に譲位（白河院政の開始）。
一〇八七	寛治元	2 鳥羽殿が完成、白河上皇御幸する。
一〇九四	寛治八	3 藤原師通、関白となる。5 源家俊、京中で田楽を行う。
一〇九六	永長元	5～7 田楽が大流行する（永長の大田楽）。8 白河上皇、出家する。
一〇九七	承徳元	1 京都大火、因幡堂など焼ける。
一〇九八	承徳二	2 京都大火。6 鴨川氾濫。10 源義家、院御所への昇殿を認められる。
一〇九九	承徳三	6 関白藤原師通没（38）、以後摂関不在となる。
一一〇一	康和三	2 藤原師実没（60）。
一一〇四	長治元	10 源義家・義綱と検非違使に延暦寺悪僧追捕が命じられる。
一一〇五	長治二	12 藤原忠実、関白となる。
一一〇六	嘉承元	6 京中の下人たちが風流田楽を毎日催す。
一一〇七	嘉承二	7 堀河天皇没（29）、鳥羽天皇践祚。忠実、摂政となる。12 平正盛、源義親討伐を命ぜられる。
一一〇八	嘉承三	1 源義親、討たれる。3 延暦寺・園城寺が大規模な強訴を計画し、軍事的緊張が高まる。
一一二〇	保安元	11 忠実、内覧を停止される。
一一二一	保安二	3 藤原忠通、関白となる。
一一二九	大治四	7 白河法皇没（77）。
一一七七	安元三	4 大極殿以下の大内裏が焼亡する（太郎焼亡）。

あとがき

数年前から毎朝、京都の自宅近くを一時間ほど散歩している。必ず訪れるのが「因幡堂」である。烏丸通と東洞院通のあいだ、南が松原通（旧五条大路）より少し北。伝承では天徳三年（九五九）橘行平が因幡国で入手した薬師如来像を自邸に祀ったことが始まりだそうである。たびたびの火災により現代の堂舎は新しい。千年以上、ほぼ同じ場所で庶民たちの病苦を癒やしてきた。

平安時代末期、この南側に五条東洞院内裏があった。仁安二年（一一六七）幼帝六条の里内裏となったが、その後清盛と昵懇の権大納言藤原邦綱邸となり、譲位を控えた高倉天皇の御所となる。治承四年（一一八〇）即位した安徳の御所となるが、まもなく「福原遷都」となる。帰京後再度の御所、寿永二年（一一八三）平家都落のあとは、近衛基通邸となる。さらに法住寺殿で木曽義仲らにやぶれた後白河法皇が、一時期ここに居ることになった。因幡堂はこの邸宅に遠慮して、南門は開かないことになったらしい。現在、寺の南に延びている道は、不明門通と呼ばれている。

ここから、俊成社、新玉津島神社、五条天神社などに詣りつつ、松原通を西へ西洞院通まで歩く。このあたりは歌人藤原俊成の邸宅跡とも伝えられるが、実際には京極松原あたりの可能性が高い。牛若丸と弁慶で有名な五条大橋は、鴨川ではなく西洞院川に架かった橋らしいが、といってそれ自体も伝承である。次に西洞院通の東側、高辻通から仏光寺通のあいだの菅大臣社にむかう。そこは菅原道真邸宅跡。境内に住む猫たちとも顔見知りになった。観光客など皆無な閑寂である。

道真の「東風吹かば」と有名な歌を口ずさむと、本書で触れられなかった史実への悔いが湧いてくる。たとえば、寛仁三年（一〇一九）道長が病で出家直後、五十艘ほどの小船に乗った「刀伊」と呼ばれた女真族が、対馬や壱岐の人牛馬を殺しまくった。ちょうど道長の甥っ子で「乱暴者」だった藤原隆家（中関白家。伊周の弟）が大宰権帥として現地に赴任しており、北九州に上陸した「夷狄」を、わずか一週間ほどで撃退してしまう。京都に緊急連絡が入り、その措置を朝廷は陣定にかけるが、さして動揺することもなかった。この事件については、最近刊行された関幸彦さんの中公新書『刀伊の入寇』が話題になっている。古くは、土田直鎮さんの名著『王朝の貴族』で二十七頁も割かれている。

四年前ケンブリッジでの学外研修中、ある方の教示で、大英博物館での「スキタイ」という刺激的な特別展に行った。展示は私の知っていた東アジア史のスケールを越えていた。アジアからヨーロッパにわたる広大な土地、高度な文化。あの「スキタイ」と朝廷にとっての「ちっぽけな事件」。その関係が、私のなかではしっくりしていない。

懇意の佐古愛己さんと辻浩和さんには、私が書けない内容をしっかりフォローしてもらった。それでも、いろいろと「宿題」が残ってしまった。今後、それらを自分なりに解決できるか、何とかしなければと、悩み続けている。

二〇二一年九月二十日

美川　圭

著者略歴／主要著書・論文

美川　圭（みかわ　けい）　　　　　　　　プロローグ・第一章〜第五章・エピローグ執筆

一九五七年　東京都に生まれる

一九八一年　京都大学文学部卒業

一九八八年　京都大学大学院文学研究科国史学専攻博士後期課程指導認定退学

現在　立命館大学文学部教授

『白河法皇—中世をひらいた帝王—』（日本放送出版協会、二〇〇三年。KADOKAWA、二〇一三年）

『院政—もうひとつの天皇制—』（中央公論新社、二〇〇六年。増補版、二〇二一年）

佐古愛己（さこ　あいみ）　　　　　　　　第六章執筆

一九七三年　兵庫県に生まれる

一九九六年　立命館大学文学部史学科卒業

二〇〇二年　立命館大学大学院文学研究科博士後期課程修了

現在　佛教大学歴史学部教授

『平安貴族社会の秩序と昇進』（思文閣出版、二〇一二年）

「院政・鎌倉期における朝覲行幸の特質と意義—拝舞・勧賞・行啓の分析から—」（元木泰雄編『日本中世の政治と制度』吉川弘文館、二〇二〇年）

辻　浩和（つじ　ひろかず）　　　　　　　　第七章執筆

一九八二年　鹿児島県に生まれる

二〇〇四年　京都大学総合人間学部国際文化学科卒業

二〇一二年　京都大学大学院人間・環境学研究科博士後期課程修了

現在　川村学園女子大学文学部准教授

『中世の〈遊女〉—生業と身分—』（京都大学学術出版会、二〇一七年）

「中世芸能の異性装」（『アジア遊学』二一〇、二〇一七年）

京都の中世史

京都の中世史 1
摂関政治から院政へ

二〇二一年(令和三)十二月十日 第一刷発行

著者 美川(みかわ) 圭(けい)
佐古(さこ) 愛己(あいみ)
辻(つじ) 浩和(ひろかず)

発行者 吉川道郎

発行所 株式会社 吉川弘文館
郵便番号一一三―〇〇三三
東京都文京区本郷七丁目二番八号
電話〇三―三八一三―九一五一〈代表〉
振替口座〇〇一〇〇―五―二四四
http://www.yoshikawa-k.co.jp/

印刷=株式会社 三秀舎
製本=誠製本株式会社
装幀=河村 誠

ISBN978-4-642-06860-4

京都の中世史

〈1〉摂関政治から院政へ ＊
美川　圭・佐古愛己・辻　浩和著

〈2〉平氏政権と源平争乱
元木泰雄・佐伯智広・横内裕人著

〈3〉公武政権の競合と協調
野口　実・長村祥知・坂口太郎著

〈4〉南北朝内乱と京都 ＊
山田　徹著

〈5〉首都京都と室町幕府
早島大祐・吉田賢司・大田壮一郎・松永和浩著

〈6〉戦国乱世の都 ＊
尾下成敏・馬部隆弘・谷　徹也著

〈7〉変貌する中世都市京都
山田邦和著

本体各２７００円（税別）　＊は既刊

吉川弘文館